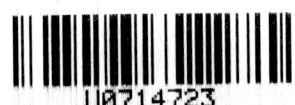

刘国新 · 主编

读点国史

辉煌年代国史丛书

伟大转折
1978年的中国

黄如军　著

四川人民出版社

图书在版编目（CIP）数据

伟大转折：1978年的中国/黄如军著. —成都：四川人民出版社，2017.12（2018.11重印）
（读点国史：辉煌年代国史丛书）
ISBN 978-7-220-10484-8

Ⅰ. ①伟… Ⅱ. ①黄… Ⅲ. ①中国历史－1978 Ⅳ. ①K275

中国版本图书馆CIP数据核字（2017）第278316号

WEIDA ZHUANZHE：1978NIAN DE ZHONGGUO
伟大转折：1978年的中国
黄如军 著

策划组稿	谢 雪
责任编辑	谢 寒
封面设计	张 妮
内文设计	戴雨虹
责任校对	舒晓利
责任印制	李 剑
出版发行	四川人民出版社（成都槐树街2号）
网 址	http://www.scpph.com
E-mail	scrmcbs@sina.com
新浪微博	@四川人民出版社
微信公众号	四川人民出版社
发行部业务电话	（028）86259624 86259453
防盗版举报电话	（028）86259624
照 排	四川胜翔数码印务设计有限公司
印 刷	四川五洲彩印有限责任公司
成品尺寸	165mm×240mm
印 张	18.75
字 数	195千
版 次	2018年6月第1版
印 次	2018年11月第2次印刷
书 号	ISBN 978-7-220-10484-8
定 价	49.00元

总　序

◎李　捷

肩负起以史为鉴、资政育人的神圣使命

《读点国史：辉煌年代国史丛书》主编刘国新同志要我为丛书写篇序。要说的很多，想来想去，还是从国史的地位和国史研究的意义说起。

2013年6月25日，习近平总书记在中共中央政治局第七次集体学习时提出："学习党史、国史，是坚持和发展中国特色社会主义、把党和国家各项事业继续推向前进的必修课。"这就把党史、国史的学习、宣传和研究提到很高的地位。

学习、宣传和研究国史，有助于我们认清党和国家发展的历史方位，认清肩负的历史责任和神圣使命，更加坚定自觉地坚持和发展中国特色社会主义。中华人民共和国如今已经走过近七十年的光辉历程。这个光辉历程，是中华民族伟大复兴史的辉煌篇章。新中国的成立，标志着中华民族伟大复兴第一个历史任务的实现，中华民族的历史从此进入一个新纪元。但是，这只是万里长征走完第一步，中国共产党继续承担起为实现国家繁荣富强、

人民共同富裕的中华民族伟大复兴第二大历史任务。为此，我们完成了社会主义革命，进行了社会主义建设，进行了改革开放新的伟大革命，终于找到了中国特色社会主义这一实现中华民族伟大复兴的必由之路。重温这段历史就会发现，中国共产党领导、马克思主义指导、改革开放和中国特色社会主义道路，都是历史和人民的选择。中国革命、建设和改革为什么只能由中国共产党来领导，而不能由其他政党来领导？为什么中华民族伟大复兴只能以马克思主义为指导，而马克思主义又必须同中国实际相结合？为什么中国只能走社会主义道路，其他的道路为什么走不通？这些本需要从理论上用许多笔墨来阐释的道理，只要站在人民的立场上，紧密结合中国革命、建设和改革的历程，就不难得到解答。这本身就说明，科学理论的逻辑根植于历史发展的总趋势和总脉络之中。只要是站在人民大众的立场，而不是站在少数人的立场，秉承实事求是的原则，而不是抱有某些先入为主的偏见，就不难得出历史的结论。因此，国史同党史一样，都是认清历史方位、历史走向、历史结论最为生动的教科书。

学习、宣传和研究国史，有助于我们深入理解马克思主义中国化的探索史和发展史。新中国所取得的巨大成就，就在于执政的中国共产党是一个在理论上富于探索和创新精神的马克思主义政党。这种理论创新，根源于马克思主义指导，根源于马克思主义基本原理与实际的结合和运用，更根源于自身的历史和实践，根源于历史经验和实践经验的科学总结。马克思主义中国化，都是科学总结党和国家历史正反两方面经验的结果，都是在此基础上对中国革命基本规律、基本理论、基本路线、基本纲领、基本经验的认识产生新飞跃的结晶。改革开放以来逐步形成的党在社会主义初级阶段的基本理论、基本路线、基本纲领、基本经验、基本要求，也是在一代又一代党和国家领导人的带领下，经过不断艰辛探索，不断概括总结，不断推动理论创新和实践创新的基础上，接力发展得来的。尽管改革开放以前的探索经历过严重的曲折，直到党的十一届三中全会成功实现伟大的历史性转折之后，这一探索才真正走上了中国特色社会主义的康庄大道。但历史是不能割断的。改革开放以前成功的探索所提供的宝贵经验、理论准备、物质基础是宝贵财富，改革开放以前严重失误的探索所提供的历史借鉴同样是使我们党坚定不移地走上中国特色社会主义道路的宝贵财富。为什么说无论搞革命、搞建设、搞改革，道路问题都是最根本的问题？为什么说新中国的一切成就，归结到一点，就是开辟形成确立了中国特色社会主义道路、中国特色社会主义理论体系、中国特色社会主义制度？要正确回答这些问题，必须系统地而不是零散地学习研究共和国的历史，深入地了解党的治国理论是如何从自身的历史和实践中总结出来的，又是如何随着时代和实践的发展变化而不断丰富、完善、创新、发展的。因此，国史是深刻理解马克思主义基本原理和科学社会主义原理在中国的成功运用和创造性发展最为生动的教科书。

学习、宣传和研究国史，有助于我们深入把握历史发展的主题和主线、主流与本质，更加自觉地划清历史唯物主义同历史虚无主义的原则界限，增强辨别真伪、明辨是非的能力。新中国成立后我们也有过“大跃进”和“文化大革命”这种全局性的严重失误。然而，这些曾经给建设事业造成严重损失的失误，都依靠党和国家自身得到了彻底纠正。不仅如此，从这些失误中得到的教训，还转化为实现伟大历史转折、推动党在理论上更加成熟、成功开辟新路的宝贵财富。正所谓“吃一堑长一智”。只要我们把这些作为完整的历史过程联系起来看，既看到党和国家在艰辛探索中犯错误的历史，也看到党和国家自觉纠正错误探寻新路的历史，更看到党和国家在探索中走向成熟、走向辉煌的历史，就不难认清新中国历史的主题和主线、主流和本质。为什么说必须坚持改革开放前后两个历史时期的辩证统一，既不能用改革开放后否定改革开放前的历史，也不能用改革开放前否定改革开放后的历史，其深刻的道理就在这里。自中国共产党成立之日起，党团结带领全国各族人民为实现民族独立、人民解放和国家繁荣富强、人民共同富裕这两大历史任务而不懈奋斗，这就是国史的主题和主线。一部共和国史，就是党领导人民完成新民主主义革命和社会主义革命、进行社会主义建设和改革开放新的伟大革命的历史，就是不断推进马克思主义中国化，最终形成中国特色社会主义道路、理论和制度的历史，就是党在中国革命、建设和改革各个历史时期坚持全心全意为人民服务的宗旨、永葆先进性和纯洁性的历史。这就是国史的主流和本质。在这方面，通过拨乱反正实现伟大历史转折形成的第二个历史决议，为我们用历史唯物主义正确对待历史树立了榜样。历史反复证明，把握国史的主题和主线、主流和本质，不但不会妨碍对自身所犯错误的反思与纠正，而且正是彻底纠正错误、总结经验、吸取教训的科学前提。这正是历史唯物主义同历史虚无主义的根本区别。因此，国史是启迪人们从成功中吸取经验、从失误中吸取教训，不断开辟走向胜利的道路、提高领导水平和执政能力最为生动的教科书。

学习、宣传和研究国史，还有助于我们弘扬中国精神、凝聚中国力量，团结一切可以团结的力量，调动一切可以调动的积极因素，为实现民族复兴“中国梦”而奋斗。新中国在不同历史时期形成了雷锋精神、“铁人”精神、“两弹一星”精神、改革开放时代精神等，形成了理论联系实际、密切联系群众、批评和自我批评的优良传统作风。毛泽东、刘少奇、周恩来、朱德、任弼时、邓小平、陈云等老一辈革命家不仅亲手培育了这些精神和优良传统作风，而且身体力行、率先垂范，为我们党树立了坚持理想信念和党性修养的精神与道德的楷模。无论在发展顺利之时，还是身处逆境之时，中国共产党人始终秉持理想信念的力量，秉持崇高精神的力量，所向披靡，无坚不摧。中国共产党用牺牲了上千万英雄儿女的事实，用自身的先锋模范作用，用革命、建设和改革的辉煌业绩，用全心全意为人民服务的赤诚，感召了全中国各族人民聚集在中国特色社会主义旗帜之下，为实现民族复兴“中国梦”而共同奋斗。因此，国史是继承中华文明5000多年优良传统，坚持近代170多年以来形成的革命传统，在当代弘扬中国精神、凝聚中国力量最为生动的教科书。

研究国史是神圣的事业，一定要投入真感情。也就是说，不仅仅要把研究国史看成是一项工作，有科学严谨的研究方法和研究态度，更要把研究国史看成是一份神圣的事业，一份值得投入精力、倾注感情的事业。有了这份深厚的感情，才能有研究的动力和出发点，也才能取得经得住时间检验的科研成果。《读点国史：辉煌年代国史丛书》由一批国史研究领域的专家担纲撰写，他们有专业背景，曾承担过国家级重大课题，也都有个人的研究著述，形成学风严谨、功力扎实的品格。我相信这套丛书是他们用心写就的。

如今社会上存在着一种质疑国史和党史的倾向，这种质疑恰恰是对历史缺乏深入了解的结果。一方面，极少数人为了某种目的，想要刻意否定这段历史，因此就把历史上共产党人的缺点和错误无限夸大，这是一种歪曲历史的行为；另一方面，有些人以“历史解密”“历史内幕曝光”为噱头，在网上抛出许多没有依据的、鲜为人知的历史来吸引人们的好奇心和注意力，这也是对历史的一种误导。这套丛书以正史的姿态普及国史知识。它所选取的 12 个年份，是有影响和充实着重大事件的 12 年，构成了共和国历史的基本框架。该丛书采用纪事本末体，分别立传，既不歪曲历史也不误导读者。创作理念上以平实为要，不求新奇，不发空论。古代史学家刘知幾认为“良史以实录直书为贵”，顾炎武也说“古人作史有不待论断而于序事中即见其指者”，都讲的是论从史出的道理。该丛书秉承了中国史学的这一传统。在行文上力求鲜活、生动、明快。内容铺陈上又能做到严谨而不失于呆板，摆脱了偏重政治史的范式，特别注意对社会风尚、时代精神、民间习俗以及大众意识的描述，每一本书相对来说都有一个知识增量。

站在今天去理解历史、感知历史，可以更好地把握未来。我们在感知共和国脉搏律动的同时，也在书写共和国不同凡响的篇章。一位老同志曾经说过，共和国千秋万代，国史研究也千秋万代。让我们在千秋万代的事业中贡献自己的一点一滴。

总前言

◎刘国新

在中华人民共和国成立近七十周年之际，将自己多年的研究成果和心得付梓，是从事国史研究的专业人士理应做到的分内之事。

2013年6月25日，习近平总书记在中共中央政治局第七次集体学习时提出："学习党史、国史，是坚持和发展中国特色社会主义、把党和国家各项事业继续推向前进的必修课。"把党史、国史的学习提到各项事业前进的必修课的高度，这还是第一次。《读点国史：辉煌年代国史丛书》正是落实习近平这个号召的具体行动。它以正史的姿态普及国史知识，用它的品位在"读点国史"中尽一份社会责任。

这套《读点国史：辉煌年代国史丛书》选择在共和国历史上产生过重大影响或者引起社会加速发展并充实着重大事件的12个年份为时间节点，一年一本，各自成卷，构成了共和国历史的基本框架。

如果从完整的纪年看，1950年无疑是新中国的第一年。中国20世纪最伟大的女性、被人们称为"国之瑰宝"的宋庆龄，当年是中央人民政府副主席，她将1950年称作"第一年的新中国"。

这一年，我们的共和国到处洋溢着欣欣向荣的新气象。新社会、新政府、新生活、新天地……大到国家关系，小到百姓的日常起居，人们都实实在在地感受到新旧社会两重天，感受到中国的历史巨变。当然，这仅仅是开始，更为波澜壮阔的变迁还在后面。在共和国历史中，1950 年之所以具有里程碑意义，就在于它是“一元初始，万象更新”。

1954 年之所以是“大业宏图”，皆因这一年召开了第一届全国人民代表大会，毛泽东主持制定了共和国第一部宪法。中国第一次以大国身份出席重要的国际会议，提出划时代的和平共处五项原则，为建立国际关系新秩序奠定了坚实的理论基础和令人信服的实践基础。这一年又是过渡时期总路线公布后的第一年，公私合营和农业合作化运动，迈出了决定性的一步。

1956 年，社会主义改造全面完成。接下来召开的中共八大清醒地认识到我国无产阶级和资产阶级之间的矛盾已经基本解决，国内主要矛盾是人民对于建立先进的工业国的要求同落后的农业国的现实之间的矛盾，是人民对于经济文化迅速发展的需要同当前经济文化不能满足人民需要的状况之间的矛盾。为此，党和国家的工作重点就是把我国尽快地从落后的农业国建设成为先进的工业国。这一年，“双百”方针的提出，“向科学进军”的号召，使整个科学文化事业呈现出勃勃生机。1956 年的的确确是“意气风发”的一年。

从 1956 年至 1966 年的十年是共和国开始全面建设社会主义的十年。这其中既充满艰辛的探索，也不可避免地在探索中曲折发展。这十年间，有代表性的是 1962 年。年初召开的七千人大会，初步总结了“大跃进”以来的经验教训，对推动国民经济全面调整起到了积极作用。9月召开的党的八届十中全会未使“左”倾错误在经济工作的指导思想上得到彻底纠正，而在政治和思想文化方面还有发展。国内形势困难曲折，国际局势错综复杂。印度不断在中印边界制造事端，中国军队被迫自卫反击。中苏两党分歧加剧，国际共运的争论和分歧达到新阶段。用“关山飞渡”来概括这一年，较为贴切。

1976年可谓大悲大喜。“文化大革命”这一全局性的错误至此已进入第十个年头，三位伟人相继离世，“四人帮”倒行逆施，唐山大地震损失惨重，国民经济濒临崩溃边缘。中国人民在关乎国家与民族命运的大搏斗中终于再次赢得胜利。噩梦醒来，艳阳高照。所谓“激荡岁月”，暗含这一年各种矛盾胶着、较量，经历着动荡和激变，代表着正义的力量终于取得了胜利的那样一种状态。

1978年是共和国历史上经历伟大转折的一年。粉碎“四人帮”后，我党为肃清“左”的影响，为发展国民经济进行了大量的卓有成效的工作，但也遇到阻力。关于真理标准问题的大讨论，在全党再次确立了实事求是的思想路线。党的十一届三中全会的召开，在政治、思想、组织等领域全面开始了拨乱反正，揭开了改革开放的序幕，标志着一个新时代的开始，“伟大转折”成为新的起点。

1984年，农村改革使粮食产量第一次突破4亿吨，基层政权建设完成了政社分离，建立了乡政府和村民委员会，人民公社体制不复存在。党的十二届三中全会的决定突破了把计划经济同商品经济对立起来的传统观念，为经济体制改革提供了新的理论指导，改革的重点从农村转向城市。对外开放迈出新的步伐，开放14个沿海港口城市。根据“一国两制”的构想，中英两国政府签订了联合声明，香港问题圆满解决。这一年，可谓“春潮涌动”。

1992年，邓小平视察南方并发表重要谈话，从理论上深刻回答了长期困扰和束缚人们思想的许多重大问题。同年召开的党的十四大作出三项具有深远意义的决策：确立邓小平中国特色社会主义理论在全党的领导地位；明确我国经济体制改革的目标是建立社会主义市场经济体制；强调抓住机遇，加快我国经济社会的发展，推进改革开放跃上新台阶，中国改革开放的大船“迎风破浪”，驶上新的航程。

1997年，江泽民在党的十五大报告中，进一步阐述邓小平理论的历史地位和指导意义，进一步阐述党在社会主义初级阶段的基本路线和基本纲领，并就建设中国特色社会主义的政治、经济、文化作出全面部署，确定了跨世纪发展的宏伟蓝图，明确回答了国际国内普遍关注的邓小平逝世后中国怎样“继往开来”的重大问题。

2003年，是中国发展进程中重要而非同寻常的一年，也是改革开放和社会主义现代化建设取得显著成就的一年。以胡锦涛为总书记的新一届中央领导集体从改革开放25年的实践中、从抗击“非典”疫情的斗争中获得重要启示：坚持以人为本，树立全面、协调、可持续的科学发展观，促进经济社会和人的全面发展。从单纯追求经济增长，到促进经济、社会和人的全面发展，这是中国发展观的重大进步，适应了全面建设小康社会的迫切要求。

2008年，是深入贯彻落实党的十七大精神、推进“十一五”规划顺利实施的关键一年，也是我们应对国际经济形势复杂变化、保持经济平稳较快发展的重要一年。中国人民同心同德、顽强拼搏，成功抗击南方部分地区严重低温雨雪冰冻灾害和四川汶川特大地震灾害，成功举办北京奥运会，完成“神舟”七号载人航天飞行任务，举办第七届亚欧首脑会议，中国的经济实力和综合国力进一步增强，人民生活水平继续提高。中国人民同世界各国人民加强友好交流和务实合作，共同应对国际金融危机等严峻挑战，为维护世界和平、促进共同发展做出了新的贡献。这一年恰逢改革开放30周年，中国人民隆重纪念这一重要历史时刻，在总结经验的基础上对继续推进改革开放作出了部署。

2013年在新中国历史上值得书写，不仅因为这一年是新一届政府产生之年，而且因为执政的中国共产党的作风和纪律切实需要加以整顿，党内腐败蔓延正在侵蚀党的肌体，引起人民的强烈不满；改革开放到了深水区和攻坚期，如何让多年的改革开放成果惠及全体人民，而不仅仅是一句漂亮的口号；粗放的经济发展模式，付出了太多的资源和环境成本的代价，必须下大决心转变。这一年，以习近平为首的中共中央在治党治国治军、改革发展稳定的征程上都迈出了坚定的步伐。中华民族伟大复兴的“中国梦”是人民永续辉煌的不竭动力。

尽管有人把国史看作是中国历史“自然的延伸”，但我觉得国史与历代中国断代史还是有所区别的。中国是历史积淀异常深厚的国度，不仅历史悠久，而且史官文化高度发达，史籍经典延绵不绝，史志资料浩如烟海。按照中国史学的一般传统，是后人记前人事，盖因后人看前人更客观，档案文献的查找也更便利。但也不尽然。被鲁迅称为“史家之绝唱，无韵之离骚”的《史记》，其作者司马迁就生活在汉武帝时代，书中就曾记录了不少当时的人和事，无怪乎有人干脆称《史记》为“实录”（《汉书·司马迁》）。今天人讲今天事，当代人修当代史继承的就是中国史学的这一特殊传统，尽管在秉笔直书、正视历史真相方面多多少少还是有距离和难度的。但本套丛书还是做到了“存史”的目的。把过去发生的事情娓娓道来，写清楚它们的来龙去脉，应了孔子所说的“物有本末，事有始终，知所先后，则近道矣”和刘知幾强调的“良史以实录直书为贵”的要求。

这套国史丛书由一批国史研究领域的专家担纲撰写，他们有严谨的治学态度和深厚的学术功力，不会轻易受干扰和动摇。笔者相信这些著作会给读者以不同的感受。

目　录

引　言 / 001

第一章　徘徊中前进

一、揭批“四人帮”运动的开展和“两个凡是”错误方针的提出 …………………………………… 004

◎粉碎“四人帮”后，广大人民群众纷纷要求尽快让邓小平出来工作，为天安门事件平反

◎华国锋提出：“继续批邓”“天安门事件是反革命事件”

◎按照华国锋的意图，“两个凡是”出台

◎中央工作会议上，陈云、王震顶住压力，道出了大多数人的心声

◎邓小平致信党中央，提出“准确的完整的毛泽东思想”这一概念

◎粉碎“四人帮”九个月后，邓小平官复原职

◎邓小平同其他老一辈革命家一起倡导实事求是的思想路线

二、揭批“四人帮”遇到种种障碍 ……………………… 016

◎揭批“四人帮”的斗争，党中央部署了“三个战役”

◎“两个凡是”给彻底否定“文化大革命”、揭批“四人帮”设置了重重障碍
◎只能批“极右实质”，不能批极左
◎粉碎“四人帮”竟被说成是“无产阶级文化大革命的伟大胜利”
◎对“四人帮”的“代表作”，汪东兴批示：不能点名批判
三、国民经济的好转与新的冒进 …………………… 024
◎党中央、国务院采取了一系列恢复和发展生产的措施，国民经济状况迅速好转
◎由于“两个凡是”，经济工作仍沿袭了“大跃进”和“抓革命，促生产”的办法和思路
◎第二次农业学大寨会议上，开始提出不切实际的高指标
◎工业学大庆会议发动了“新跃进”
◎各部门纷纷制订“跃进”计划
◎五届人大一次会议贸然通过冒进计划
◎冒进使整个经济发展陷入困境
四、各项工作恢复，指导思想依旧 …………………… 036
◎党的十一大宣告了“文化大革命”的结束，却仍肯定“文化大革命”的理论
◎五届人大一次会议重申“四个现代化”的目标
◎五届政协会议召开，邓小平当选为全国政协主席，对恢复和加强统一战线工作具有指导意义
◎因“文革”而拖延了十余年的妇联、工会和共青团全国代表大会相继召开
◎党和国家各项工作开始恢复正常秩序，但仍未走出“文化大革命”的阴影

第二章　艰难的步履

一、教育领域推翻“两个估计” …………………………… 048

◎邓小平自告奋勇抓科教

◎“两个估计”是广大知识分子身上的沉重枷锁

◎太原会议上，恢复高考的提议未获通过

◎科学和教育工作座谈会明确肯定“17年”

◎邓小平明确提出：“两个估计”不符合实际

◎毛泽东批示的被发现，使“两个估计”终被否定

◎恢复高考制度，报名的青年达570多万

二、迎接科学的春天 ……………………………………… 064

◎十年动乱中，科技和教育战线同是“重灾区”

◎对科技战线的整顿，成为邓小平再次被打倒的重要“罪状”

◎邓小平复出后，首先整顿的仍然是科技和教育战线

◎全国科学大会的筹备

◎在一系列指示、报告中，仍然重申要对知识分子进行“团结、教育、改造”

◎在全国科学大会开幕式上，邓小平的重要讲话澄清了重大理论是非问题

◎邓小平对科技工作者诚恳表示：我愿意当大家的后勤部长

◎面对会议盛况，郭沫若纵情欢呼：“科学的春天到来了！”

三、否定“文艺黑线专政”论 …………………………… 079

◎“黑线专政”长期成为文艺工作者头上的“紧箍咒”

◎批判文艺“黑线专政”论推动了文艺界的拨乱反正

◎一批长期被禁的剧目陆续公演

◎受到严重摧残的文艺事业重现生机

四、打开平反冤假错案的局面 …………………………… 087
◎冤假错案所涉及和牵连的大约有近1亿人
◎平反工作阻力重重
◎有的老同志到中组部申诉冤情，竟被拒之门外
◎胡耀邦积极为平反冤假错案造舆论，深得人心
◎经中共中央常委会决定，胡耀邦出任中组部部长，平反冤假错案工作的局面被打开
◎烟台会议，在改正错划右派问题上分歧明显
◎中央同意多数人的意见，决定为右派平反
◎中组部重新复查“薄一波等六十一人叛徒集团”案
◎针对“两个凡是”，胡耀邦提出“两个不管”
◎要求为天安门事件平反的呼声日益高涨

第三章　冲破坚冰

一、经济理论界的最初冲击 ………………………………… 104
◎1977年内，经济界召开五次理论讨论会，澄清在按劳分配和“唯生产力论”问题上的是非
◎经济理论问题的讨论得到了邓小平的有力支持
◎《人民日报》特约评论员文章全面论证按劳分配的社会主义性质
◎有人呼吁，要搞好管理，必须贯彻物质利益原则
◎奖金制度开始恢复

二、《实践是检验真理的唯一标准》一文的形成与发表 ………………………………………………………… 110
◎中央党校形成了实事求是的小环境
◎一些理论工作者开始涉及关于真理的标准问题
◎中央党校集中讨论党史问题时，提出了两条指导原则

◎胡福明撰写真理标准问题的文章
◎杨西光决定：文章从“哲学版”撤下，作为重要文章在头版发表
◎中央党校对文章作进一步修改
◎文章改毕，胡耀邦亲自审阅两次并定稿
◎《实践是检验真理的唯一标准》一文的发表，拉开了一场全国性理论大讨论的序幕

三、一篇文章激起轩然大波 …………………………… 128
◎《实》文发表，立即引起强烈反响
◎有人指责该文是政治上“砍旗”
◎中央领导说：文章是针对着毛主席来的
◎《红旗》杂志决定“不表态，不卷入”，作壁上观
◎关键时刻，邓小平号召全党：拨乱反正，打破精神枷锁，使我们的思想来个大解放
◎罗瑞卿挺身而出，支持《解放军报》再发重头文章
◎谭震林的一篇文章，使《红旗》杂志不得不放弃沉默

四、思想解放的潮流开始形成 …………………………… 142
◎理论界、科技界、新闻界都积极行动起来了
◎周扬率先提出了真理标准问题讨论的重大政治意义
◎各地纷纷召开理论会，形成了思想解放的潮流
◎各地党、政、军主要负责人纷纷表态
◎各大报刊不同寻常的报道，使人感到一个历史性的巨变正在酝酿之中

第四章　探索强国之路

一、走出国门看世界 ………………………………… 154
◎进入 1978 年，我国的对外交往开始活跃

◎国家领导人纷纷出访
◎邓小平访问日本，给人留下深刻印象
◎中国与世界先进水平的差距使国人震惊
◎国门刚开，就展示了中国市场的巨大潜力与诱人魅力

二、迈出引进和开放的步伐 …………………………… 166
◎邓小平再次呼吁，要学习、吸收世界上一切先进的技术和管理经验
◎改革开放的主张正在成为多数中国人的共识
◎国务院务虚会开了两个月，为改革开放作思想准备
◎陈云觉察到冒进倾向，要求听听反面意见
◎李先念的总结讲话，集中阐述了改革思想
◎1978 年，我国共引进 22 个大型成套设备

三、突破旧体制的初步尝试 …………………………… 187
◎粉碎“四人帮”后，“左”的政策仍在农村盛行
◎安徽省委的《六条》开始突破禁区，该省成为农村改革发源地
◎四川省委制定《规定》，各省也开始调整农村政策
◎面对百年大旱，安徽省委决定“借地渡荒”，由此引发了包产到户
◎小岗人发明包干到户，从此结束了逃荒要饭的历史
◎四川省委决定，在工业战线上首先进行扩大企业自主权试点

第五章　实现历史转折

一、实行工作重点转移的酝酿 …………………………… 208
◎1978 年 9 月，邓小平对东北三省进行了一次非同寻常的视察
◎邓小平说：“我是到处点火……”

引　言

当我们回首中华人民共和国走过的历程时，谁都不能不惊叹新中国发生的翻天覆地的变化。近 70 的岁月，把曾是贫弱不堪、列强侵凌的半殖民地半封建的旧中国，磨砺成一个初步繁荣富强、巍然屹立于世界的东方、赢得国际社会普遍尊重的欣欣向荣的社会主义新中国。

发生在中国大地上的这一历史性巨变，首先要归因于中国共产党领导的新民主主义革命。新民主主义革命的胜利，结束了中国半殖民地半封建的社会历史，中国走上了社会主义道路，建立了社会主义基本制度，古老的中国获得了新生。其次要归因于 30 多年前开始的，中国共产党领导的第二次革命，即改革开放。改革开放极大地解放了社会生产力，焕发了社会主义建设的活力和积极性，使中国摆脱了严重束缚社会生产力发展的传统社会主义建设模式，走上了中国特色社会主义的正确道路，这是实现中华民族伟大复兴中国梦的强国之路、振兴之路。

回首共和国走过的光辉历程，我们不由得会把关注的目光投向30多年前对实现改革开放具有历史意义的伟大转折，投向促成并实现了这一伟大转折的1978年。正是这一年，对共和国未来产生深远影响的改革开放开始启动，拨乱反正在步履维艰中取得突破性进展，“左”倾错误的禁区开始被冲破，一个常识性的理论问题竟引发了波及全国的关于真理标准问题大讨论。

在激烈的思想交锋中，“两个凡是”的错误主张受到普遍抵制，实事求是的思想路线重新回到党和国家政治生活中。在这样的历史背景下，50多万“右派分子”重获新生，包括天安门事件在内的一大批冤假错案终获平反，再度冒进的国民经济在陷入窘境后使人逐渐清醒。面对世界的变化，人们发出了改革开放的强烈呼声，延续了20多年高度集中的计划经济体制开始动摇……

于是，原准备讨论经济工作的中央工作会议在多年未见的民主和热烈气氛中历时36天，终于促成了中共十一届三中全会的召开，从而实现了历史性的伟大转折。以此为标志，中国不但走出了“文化大革命”的十年浩劫，而且走出了“文化大革命”后的两年徘徊。十一届三中全会作为进入新时代的里程碑被载入史册。

重温这一历史，我们对于社会主义中国近70年来发生的历史巨变，或许能够得到更深刻的了解。

第一章

徘徊中前进

伟大转折——1978年的中国

学好文件抓住纲

《人民日报》、《红旗》杂志、《解放军报》社论

1978年，在当代中国历史上可谓不寻常的一年。说它不寻常，是因为这一年发生的一系列重大事件，特别是年底召开的中共十一届三中全会，纠正了此前20年来党在指导思想上的“左”倾错误，使中国的社会主义事业，在经历20年曲折，尤其是“文化大革命”十年动乱后，走上了健康发展的轨道。一个以改革开放和中国特色社会主义现代化建设为主要内容的历史新时期从此开始了。

1978年的不寻常，不仅在于它的伟大辉煌，还在于它在前进中的步履艰难。

这一年，以及在此之前一年多时间里，党领导的社会主义事业每前进一步都经过了艰苦斗争。党和人民高举实事求是的旗帜，冲破了“两个凡是”的束缚。实事求是与“两个凡是”的对立和斗争，清晰地勾画出从粉碎“四人帮”到党的十一届三中全会，特别是1978年这一年，党和国家历史发展的脉络。

一、揭批“四人帮”运动的开展和“两个凡是”错误方针的提出

◎粉碎“四人帮”后，广大人民群众纷纷要求尽快让邓小平出来工作，为天安门事件平反

◎华国锋提出：“继续批邓”“天安门事件是反革命事件”

◎按照华国锋的意图，“两个凡是”出台

◎中央工作会议上，陈云、王震顶住压力，道出了大多数人的心声

◎邓小平致信党中央，提出“准确的完整的毛泽东思想”这一概念

◎粉碎“四人帮”九个月后，邓小平官复原职

◎邓小平同其他老一辈革命家一起倡导实事求是的思想路线

“两个凡是”是“文化大革命”结束后，党内长期存在的“左”倾错误的延续和表现。“文化大革命”结束后两年间，人们在思想上还有种种禁忌，我国的经济工作又重犯冒进错误，其根源就在“两个凡是”。

其实，实事求是与“两个凡是”的对立和斗争，从粉碎“四人帮”后就已经开始。1976 年 10 月，以“四人帮”的垮台为标志，长达 10 年之久的“文化大革命”终于在事实上结束了。如同处理任何一场大的社会动乱一样，“文化大革命”结束后，党和国家面临的首要任务，是摧毁“四人帮”的帮派体系，清除他们的影响，解决长期动乱遗留的各种社会问题和政治问题，以便为实现社会的安定团结、进行国家各项建设事业奠定基础。这也是全国人民的迫切希望与要求。因此，党中央很快发动了对“四人帮”的揭批运动。

在揭批“四人帮”的运动中，广大群众纷纷要求纠正“文化大革命”造成的大量冤假错案。这又首先集中在两个影响极大的关键问题上：一是澄清“批邓、反击右倾翻案风”的是

非，尽快让邓小平出来工作；二是为1976年清明节广大人民群众在天安门广场悼念周总理、反对“四人帮”而被错误定性为反革命的事件，即天安门事件平反。

粉碎“四人帮”后，叶剑英立即安排改善邓小平的处境，并且在中央政治局会议上提出建议，希望尽快让邓小平出来工作。这个建议得到李先念的支持。粉碎“四人帮”后的第6天，即10月12日，叶剑英又让儿子叶选宁去看望胡耀邦。胡耀邦对叶选宁说：请帮我带三句话给叶帅和华主席：“现在我们的事业面临中兴，中兴伟业，人心为上。什么是人心？第一是停止批邓，人心大顺；第二是冤案一理，人心大喜；第三是生产狠狠抓，人心乐开花。”10月18日，陈云通过李先念向党中央转达了他对今后各项工作的几点意见，并写成书面材料。其中提到：要“恢复党的好作风。因为毛主席倡导的许多党的好作风被‘四人帮’破坏干扰了”；“要再查一查今年4月天安门事件的真相；当时绝大多数人是为悼念总理，尤其担心接班人是谁，混在人群中的坏人是极少数；‘四人帮’对这件事有没有诡计？”党内外的许多干部群众，在各级组织的会议上也都向党提出了同样的要求。

众所周知，“批邓、反击右倾翻案风”和天安门事件，都是经过重病中的毛泽东的同意和批准、“四人帮”一手制造的两大冤案。要解决这些重大问题，不能不涉及毛泽东晚年的错误，不能不涉及对“文化大革命”的看法。由于一些长期形成的严重思想禁锢，这些重大问题一时成为难以触动的禁区。

粉碎“四人帮”之初，1976年10月7日至14日，在中央召开的向各省、自治区、直辖市、各大军区和中央各部门负责人通报解决“四人帮”问题的打招呼会议上，华国锋要求人们做到“三个正确对待”，即：正确对待“文化大革命”，正确对待群众，正确对待自己。还要求“继续批邓、反击右倾翻案风”，强调“这是毛主席亲自发动的”。10月18日，中共中央关于粉碎“四人帮”的通知传达了华国锋的讲话精神。10月26日，中央宣传部门负责人向华国锋汇报工作时提到，许多干部和群众要求邓小平出来工作，要求为天安门事件平反。华国锋当即对中央宣传部门负责人作了四点指示：（一）要集中力量揭批“四人帮”，连带批邓；（二）“四人帮”的路线是极右路线；（三）凡是毛主席讲过的，点过头的，不要去批；（四）天安门事件要避开不说。[①]

根据华国锋的指示，《人民日报》在粉碎“四人帮”后，还4次整版刊出“批邓”的文章。当时分管宣传工作的党中央领导同志在此前后也多次强调：凡是毛主席批过的文件，凡是毛主席的指示，都不能动。11月中旬召开的全国宣传工作座谈会，再次强调要“继续批邓”和不能为天安门事件平反，并规定当前宣传工作的任务主要是批判“四人帮”和集中宣传华国锋，希望把群众对天安门事件和邓小平问题的注意力，引导到这些方面来。在部署批判“四人帮”时，沿袭“批林整风”后期认定林彪路线不是极左而是极右的说法，强调要批判林彪、“四人帮”的“极右”实质，而不提批判极左，即便提也

① 中共中央党史研究室编：《中国共产党历史大事记（1919年5月～1990年12月）》，人民出版社1991年版，第323页。

限制在批他们的“形左实右”。因此，在一段时间里，报刊上的批判文章仍沿用“文化大革命”时期的语言，把“四人帮”说成是“党内资产阶级的典型代表”，粉碎“四人帮”是“无产阶级文化大革命的伟大胜利”[①]，等等。

在指导思想未能摆脱“左”倾错误影响的情况下，对“四人帮”的揭发和批判被局限在对“文化大革命”和毛泽东晚年的理论与实践全部肯定的范围内，人民群众提出的许多合理要求也未能得到解决。

1977年1月8日，是周恩来逝世周年忌日。全国人民被压抑了一年之久的对周总理的怀念之情，又一次迸发出来。1977年新年刚过，纪念活动便在一些地方开始出现，人民通过花圈、诗词和标语、大字报，表达对周总理的怀念之情，也很自然地表达了他们要求为天安门事件平反、要求让邓小平出来工作的强烈愿望。不少地方和单位还将1976年四五运动中流传的诗词收集起来，编辑成册，在社会上广为散发。

党中央注意到广大群众的要求，开始着手解决关于天安门事件和让邓小平出来工作的问题，同时，又突出强调要稳定局势和维护毛泽东的旗帜。从1976年11月到1977年7月，北京市对天安门事件中被拘捕的300多人全部予以释放，但并未宣布为这一事件平反。在粉碎“四人帮”时，党中央也认为邓小平的问题应当正确地解决，但不能离开维护毛主席伟大旗帜这个根本立足点，因而在改善邓小平处境的同时，又继续提出“批

① 《彻底揭发批判“四人帮”》，《人民日报》1976年11月28日社论。

邓”的口号。然而，上述做法并没有满足广大干部群众的要求，人民群众要求为天安门事件平反和让邓小平出来工作的呼声日益强烈。

1977年2月7日，《人民日报》《红旗》杂志和《解放军报》，即当时著名的“两报一刊”发表题为《学好文件抓住纲》的社论。这篇社论在强调学习毛泽东的《论十大关系》和华国锋1976年12月25日在第二次全国农业学大寨会议上的讲话的同时，强调揭批“四人帮”是“当前的纲”，要在“抓纲治国”的同时，公开提出“凡是毛主席作出的决策，我们都坚决维护；凡是毛主席的指示，我们都始终不渝地遵循”的方针。这一方针后来被人们称之为“两个凡是”。由于这一方针是以当时传达党中央声音的权威方式公布的，因而得到普遍宣传。

这一方针违背广大干部群众的意愿，给揭批“四人帮”的斗争划定了界限，设置了禁区，给邓小平出来工作和为天安门事件平反设置了障碍，其实质就是要维护和坚持毛泽东晚年的“左”倾错误。后来，1980年6月，邓小平在同中央负责同志的一次谈话中论及了这一问题，他说：“‘两个凡是’的观点就是想原封不动地把毛泽东同志晚年的错误思想坚持下去。”① 同年12月5日中央政治局会议通过的《中央政治局会议通报》，对此作了同样的判断：“提出‘两个凡是’，实际上是要把毛泽东晚年‘左’的一套继续照搬下去。”

1977年3月10日至22日，党中央召开工作会议。会前，

① 《邓小平文选》第二卷，人民出版社1994年版，第298页。

在起草和讨论华国锋在会上的讲话稿时，叶剑英就有针对性地提出："讲话稿要对邓小平的提法写得好一点，以利于邓小平快一点出来工作。天安门事件是个冤案，不是反革命事件。"中央工作会议开始时，华国锋向各组召集人打招呼，希望大家在会议发言中不要触及邓小平出来工作和天安门事件这两个敏感问题。但是，这是当时人们最为关注的两个问题，也是一批老同志正准备提出的，不触及很难做到。会议前夕，陈云、王震、萧劲光、耿飚等一批老同志就曾在一起商议，一定要在会上提出这两个问题。[①] 陈云并预先准备了在会上的书面发言。3月13日，陈云在书面发言中谈了他对天安门事件的看法，并表示，"为了中国革命和中国共产党的需要，听说中央有些同志提出让邓小平同志重新参加党中央的领导工作，是完全正确、完全必要的，我完全拥护。"[②] 王震在会上发言呼吁，要让邓小平出来工作，要为天安门事件平反。他们的发言得到许多同志的赞同。但是，由于同"两个凡是"的方针相抵触，这些发言未能在会议简报中刊登。

3月14日，华国锋在会上讲话时着重强调要捍卫毛泽东思想，高举毛主席的伟大旗帜，指出："在揭批'四人帮'的斗争中，一定要注意，凡是毛主席做出的决策，都必须维护；凡是损害毛主席形象的言行，都必须制止。"根据这一指导思想，他继续强调："批邓、反击右倾翻案风，是伟大领袖毛主席决定的，批是必要的。""'四人帮'的罪行在于他们批邓另搞一

① 《萧劲光回忆录》（续集），解放军出版社1989年版，第356～357页。
② 《陈云文选》第三卷，人民出版社1995年版，第230页。

套，对邓小平进行打击、诬陷，这是他们篡党夺权阴谋的重要组成部分。”“‘四人帮’对邓小平同志的一切诬蔑不实之词，都应当推倒。”同时又提出：“我们的方针是，高举毛主席的伟大旗帜，多做工作，在适当的时机让邓小平同志出来工作。”“但是要有步骤，要有一个过程”，要做到“瓜熟蒂落，水到渠成”。“中央政治局的意见是，经过党的十届三中全会和党的第十一次代表大会，正式作出决定，让邓小平同志出来工作，这样做比较适当”。对天安门事件，他仍然讲是“少数反革命分子制造的反革命事件”，但同时又说，“在‘四人帮’迫害敬爱的周总理，压制群众进行悼念活动的情况下，群众在清明节到天安门去表示自己对周恩来总理的悼念之情，是合乎情理的”；关于天安门事件的“实际问题已经解决了”，希望大家“不要在天安门事件这样一些问题上再争论了”。

4 月 15 日，《毛泽东选集》第五卷出版发行。这一卷收入毛泽东自新中国成立起到 1957 年的著作。其中有阐述正确和比较正确思想的重要文章，但也有不少不符合事实和带有“左”倾错误内容的文章。华国锋于 5 月 1 日发表《把无产阶级专政下的继续革命进行到底——学习〈毛泽东选集〉第五卷》一文，把“无产阶级专政下继续革命的理论”说成是贯穿在《毛泽东选集》第五卷的根本指导思想。党中央在 4 月 7 日发出的关于学习《毛泽东选集》第五卷的决定中也提出：“在社会主义革命和社会主义建设时期，毛主席在马克思主义理论上最伟大的贡献，就是创立了无产阶级专政下继续革命的伟大理论。”于是，这个发动和指导“文化大革命”的错误理论，被规定为学习和宣传《毛泽东选集》第五卷的重点内容。

“两个凡是”提出后，人们议论纷纷，不能不思考这样的问题：到底应该用什么样的态度来对待毛泽东思想，对待毛泽东的决策和指示？许多同志表示不能赞同“两个凡是”。

尚未恢复工作的邓小平也向一些同志公开表示了自己的看法。这一年的 2 月和 4 月，他同前来看望他的一些中央负责同志谈话时明确指出：“‘两个凡是’不行”，这“不是马克思主义，不是毛泽东思想”。4 月 10 日，他致信华国锋、叶剑英并转党中央，提出“我们必须世世代代地用准确的完整的毛泽东思想来指导我们全党、全军和全国人民”[①]。5 月 3 日，党中央转发这封信，公布了邓小平的意见后，“准确的完整的毛泽东思想”的提法很快得到党内许多干部的拥护，成为委婉抵制“两个凡是”的思想武器。

5 月 24 日，邓小平在同中央两位同志谈话时，又一次批评了“两个凡是”。针对 3 月中央工作会议上华国锋的报告中既肯定“批邓是必要的”，又同意在时机成熟时“让邓小平出来工作”；既肯定天安门事件是“反革命事件”，又承认广大群众到天安门广场举行悼念活动是“合乎情理”的矛盾状况，邓小平指出：“按照‘两个凡是’，就说不通为我平反的问题，也说不通肯定 1976 年广大群众在天安门广场的活动‘合乎情理’的问题。”“毛泽东同志说，他自己也犯过错误。一个人讲的每句话都对，一个人绝对正确，没有这回事情。”“毛泽东思想是个思

① 中共中央文献研究室编：《邓小平思想年编（1975～1997）》，中央文献出版社 2011 年版，第 48 页。

想体系……我们要高举旗帜，就是要学习和运用这个思想体系。”①

同时，广大干部群众顶着“两个凡是”的巨大压力，以各种形式表达着自己的强烈愿望：让邓小平出来工作，为天安门事件平反。

经过党内外干部群众的努力和斗争，在粉碎“四人帮”9个月之后，邓小平终于官复原职，再次复出，重新回到了党中央的领导工作岗位。1977年7月召开的中共十届三中全会，虽然没有正面回答“批邓、反击右倾翻案风”的是非，但是也没有再像3月中央工作会议那样重申“批邓”是正确的、必要的。更重要的是，全会决定全部恢复“批邓、反击右倾翻案风”时邓小平被撤销的职务，即：中共中央委员、中央政治局委员、中央政治局常委、中央副主席、中央军委副主席、国务院副总理、解放军总参谋长。

历史选择了邓小平，使他成为继毛泽东之后党和国家最富治国经验和领导才能的领袖。

在这之后的整整20年里，党和国家的前途命运就同邓小平的名字紧紧地联系在一起了。他的再次复出，这本身就是对“两个凡是”的一次有力的突破和否定。邓小平重新走上党和国家领导岗位，对于纠正“文化大革命”及其以前的“左”倾错误，恢复党的马克思主义路线，使中国走上改革开放、健康发展的新道路，具有决定性的意义。这一点，已为后来中国历

① 《邓小平文选》第二卷，人民出版社1994年版，第38~39页。

史的发展证实了。

就在这次全会的闭幕会上，邓小平作了复出后的第一次正式讲话。他首先表达了对为中国革命做出伟大历史贡献的毛泽东的崇敬，对领导全党粉碎和揭批“四人帮”的党中央的拥护。他谈到了重新出来工作时的心情，表示：

> 坦率地说，我自己也考虑了一下，出来工作，可以有两种态度，一个是做官，一个是做点工作。我想，谁叫你当共产党人呢。既然当了，就不能够做官，不能够有私心杂念，不能够有别的选择，应该老老实实地履行党员的责任，听从党的安排。这是我一种交心的话。

这段话，坦率真诚，朴实无华，但它将一个为党的事业奋斗50多年的老共产党员的心迹表露无遗，读来真是感人肺腑！

接着，他着重讲了如何正确理解和坚持毛泽东思想的问题，再一次强调：我们要对毛泽东思想有一个完整的准确的认识，要善于学习、掌握和运用毛泽东思想的体系来指导我们各项工作，只有这样，才不至于割裂、歪曲毛泽东思想，损害毛泽东思想；我们不能够只从个别词句来理解毛泽东思想，而必须从毛泽东思想的整个体系去获得正确的认识；我们要花相当多的功夫，从各个领域阐明毛泽东思想的体系，要用毛泽东思想的体系来教育我们的党，来引导我们前进；毛泽东同志倡导的作风，群众路线和实事求是这两条是最根本的东西，对我们党的现状来说，我个人觉得，群众路线和实事求是特别重要。

复出伊始，邓小平即倡导实事求是，其鲜明的针对性不言自明。正是实事求是这个马克思主义、毛泽东思想的精髓和我们党的最根本的思想路线，才是反对“两个凡是”最有力、最锐利的思想武器。

1977 年 9 月前后，在纪念毛泽东逝世一周年之际，陈云等党内一批德高望重的老同志纷纷发表讲话或撰写纪念文章，阐述党的实事求是的思想路线。

聂荣臻在《红旗》杂志第 9 期发表了题为《恢复和发扬党的优良作风》一文。《人民日报》于 9 月 5 日全文转载。文章结合中国革命斗争的历史实际，针对“两个凡是”，提出要坚持用正确的态度对待马列主义、毛泽东思想。

徐向前在 9 月 19 日的《人民日报》上发表了题为《永远坚持党指挥枪的原则》一文。文章通过回顾党同张国焘、林彪、“四人帮”在军队问题上斗争的经验，提出要恢复和发扬党的实事求是的优良传统和作风。

陈云在 9 月 28 日《人民日报》上发表题为《坚持实事求是的革命作风》的文章，从党的根本思想路线的高度论述了坚持实事求是的必要性，指出，实事求是，这不是一个普通的作风问题，这是马克思主义唯物主义的根本思想路线问题。我们要坚持马克思列宁主义，坚持毛泽东思想，就必须坚持实事求是。是否坚持实事求是的革命作风，实际上是区别真假马列主义、真假毛泽东思想的根本标志之一。

实事求是的原则一经重新提出，很快就在党内外激起强烈共鸣。它给了广大干部群众一个有力、锐利的思想武器，使他们能够真正从思想路线上认清和批判“两个凡是”。但是，长期的“左”倾错误给党和国家、给人们思想造成的影响和危害是深重的，短期内难以完全消除。实际上，在当时，很多人还没有认识到，甚至还没有敢想到毛泽东晚年的思想理论与实践有什么错误。因而“两个凡是”在党内和社会上还有一些基础，还有一定的市场。这就使得实事求是和“两个凡是”的斗争，不仅在邓小平复出和天安门事件这两个关键问题上，而且在所有需要拨乱反正的问题上都尖锐地存在着，何况天安门事件这时还没有得到平反。中国历史在进入1978年的时候，在实事求是和“两个凡是”之间，一场更为尖锐的斗争正在酝酿。

二、揭批“四人帮”遇到种种障碍

◎揭批“四人帮”的斗争，党中央部署了“三个战役”

◎“两个凡是”给彻底否定“文化大革命”、揭批“四人帮”设置了重重障碍

◎只能批“极右实质”，不能批极左

◎粉碎“四人帮”竟被说成是“无产阶级文化大革命的伟大胜利”

◎对“四人帮”的“代表作”，汪东兴批示：不能点名批判

1976年10月6日晚，华国锋、叶剑英等代表中央政治局，执行党和人民的意志，采取果断措施，对江青、张春桥、姚文元、王洪文及其在北京的帮派骨干实行隔离审查，从而一举摧

毁了以江青为首的“四人帮”集团，彻底粉碎了他们篡夺党和国家最高权力的阴谋。这是全党、全军和全国各族人民长期斗争取得的伟大胜利。在粉碎江青集团的斗争中，华国锋、叶剑英、李先念等起了重要作用。

随后，当晚 11 时至次日凌晨 4 时，中央政治局在北京玉泉山召开紧急会议。在京的中央政治局委员华国锋、叶剑英、李先念、汪东兴、陈锡联、纪登奎、吴德、陈永贵，中央政治局候补委员吴桂贤、苏振华、倪志福等共 11 人全部出席会议。会议向政治局委员通报粉碎“四人帮”的情况，并通过了由华国锋任中共中央主席、中央军委主席的决议，并要求立即传达到全党。后来举行的中共十届三中全会追认了这个决议。10 月 7 日凌晨，中央政治局会议结束后，由汪东兴用电话将会议决定通报给当时在外地的政治局委员李德生、韦国清、许世友、赛福鼎。他们都表示完全拥护中央政治局的决定。

接着，从 10 月 7 日至 14 日，中央政治局在北京分批召开了中央党、政、军机关和各省、自治区、直辖市，各大军区负责人参加的打招呼会议，通报粉碎“四人帮”的情况。

打招呼会议期间，中央作出决定：撤销王、张、姚在上海市的党内外一切职务，派苏振华、倪志福、彭冲去上海市主持工作，接管了被“四人帮”一伙长期控制的上海市的党政大权。10 月 14 日，党中央向国内外公布了粉碎“四人帮”的消息。随后，中央决定成立专案组，审查王、张、江、姚反党集团的罪行，收集其罪行材料。专案组由在京的中央政治局委员组成，下设办公室，并立即开展工作。11 月 15 日至 19 日，党中央在北京召开全国宣传工作座谈会，对揭批“四人帮”的工作做了部署：决定放手发动群众，组织几个揭批战役，分别对“四人帮”的篡党夺权阴谋活动、罪恶历史和反革命理论，逐步深入地进行批判，打一场揭批“四人帮”的人民战争。

按照上述部署，揭批“四人帮”的斗争分为三个战役，也是三个阶段。

1976年12月10日，党中央向全党转发《王洪文、张春桥、江青、姚文元反党集团罪证》，即“材料之一”，首先公布了“四人帮”篡党夺权的阴谋，随即发动了以揭批“四人帮”篡党夺权为中心内容的第一个战役。这批材料主要是揭露和批判江青等人如何搞分裂党的宗派活动，组织反革命的帮派体系，提拔亲信，重用坏人，篡夺党和国家最高权力的阴谋活动；公布了江青等人利用“文化大革命”之机，煽动“打倒一切、全面内战”，以及陷害周恩来、朱德、邓小平、彭德怀、陶铸、贺龙、陈毅等老一辈革命家的罪行；公布了自1974年起，毛泽东在中央政治局及其他一些场合，批评江青等人搞“四人帮”的一些谈话。这些谈话是当时批判江青集团的主要思想武器。

1977年3月6日，党中央转发“四人帮”罪证“材料之二”，即《“四人帮”的反革命面目及其罪恶历史》，公布了“四人帮”在个人或家庭历史方面的罪证材料，随即开始了以揭批“四人帮”罪恶历史为中心的第二个战役。“材料之二”主要是用大量材料说明江青、张春桥、姚文元向党组织长期隐瞒了他们本人或家庭在历史上的政治问题，以及他们如何利用“文化大革命”之机，结党营私，钻进党和国家领导核心，进行篡夺最高权力的阴谋活动，给党和国家造成了严重危害。7月，在党的十届三中全会上，对江青集团做出了组织处理。全会通过了《关于王洪文、张春桥、江青、姚文元反党集团的决议》，决定永远开除王、张、江、姚四人的党籍，撤销他们的党内外一切职务。

同年9月23日，党中央转发了“四人帮”罪证“材料之三”，即《“四人帮”在各个领域散布的反动谬论》，公布了他们在理论上散布的种种谬论，并随之开始揭批“四人帮”的第三个战役。但是，“材料之三”虽然是在思想、理论、路线方面揭露“四人帮”，但实际上对“四人帮”散布的许多反动谬论很少触及。例如：对1976年的所谓“批邓、反击右倾翻案风”，以及“四人帮”坚持批判的所谓“唯生产力论”，鼓吹的所谓“全面专政论”“按劳分配中存在着资产阶级法权，是产生资产阶级的根源”等谬论都没有列入。

在揭批“四人帮”的同时，清查“四人帮”帮派体系的工作也开始在全国范围内开展起来。在“文化大革命”中，“四人帮”为篡党夺权的政治需要，采取种种手段，在党内和社会上罗织起了一个有纲领、有路线、有组织的帮派体系。其帮派体系的大多数成员及骨干分子，是在“文化大革命”中靠造反起家的所谓造反派。十年动乱中，他们在相当一部分地区和部门，甚至在党和国家机关某些重要部门中，篡夺了领导权。粉碎“四人帮”后，尽管党中央、国务院采取了一些必要的组织措施，清理了那些占据重要领导岗位的“四人帮”帮派骨干分子。但是，他们的帮派体系并没有被彻底摧毁，有些地方帮派势力盘根错节，帮派活动没有完全停止，动乱局面仍在继续。因此，清查他们的帮派体系，清查与他们篡党夺权有牵连的人和事，是揭批查“四人帮”斗争的重要组成部分，是稳定全国政治局势的必要措施。

党中央要求，在揭批查工作中，对那些与“四人帮”篡党夺权阴谋活动有牵连的人和事，要一件件、一桩桩查清楚。这样做的目的，是为了揭露和摧毁“四人帮”的帮派体系。同时，也是为了教育和挽救那些在斗争中犯有错误的人。

按照党的十一大的要求，清查工作在各省、自治区、直辖市和中央各部门的各级党委统一领导下进行。在清查工作中，还整顿了各级领导班子。经过两年的清查工作，基本上查清了同“四人帮”篡党夺权有牵连的人和事，摧毁了他们的帮派体系。在当时 29 个省、自治区、直辖市（不包括台湾省）的主要负责人中，查出同“四人帮”篡党夺权阴谋活动有牵连、因而被撤换的有 9 人。同时，中央初步调整了中央机关和各省、自治区、直辖市的领导班子。其中，调整面较大的有 14 个省、自治区、直辖市和 23 个部、委、局。[①] 到 1978 年年底，全国绝大多数地区和单位的清查工作基本结束。

进入 1978 年后，在揭批斗争的第三个战役中，主要在思想、理论和路线上深入揭批“四人帮”的谬论和错误。进行这方面的拨乱反正时，揭批工作所遇到的阻力也越来越大，在很多方面几乎难以深入进行。这种阻力主要来自于“两个凡是”

① 王洪模等:《改革开放的历程》，河南人民出版社 1989 年版，第 40 页。

的错误方针。

由于“四人帮”的很多罪行不仅是利用“文化大革命”的动乱犯下的，而且常常和“文化大革命”的错误混在一起。他们鼓吹的某些极左的理论，不仅是利用毛泽东晚年错误才得逞的，而且又大多和毛泽东晚年错误搅在一起。所以，批判“四人帮”难免触及“文化大革命”的是非和毛泽东晚年的错误。但是，这又同“两个凡是”的方针相矛盾。

首先，揭批斗争只能批“四人帮”篡党夺权的阴谋活动，并且重点放在党的十大以后，特别是批林批孔以后，不能否定“文化大革命”。粉碎“四人帮”后，肯定“文化大革命”，是当时党中央主要负责同志强调最多的问题之一。在两年时间里，在几乎所有重要场合，华国锋都要重申“文化大革命”的所谓“完全必要性”，“文化大革命”是“七分成绩，三分错误”。强调要坚持“以阶级斗争为纲”，坚持“无产阶级专政下继续革命的理论”等“文化大革命”那一套“左”的东西。华国锋采取这样的态度，根据是这些都是毛泽东生前肯定了的，而毛泽东肯定了的是不能动的。按照这样的逻辑，揭批斗争根本无法深入，因为“四人帮”干的不少坏事，提出的许多荒谬理论，大都是利用“文化大革命”之机，披着马列主义的外衣，打着“继续革命”的招牌，并且有些东西得到了毛泽东的认可或同意。

其次，揭批“四人帮”，只能批他们的“极右实质”，而不能批极左。不难理解，即使是在今天，对于一条政治路线、一种政治倾向，分清其是“左”还是右，是极左还是极右，都是一个事关重大的问题。毛泽东晚年的错误，“文化大革命”的理论和实践，本质上是“左”的错误，而不是右的错误，这本来是不难判断的。利用毛泽东晚年错误，在“文化大革命”中大搞阴谋活动的“四人帮”，他们那些所谓的理论和路线，究竟是极左，还是极右，本来也是不难判断的。显然，他们搞的那一套是极左，而不是极右。

但是，在部署批判“四人帮”时，华国锋等仍然沿袭“批林整风”后期，认定林彪路线不是极左而是极右的思维定式，认定“‘四人帮’是一伙极右派，他们那条反革命修正主义路线是一条极右路线”。“他们是极右派，是彻头彻尾的走资派，是穷凶极恶的反革命派。什么‘左派’，什么‘激进派’！他们的路线，右的不能再右了！”[①] 1977年8月，党的十一大政治报告仍坚持认定“四人帮”推行的是一条“极右的反革命修正主义路线”，并提出党面临的任务是“反右”而不是“纠左”。因此，强调在揭批斗争中要批判林彪、“四人帮”的极右实质，而不提批极左，即使批也要限制在批所谓“形左实右”的名目下。对“四人帮”错误倾向的判断，从根本上说是为了维护和肯定毛泽东晚年的错误。

在1977年3月的中央工作会议上，以及在其他一些会议上，很多同志曾表示不同意把“四人帮”的路线说成是极右，他们认为，林彪、“四人帮”都是极左。还有一些同志认为，新中国成立以后我们注意了反右，但对“左”的倾向注意不够，致使党内和社会上长期存在着“左”比右好，宁“左”勿

① 见《人民日报》1976年12月28日。

右的思想观点，这应当引起我们的注意。但这些正确的意见没有被接受。于是，在一段时间里，报刊上的批判文章仍沿用“文化大革命”时期的语言，把“四人帮”说成是“党内资产阶级的典型代表”“死不改悔的党内走资派”，粉碎“四人帮”是所谓“无产阶级文化大革命的伟大胜利”“无产阶级专政下继续革命理论的伟大胜利”，等等。这些错误及其影响，一直到党的十一届三中全会以后才逐步得以纠正。

再次，揭批斗争不能批张春桥、姚文元的“代表作”。随着揭批“四人帮”斗争的深入开展和“文化大革命”危害的进一步暴露，揭批斗争的矛头不能不触及“四人帮”的极左实质，甚至也不能不触及毛泽东晚年的某些错误理论观点。这样就引发了能不能批张、姚“代表作”的问题。1975 年春，《红旗》杂志接连发表了两篇影响极大的重头文章，即姚文元的《论林彪反党集团的社会基础》和张春桥的《论对资产阶级的全面专政》。这两篇文章的核心是论证“文化大革命”的必要性和“无产阶级专政下继续革命的理论”是“文化大革命”后期对“左”倾理论观点进行系统阐述的代表作，给人们的思想造成了极大的混乱，其影响极其恶劣。

众所周知，这两篇文章是毛泽东授意张春桥、姚文元按照他晚年的一些错误理论观点撰写的。文章发表前都经过中央政治局讨论，并经毛泽东看过和同意、由毛泽东批准发表的。[①]

① 毛泽东关于理论问题的谈话要点，1974 年 12 月，载《建国以来毛泽东文稿》第 13 册，第 413～415 页；马齐彬等编：《中国共产党执政 40 年（1949～1989）》（增订本），中共党史出版社 1991 年版，第 381 页。

但是，既然要从理论上批判“四人帮”，分清思想、理论和政治路线的是非，这两篇文章无论如何是绕不过去的。它们所阐述的错误理论观点，毫无疑问，应当予以批判，这样才能正本清源、拨乱反正。但是，由于这两篇文章都经过毛泽东看过，因而也一时成为难以触及的禁区。

正因为不能名正言顺地批判“四人帮”最重要的错误理论观点，所以，思想理论和政治路线方面的拨乱反正，在一段时间里阻力重重，难以真正深入。这就使得“四人帮”的许多荒谬理论在他们倒台后，又以某种形式被“两个凡是”论者以毛泽东的名义继承下来，用以指导党和国家的工作。例如，关于社会主义时期的阶级关系和阶级斗争的理论、关于“无产阶级专政下继续革命的理论”，等等。指导思想和政治路线方面的这些问题，导致了党和国家其他方面工作的拨乱反正出现了步履蹒跚、徘徊难进的局面。

这种状况，党内外广大干部群众当然是不满意的。这种不满意随着实事求是原则的重新提出，与日俱增、不断积累。

三、国民经济的好转与新的冒进

◎党中央、国务院采取了一系列恢复和发展生产的措施，国民经济状况迅速好转

◎由于“两个凡是”，经济工作仍沿袭了“大跃进”和“抓革命，促生产”的办法和思路

◎第二次农业学大寨会议上，开始提出不切实际的高指标

◎工业学大庆会议发动了“新跃进”

◎各部门纷纷制订“跃进”计划

◎五届人大一次会议贸然通过冒进计划

◎冒进使整个经济发展陷入困境

在以经济建设为中心的今天，搞好生产，发展经济，提高人民生活水平，是党和国家、全国人民不容置疑、理所当然的头等大事。但是，经历过“文化大革命”的人们一定不会忘记，在那个“以阶级斗争为纲”和“宁要社会主义的草，不要资本主义的苗”的荒谬年代，抓生产、搞建设可不敢这么理直气壮，弄不好随时会被戴上“唯生产力论”或“经济主义”的大帽子，从而横遭批判，甚至受到残酷迫害。

1975年，在邓小平领导下开展的各项整顿，其实质就是要把“文化大革命”造成的混乱状况整顿好，从而恢复党的优良传统和作风，恢复社会政治经济秩序，“把国民经济搞上去”，实现四个现代化。但是，整顿工作初见成效时，很快就被“四人帮”诬指为所谓“右倾翻案风”，横加批判。邓小平本人也因此遭到诬陷和迫害，直至被罢官。正是由于毛泽东晚年的错误，特别是林彪、“四人帮”的干扰破坏，十年动乱严重阻碍了中国社会经济文化的正常发展，拉大了我国同世界经济文化发展进程的差距。

“四人帮”的倒台，十年动乱的结束，人们终于可以理直气壮地抓生产、搞建设了。

“文化大革命”结束时，党和国家面临的一项紧迫任务，就是尽快恢复和发展生产，把国民经济搞上去，改善人民的物质文化生活。在这方面，华国锋顺应了历史发展的要求和全国人民的愿望，他代表党中央重申毛泽东、周恩来等老一辈革命家曾多次提出、全国人民向往已久的实现四个现代化的宏伟目标，强调要努力把国民经济搞上去，并为恢复和发展国民经济做了许多有益的工作。但是，他在经济工作的指导方针上仍然没有摆脱“无产阶级专政下继续革命理论”的束缚，并因此给国民经济的发展造成了新的困难。

粉碎“四人帮”后，党中央、国务院在稳定政治局势的同时，采取一系列措施恢复和发展工农业生产。从 1976 年年底开始，党中央相继召开第二次全国农业学大寨会议和全国工业学大庆会议。这两个会议号召全国人民在揭批“四人帮”的同时，掀起一个“抓革命、促生产”的高潮，努力把国民经济搞上去。毛泽东《论十大关系》一文的公开发表和广泛学习，对调整经济关系，整顿经济秩序，发动广大干部群众努力搞好生产，为实现现代化建设的目标而奋斗起了重要的动员作用。

党中央、国务院在着手恢复国民经济的工作中，采取果断措施，首先抓了影响全局的铁路和煤炭运输的整顿。1975 年，邓小平主持中央日常工作，进行各方面整顿，也是首先拿当时最为混乱、且关系全局的铁路运输“开刀”，进而着手各条战线的整顿，并速见成效。但是，整顿后明显好转的铁路运输秩序，在“批邓、反击右倾翻案风”中再度急剧恶化。铁路运输堵塞，电厂断煤、工厂断电，严重破坏了国民经济。1977 年 2 月 2 日至 15 日，国务院召开全国铁路工作会议，明确指出，

1975年中央《关于加强铁路工作的决定》（即1975年中央9号文件）是正确的，仍然要贯彻执行。铁路会议还下达了当前铁路运输的任务，并规定铁路运输由铁道部统一指挥，千方百计把铁路运输搞上去，以带动整个国民经济的好转。随后，各省、自治区、直辖市主要领导也先后主持召开铁路工作会议，贯彻落实中央对铁路工作的部署和要求。

经过这次整顿，原来长期堵塞、混乱不堪的铁路运输状况又得到了改善，生产运输稳步上升，全路日装车从年初的3.8万车，很快上升到3月份的5.1万车；二季度装车数持续上升，达到5.7万车[①]；平均日卸车和煤炭运量也达到历史最高水平。铁路工作会议和铁路运输的整顿工作，带动了国民经济全局的好转。

针对当时经济领域存在的思想混乱状况，1977年3月3日至16日召开的全国计划会议就要不要抓好生产，要不要规章制度，要不要社会主义积累，要不要实行按劳分配，要不要引进新技术等10个需要澄清的是非问题展开了讨论。同时，国务院还先后召开了一系列全国性的生产建设的专业会议，如农业、工业、财贸、冶金、煤炭、粮食等会议，揭发批判林彪、“四人帮”破坏生产的罪行，强调要狠抓企业整顿，恢复合理的规章制度，反对派性，加强职工队伍团结，健全和加强企业领导班子，重建各级生产指挥系统，确保生产任务的完成，以全面恢复和发展经济。

① 《当代中国的铁道事业》上册，中国社会科学出版社1990年版，第86～87页。

经过各方面整顿，经济战线的生产和工作秩序逐步得到恢复，一批企业陷于瘫痪半瘫痪的状况有所改善，生产的混乱情况开始好转，工业生产有了较快回升，国民经济长期停滞不前甚至下降局面得以扭转。全国工业总产值从 1977 年 3 月份起逐月增加。1977 年全国工业总产值比 1976 年增长 14.3%，财政收入扭转了连续 3 年完不成国家计划、支大于收的状况。这一年，全国有 60%的职工 10 多年来第一次不同程度地增加了工资。整个国民经济初步摆脱了急剧滑坡的危险局面。

在此基础上，1978 年我国工农业生产进一步恢复，国民经济的主要指标都完成或超额完成国家计划。工业总产值比 1977 年增长 13.5%；全国 80 种主要工业产品中，有 70 多种产品的产量比上年又有增加，并且大多增幅在 15%以上；财政收入比上年增长 28.2%；粮食产量达到 6095 亿斤，[①] 主要农产品都有较多增长。整个国民经济的状况进一步好转，人民生活也有所改善。

然而，这两年的经济增长带有明显的恢复性质，是多年停滞以后的回升。这种回升在一定程度上掩盖了国民经济中很多有待解决的问题，例如经济比例失调，经济管理体制僵化，经济结构不合理，整个社会经济发展水平较低，并且发展不平衡，人民生活还有许多困难。这些本来应该通过进一步调整，理顺各种比例关系，使社会经济能够得到更好的恢复，使人民能够更好地休养生息，从而为国民经济更好的发展打好基础。

① 房维中主编：《中华人民共和国经济大事记（1949～1980 年）》（本节其他数字凡未特别注明者，均引自该书），中国社会科学出版社 1984 年版。

但是，随着国内政治局面的安定和经济形势的好转，再加上对十年动乱给国民经济造成的后果估计不足，党内在经济建设问题上长期存在的急于求成倾向再度出现。当然，更为重要的是，由于党在指导思想上的“左”倾错误未能及时清理和纠正，特别是当时担任党中央主席和国务院总理的华国锋同志，继续沿袭过去搞“大跃进”和“抓革命，促生产”的那一套办法和思路，来领导和组织经济工作，这就使党在经济建设的指导上出现了新的失误，给国民经济造成了比例严重失调的局面。

经济冒进倾向从粉碎“四人帮”后不久就开始了。

在 1976 年 12 月的第二次全国农业学大寨会议上，根据毛泽东 1955 年在《关于农业合作化问题》的报告中提出的用 25 年时间完成农业技术改造的设想，华国锋代表党中央，提出了到 1980 年要在全国基本实现农业机械化。为此，会议提出了不切实际的高指标、大口号，例如：到 1980 年，使农、林、牧、副、渔主要作业的机械化水平，达到 70%左右，其中，拖拉机和手扶拖拉机的拥有量，分别从 40 万台和 80 万台，增加到 65 万台到 80 万台和 150 万台，机耕面积达到 8 亿亩到 9 亿亩，由使用畜力农具的小规模经营“跃进”到使用机器的大规模经营；全国灌溉面积增加到 8 亿亩至 8.5 亿亩，实现每个农业人口有一亩旱涝保收、高产稳产农田；充分发挥人民公社一大二公的优越性，促进公社和大队两级经济发展，为逐步过渡创造条件，并将全国 1/3 的县建成为大寨县。同时，继续推行过去瞎指挥的“左”的农业政策，仍然强调“必须坚持‘鼓足干劲，力争上游，多快好省地建设社会主义’的总路线”；仍然坚持所谓“以阶级斗争为纲”，实行“抓革命，促生产，促工作，促战备，大搞群众运动”，等等①。

从1977年上半年起，随着国民经济的恢复，急于求成的冒进倾向进一步发展。在农业学大寨会议之后召开的全国工业学大庆会议，发动了经济建设的“新跃进”。

4月18日，工业学大庆会议召开前夕，华国锋在没有掌握可靠地质资料的情况下，在会见出席会议的各地区、各部门负责人时贸然提出：“石油光有一个大庆不行，要有十来个大庆。”5月9日，在工业学大庆会议上，华国锋肯定了社会上已经出现的“跃进”“大跃进”的提法，指出：“我国国民经济必将出现一个全面跃进的新局面。”因此，他号召全国人民加快建设速度，并强调，“建设速度问题，不是一个单纯的经济问题，而是一个政治问题。”7月30日，中共中央向各地转发国务院《关于1977年上半年工业生产情况的报告》。这个报告过高地估计了工业生产恢复和好转的形势，认为这标志着“国民经济的新的跃进局面正在出现”。8月中旬召开的党的十一大在政治报告中也指出：“一个国民经济新跃进的局面正在出现。”因此，报告号召全党全国人民“要认真贯彻执行鼓足干劲，力争上游，多快好省地建设社会主义的总路线……实现全面跃进”。9月11日，华国锋在召集国务院领导和有关部委负责人研究加快经济建设速度问题时，批评国家计委制定的工业

① 《农业集体化文件汇编（1958～1981）》下册，中共中央党校出版社1981年版，第926～933页。

增长速度“太保守”。他强调，“今后工业部门要开足马力，挽起袖子大干”，“明年的积累要加快”。

根据上述精神，从工业学大庆会议筹备和召开前后起，全国各地的报刊和广播电台、电视台等新闻媒体，中共中央、国务院的文件，以及中央到地方各级领导人的讲话和报告，不断地出现关于各行各业、各地各部门“跃进”的宣传报道。《人民日报》《红旗》杂志、《解放军报》“两报一刊”接连发表社论，欢呼“革命和生产的形势越来越好，其进展速度，超出人们的意料，一个新的跃进形势正在形成”。“国民经济新的跃进局面确实到来了”。“国民经济新跃进的局面正在出现，各行各业都在大干快上”。因此，这些社论号召全国人民“鼓足干劲，力争上游，推动国民经济新的跃进”。“掀起社会主义革命和建设的新高潮”。[①] 一时间，“总路线”“大跃进”又成了时髦字眼，充斥于报刊，一种“争时间、抢速度”“全党动员”“大干快上”“抓纲治国、大见成效”的情绪和气氛开始弥漫于全国。

应该说，在当时，这种气氛在很大程度上反映了十年动乱结束后，广大干部群众尽快恢复和发展生产，把国民经济搞上去，实现四个现代化的强烈愿望和迫切要求。但是，这种过分强调高速度和搞群众运动的宣传鼓动，助长了经济建设中已经出现的急于求成的冒进倾向。正是在这种类似 1958 年“大跃进”的气氛中，各地各部门纷纷开始制订“跃进”计划和脱离实际的、在短期内赶超世界先进水平的高指标。

① 见《人民日报》1977 年 3 月 24 日、4 月 11 日、4 月 19 日、4 月 23 日、5 月 8 日、5 月 14 日。

10月29日，煤炭部向中央提出：要在“拿下前所未有的高速度”的总的指导思想下，争取到1985年使煤炭总产量达到8.8亿吨；到1987年突破10亿吨，赶上美国；到本世纪末达到20亿吨。为了达到上述目标，今后8年内要建成10个年产5000万吨和10个年产3000万吨的大型煤炭基地。

11月9日，冶金部向中央提出：钢产量，到1980年力争达到3800万吨；到1985年达到6000万吨，力争达到7000万吨；到1990年达到1亿吨；到本世纪末，要拿下二十几个鞍钢，使钢产量达到1.6亿吨，超过美国。

11月24日至12月11日，全国计划会议在北京召开。会议经过讨论，由国家计委向中央政治局提出一个《关于经济计划的汇报要点》（简称《汇报要点》）。1978年2月5日，中央政治局批准了《汇报要点》，并连同《1978年国民经济计划指标》一起下达，要求各地区、各部门贯彻执行。《汇报要点》提出：在“五五”计划的后三年，即1978～1980年，农业每年以4%～5%的速度，工业每年以10%以上的速度持续地大步前进，为“六五”大上做准备。在“六五”期间，即到1985年，粮食产量达到8000亿斤，钢产量达到6000万吨，原油产量达到2.5亿吨，煤炭产量达到9亿吨，发电量达到5000亿度。

为了实现这些高指标，《汇报要点》还相应地提出了一个庞大的基本建设计划，提出在工交方面，新建和续建120个大型项目，其中主要包括30个大电站、8个大型煤炭基地、10个大油气田、10个大钢铁基地、9个大有色金属基地、10个大化纤厂、10个大石油化工厂、十几个大化肥厂，以及新建续建6条铁路干线和几个大港口，等等。按照这个建设方案，基建投资将相当于过去28年的总和。《汇报要点》提出：到2000年以前，全面实现农业、工业、国防和科学技术的现代化。粮食总产量将要由1976年的5720多亿斤达到13000亿斤至15000亿斤（1997年是9883亿斤），钢产量将要由1976年的2040万吨达到1.3亿吨至1.5亿吨；各个生产领域、各项经济技术指标，都要分别接近、赶上或超过当时的世界先进水平；农业生产的主要部分要自动化，农业将成为世界上第一个高产国家；许多省的工业水平将赶上和超过欧洲的某些工业发达国家，我国国民经济将走在世界的前列。

对这个指标明显过高的《汇报要点》，中央政治局给予了充分肯定，认为这个设想是积极的，经过努力是可以实现的。

对这个《汇报要点》提出的指标，主管经济工作的中央领导人李先念曾表示，这些指标正在讨论中，还没有研究清楚，暂不要拿到人大会议上去通过。但是，在未经充分论证和反复研究的情况下，1978年2月，五届全国人大一次会议还是讨论通过，并形成为《1976至1985年发展国民经济十年规划纲要》。尽管这个纲要最终没有公布和下达，但它仍然是当时指导经济建设的纲领性文件，并且在实际工作中产生了很大的消极作用：一方面，它助长了脱离实际、急于求成的倾向；另一方面，它加剧了业已存在的国民经济比例失调的状况，在实际经济生活中造成了严重后果。

在此期间，党中央、国务院还采取措施，进一步整顿工业企业。4月20日，中共中央作出《关于加快工业发展若干问题的决定（草案）》（简称“工业三十条”），发到各工交企业试行。这是当时指导工交战线拨乱反正的重要文件。这个文件继承了1975年邓小平主持整顿工作时制定的《关于加快工业发展的若干问题》（简称“工业二十条”，未正式下发）的基本精神，对企业整顿提出了明确要求和具体标准。它强调，通过整顿，企业要建立起精干的、强有力的领导班子；逐步建设一支思想红、干劲大、技术精、作风好、团结紧、纪律严的产业大军；要建立和健全以岗位责任制为核心的各项规章制度，切实搞好各项管理工作。这个文件下达后，取得了初步的效果。通过整顿，一批关系国民经济全局的国家重点企业，如鞍钢、包钢、郑州铁路局、上海港等，比较快地改变了落后面貌，对促进经济的恢复与发展起到了一定作用。但是，由于当时整个经济建设仍处在急于求成思想的指导下，企业整顿不可能使整个经济发展摆脱冒进所造成的困难局面。

9月，国务院召开全国计划会议，讨论1979年和1980年的计划安排。在当时冒进的气氛中，计划会议拟订的生产计划和基本建设计划，都存在着过高过急的问题。例如，计划要求：1979年和1980年，农业总产值平均每年增长5%到6%；工业总产值平均每年增长10%到12%；1979年国家直接安排的基建投资为457亿元，比投资规模急剧膨胀的1978年又增长了15.7%。由于生产和建设任务都安排得过大，物资、财政、外汇都留下了相当大的缺口。1979年的计划中，燃料缺1500万吨，财政收入指标有20多亿元地方部门不接受而无法落实，外汇支出也大于收入 100 亿美元。

为了适应经济建设规模扩大和引进项目增加的需要，国务院不得不一再追加基建投资。1978 年国家预算内直接安排的基建投资总规模由年初的 332 亿元，追加到 415 亿元，实际完成了 501 亿元，比上年实际完成数增加 118 亿多元，增长 31%。[①] 基建投资规模的急速扩大，使 1978 年的积累率由 1977 年的32.3%提高到 36.6%，已经失调的国民经济比例关系问题因此更加严重，从而给我国经济发展，特别是 1979 年、1980 年经济的发展造成了新的困难。事实上，问题并不仅仅在于上述那些高指标能否实现，更重要的还在于这些指标的形成，表明我们依然没有摆脱“大跃进”以来搞经济建设的那一套“左”的思路和办法，即“抓革命，促生产”，以大规模政治运动推动经济发展，在“以阶级斗争为纲”的框架内搞经济建设的模式。

1977 年和 1978 年的经济冒进，给我国经济发展造成的困难是严重的，它使我们不得不下很大的气力进行大规模经济调整。同时，也表明我们过去搞经济建设的那一套思路和办法，以及我们的经济体制，都存在着弊病，需要改革。

① 《当代中国经济》，中国社会科学出版社 1987 年版，第 393 页；《奋进的 40 年》，中国统计出版社 1989 年版，第 354 页。

四、各项工作恢复，指导思想依旧

◎党的十一大宣告了“文化大革命”的结束，却仍肯定“文化大革命”的理论

◎五届人大一次会议重申“四个现代化”的目标

◎五届政协会议召开，邓小平当选为全国政协主席，对恢复和加强统一战线工作具有指导意义

◎因“文革”而拖延了十余年的妇联、工会和共青团全国代表大会相继召开

◎党和国家各项工作开始恢复正常秩序，但仍未走出“文化大革命”的阴影

根据形势发展的需要，党的第十一次全国代表大会和第五届全国人民代表大会相继提前召开。两个大会都取得了一定的积极成果，但在总的指导思想上仍然没有能够从根本上摆脱“左”的理论和政策。

按照惯例，党的代表大会和全国人民代表大会，应5年举行一次。党的十一大和五届全国人大的提前召开，是因为党的十大和四届全国人大以来国内政治形势发生了重大变化。为彻底清除“四人帮”的影响，根据新情况确定新的方针和任务，以适应新的历史时期的需要，1977年3月的中央工作会议提出提前召开党的十一大的建议，7月的中共十届三中全会批准了这一建议，并为大会做了必要的准备。

1977年8月12日至18日，中国共产党第十一次全国代表大会在北京召开。出席大会的代表共1510名，这时全国有党员3500多万。大会审议并通过了华国锋代表中央委员会所作的政治报告；听取了叶剑英所作的关于修改党章的报告，通过了经过修改的《中国共产党章程》；选出了新一届中央委员会，当选的中央委员有201名，候补中央委员132名。

8月19日，党的十一届一中全会选出中央领导机构。华国锋为中央委员会主席，叶剑英、邓小平、李先念、汪东兴为中央委员会副主席，并由他们组成中央政治局常务委员会。华国锋、韦国清、乌兰夫、方毅、邓小平、叶剑英、刘伯承、许世友、纪登奎、苏振华、李先念、李德生、吴德、余秋里、汪东兴、张廷发、陈永贵、陈锡联、耿飚、聂荣臻、倪志福、徐向前、彭冲为中央政治局委员；陈慕华、赵紫阳、赛福鼎·艾则孜为中央政治局候补委员。

党的十一大明确宣布了以粉碎"四人帮"为标志，持续10年之久的"文化大革命"宣告结束；初步总结了揭批"四人帮"的斗争，批判了"四人帮"宣扬的"老干部是'民主派'，'民主派'就是'走资派'"等谬论，顺应了民心；在此基础上，它提出党在新时期的根本任务是：动员党内外、国内外的一切积极因素，团结一切可以团结的力量，在本世纪内把我国建设成为一个具有现代农业、现代工业、现代国防和现代科学技术的伟大的社会主义现代化强国。这对全国各族人民起了积极的动员和鼓舞作用。

但是，这次大会的缺点和错误是明显的。

首先，十一大依然肯定“文化大革命”的错误实践，认为它“必将作为无产阶级专政历史上的伟大创举而载入史册”，“粉碎‘四人帮’是‘无产阶级文化大革命’的又一伟大胜利”。大会用毛泽东的话，从理论上论证说：“‘文化大革命’对于巩固无产阶级专政，防止资本主义复辟，建设社会主义，是完全必要的，是非常及时的。”同时，强调“文化大革命”的结束“决不是阶级斗争的结束，决不是无产阶级专政下继续革命的结束”。因此，“安定团结不是不要阶级斗争”，“‘文化大革命’这种性质的政治大革命今后还要进行多次”。

其次，它对指导“文化大革命”的“左”倾错误理论，即所谓“以阶级斗争为纲”和“无产阶级专政下继续革命的理论”继续给予高度肯定的评价，认为“这是当代马克思主义最重要的成果”，“在马克思主义发展史上有着特别重要的地位”；“四人帮”的问题是全面篡改“无产阶级专政下继续革命的理论”。因此，十一大仍把这个错误理论作为制定路线的重要内容和依据，并强调，要在我国政治、经济、军事、文化和对外工作的各个领域，全面地贯彻执行毛泽东的这些理论和路线。这就给思想理论上的拨乱反正设置了障碍。

再次，它坚持认为“四人帮”的问题是右而不是“左”，是极右而不是极左。大会报告肯定党的十大的政治路线和组织路线都是正确的，认为在十大以后“四人帮”推行了一条“极右的反革命修正主义路线”。因此，揭批“四人帮”的斗争是批极右而不是批极左。这就给深入揭批“四人帮”划了一个大禁区。

在讨论十一大报告时，一些同志对报告中一些“左”的观点提出批评。有的同志说，毛泽东本人就曾讲过“文化大革命”犯有“打倒一切、全面内战”的错误，而报告对“文化大革命”全盘肯定，高度赞扬，是不合适的。还有的同志针对报告里关于“社会主义历史阶段始终存在阶级斗争”的论断指出，“始终”的提法在理论上说不通。聂荣臻在书面发言中针对“两个凡是”的提法指出，我们学习和运用马克思列宁主义、毛泽东思想，一定要掌握精神实质，把基本原理当作行动的指南，坚决反对把马克思列宁主义、毛泽东思想的每一句话当作脱离时间、地点、条件的教条。然而，在政治报告定稿时，这些意见没有被接受，从而使“文化大革命”的一些错误理论仍然得以延续。

大会通过的新党章对十大党章作了一些必要的修改，把“在本世纪内，党要领导全国各族人民把我国建设成为农业、工业、国防和科学技术现代化的社会主义强国”写进总纲。叶剑英在修改党章的报告中着重指出，全党要保持和发扬党的优良传统和优良作风，特别要恢复党的民主集中制的组织原则，并使之不断健全。但新党章未能从根本上纠正十大党章中一些“左”倾错误观点，继续肯定了“以阶级斗争为纲”和“无产阶级专政下继续革命”等导致“文化大革命”的错误理论。

在 8 月 18 日的闭幕式上，邓小平致闭幕词。他针对“两个凡是”的错误，以及多年来党的优良传统被破坏的状况，再次论述了实事求是等党的优良传统和作风，他指出：我们一定要恢复和发扬毛主席为我们党树立的群众路线、实事求是、批评和自我批评、谦虚谨慎、戒骄戒躁、艰苦奋斗、民主集中制的优良传统和作风，在全党、全军、全国努力造成一个又有集中又有民主，又有纪律又有自由，又有统一意志，又有个人心情舒畅、生动活泼的那样一种政治局面；要真正相信和依靠群众，细心倾听群众呼声，关心群众疾苦，一刻也不脱离群众；要做老实人，说老实话，办老实事，言行一致，理论与实践密切结合，反对华而不实和任何的虚夸，少说空话，多做工作，扎扎实实，埋头苦干，全心全意地为中国人民和世界人民服务。①

党的十一大虽然在揭批“四人帮”和动员全党全国各族人民建设社会主义现代化强国方面起了积极的促进作用，但是，限于当时的历史条件，大会没有能够承担起纠正“文化大革命”的错误，为实现历史转折制定正确路线和方针政策这一任务。这一重要历史使命，将由一年半之后召开的党的十一届三中全会来承担。

根据十一大通过的党章，各省、自治区、直辖市从 1977 年 10 月起相继召开新一届党代表大会，选举产生新一届党委。与此同时，在中央、国家机关及各人民团体中，也陆续恢复建立党委或党组。在新产生的各级领导班子中，追随“四人帮”的帮派分子大多被清除了，在“文化大革命”中被打倒的一大批久经考验的老干部重新走上工作岗位，党在各地区、各部门的领导力量得到了充实和加强。

① 见《人民日报》1977 年 8 月 25 日。

同提前召开党的十一大一样，鉴于国内政治形势发生的巨大变化，提前召开第五届全国人民代表大会，对各级政权组织进行调整和更新也势在必行。根据中央的部署，从 1977 年 11 月起，各省、自治区、直辖市先后召开新一届人民代表大会，选举了新一届领导人。

1978 年 2 月 26 日至 3 月 5 日，第五届全国人民代表大会第一次会议在北京举行。出席大会的代表共 3456 人。华国锋代表国务院作了题为《团结起来，为建设社会主义的现代化强国而奋斗》的政府工作报告。大会选举叶剑英为全国人民代表大会常务委员会委员长，宋庆龄等 20 人为副委员长；任命华国锋为国务院总理，邓小平、李先念等 13 人为副总理，并确定了国务院其他组成人选。同三年前的 1975 年 1 月召开的四届全国人大相比，第五届全国人大常委和国务院领导成员中，"文化大革命"中上台的造反派的代表人物没有了，一批德高望重的老一辈革命家重新回到了党和国家的领导工作岗位。

五届全国人大一次会议再次重申实现农业、工业、国防和科学技术现代化的奋斗目标，通过了《发展国民经济十年规划纲要》和重新修订的《中华人民共和国宪法》。这部宪法基本上恢复了 1954 年宪法的好的原则和制度，并且用根本大法的形式规定了全国人民在历史新时期的总目标，就是实现农业、工业、国防和科学技术四个现代化，建设社会主义现代化强国。但是，它未能彻底纠正 1975 年宪法中的错误，仍然把"坚持无产阶级专政下的继续革命"列入历史新时期的总任务中，还保留了公民有"运用大鸣、大放、大字报、大辩论的权利”，以及列入了将“文化大革命”的产物“革命委员会”作为国家行政机关的条款。这次大会还恢复了四届全国人大时撤销的最高人民检察院。会后，各地很快恢复建立了各级检察机关。

在当时的历史条件下，五届全国人大一次会议的召开，对国家各项制度的尽快恢复，各项工作的迅速走上正轨，促进社会的进一步安定起到了积极作用。但是，由于仍然坚持“以阶级斗争为纲”的指导思想，没有能够对“文化大革命”给国家政治、经济生活所造成的破坏作进一步的清理。同时，对国民经济比例失调的状况和经济建设中急于求成的错误估计不足，批准了以一系列高指标为特征的经济规划。这个规划在实际工作中的贯彻执行，造成了国家财政困难和国民经济比例更加失调的严重后果。

在五届全国人大召开的同时，1978 年 2 月 24 日至 3 月 8 日，中国人民政治协商会议第五届全国委员会第一次会议也在北京举行。中国共产党领导下的各民主党派、各人民团体的政治协商会议，本来也是中国历史发展和政治制度的一个特点，但是，它在“文化大革命”中也被破坏了。这样的政协会议，已经有 13 年没有开过了。出席这次会议的政协委员有 1862 人。会议听取了第四届全国政协常委会的工作报告，选举产生了新一届政协领导成员，邓小平当选为第五届全国政协主席，乌兰夫等 22 人当选为副主席。政协组织在“文化大革命”期间基本停止了活动。它恢复活动，对于加强中国共产党和各民主党派的合作，加强人民民主统一战线，有着重要意义。随着政协会议的召开，各民主党派和全国工商联陆续调整，或重建组织机构，逐渐恢复正常工作。

在此前后，为适应党和国家建设四个现代化总任务的要求，调动一切积极因素，团结一切可以团结的力量，发展新时期的革命统一战线，中共中央和国务院恢复和加强了党的统一战线工作。

加强对台、港、澳的工作。党对台湾、香港和澳门的工作，是统一战线工作中重要的方面。这项工作在十年动乱期间并未完全中断，但由于“文化大革命”使党和国家各项工作的秩序被破坏，再加上“左”的错误的严重干扰，党对台、港、澳的工作受到了影响而被削弱。党的十一大后，这方面的工作开始得到加强。1978年1月31日，中共中央批转中央对台工作领导小组关于对台湾工作的建议。中央指出，我们力争用和平方式解决台湾问题，对台湾工作是当前最大的统一战线工作。同年8月12日，中共中央批转了《关于港澳工作会议预备会议的报告》。中央批示：港澳工作必须深入调查研究，实事求是，一切工作都要从当地实际情况出发，不能照搬照套内地的做法，要解放思想，大胆放手，多想办法，加快步伐，为实现我国四个现代化做出更大贡献。中央决定，成立中央港澳小组，协助中央掌管港澳工作。

11月18日，中共中央发出各省、自治区、直辖市对台工作任务和组织机构问题的通知，要求各省、自治区、直辖市党委都要把对台工作提到具体议事日程，贯彻执行中央对台方针政策。

与此同时，在民族、侨务、宗教等领域，开展揭批林彪、“四人帮”对这几方面工作的破坏，并开始纠正一些在“文化大革命”期间影响大的、违反统一战线政策的若干错误。例如：在民族工作中，对少数民族地区影响重大的“新内人党”冤案终于获得平反；在侨务工作中，开始纠正因所谓“海外关系”而歧视、迫害归国华侨和侨眷的现象；对宗教问题，开始纠正违反宗教信仰自由政策的做法，恢复了信教群众的正当宗教活动。在“文化大革命”中受到严重破坏的统一战线工作逐步得到恢复。

此外，因“文化大革命”而被拖延耽搁了十余年的妇联、工会、共青团的全国代表大会也相继召开。

9月8日至17日，中华全国妇女联合会第四次全国代表大会在北京举行。近2000名代表出席了这次盛会。此前，全国妇联的工作因“文化大革命”中断了11年之久，全国妇女代表大会也已21年没有召开过。汪东兴代表党中央向大会致辞。大会讨论了全国妇联第三届执委会的工作报告，讨论和制定了新时期妇女工作的新任务，选举了中华全国妇女联合会第四届执委会，选举宋庆龄、蔡畅、邓颖超为全国妇联名誉主席，康克清任主席，史良等12人为副主席。

10月11日至21日，中国工会第九次全国代表大会在北京举行。出席大会的代表1967名。中国工会代表大会也是21年没有召开过了，并且同样也是全国总工会因十年“文化大革命”而中断活动后，召开的第一次执委会和代表大会。大会揭露和批判了林彪、“四人帮”迫害工人阶级、破坏工人运动的罪行。邓小平代表党中央向中国工会九大致辞。倪志福代表中华全国总工会第八届执委会向大会作《中国工人阶级新的伟大历史使命》的报告。中国工会九大选举产生了中华全国总工会第九届执委会，选举倪志福为全国总工会主席，朱学范等 9 人为副主席。

10 月 16 日至 26 日，中国共产主义青年团第十次全国代表大会在北京举行。共青团代表大会也有 14 年没有召开过。全国各民族的 2000 名优秀青年代表出席了大会。李先念代表中共中央致辞。大会号召全国青年团结起来，努力学习，勤奋工作，在新长征中做贡献。大会选举产生了共青团第十届中央委员会，共选出中央委员 201 名，候补中央委员 99 名，韩英为共青团第十届中央委员会第一书记，胡启立等 7 人为书记。

经中共中央批准，共青团第十届中央委员会作出决议：我国少年儿童组织仍恢复中国少年先锋队的名称。同时，本届团中央还通过了经修改过的《中国少年先锋队队章》和《中国少年先锋队队歌》。共青团十大之后，各地少先队组织陆续恢复，在“文化大革命”中成立的“红卫兵”和“红小兵”组织随之撤销。

工、青、妇代表大会的召开及其各自组织恢复正常工作，对消除“文化大革命”造成的混乱状况，促进社会的安定和各项秩序的重建，迎接社会主义现代化建设的新局面，都有十分重要的积极作用。但是，由于党和国家的整个指导思想还没有转到正确的轨道，“两个凡是”的禁锢还没有被完全冲破。因此，这些组织的代表大会所通过的文件和作出的决议，也就不能不带有那个时代的烙印，即它们无例外地沿用了“以阶级斗争为纲”“无产阶级专政下继续革命的理论”等一类错误提法。

总之，在粉碎“四人帮”后的一年多时间里，党和国家各项工作虽有所恢复，甚至有了一些起色，但一直没有能走出“文化大革命”的阴影，历史是在徘徊中前进的。邓小平的复出和一批老同志的重新工作，增强了广大干部群众同“两个凡是”斗争的力量。但是，党在根本指导思想上的拨乱反正，还没有实现。

第二章
艰难的步履

粉碎“四人帮”后，党和国家各项工作秩序有了很大的恢复和进展，但由于“两个凡是”的坚冰未能打破，党的思想政治路线没有能够随着“文化大革命”的结束而得以根本改变。党和国家的各项事业在长期形成的错误道路上进展缓慢，广大干部群众建设社会主义现代化的热情和积极性没有得到应有的发挥。随着揭批“四人帮”斗争的深入，特别是邓小平的复出，情况开始发生变化。这些变化终于促使拨乱反正工作在1978年有了突破性进展。这些突破性进展又首先发生在那些“文化大革命”中受难最为深重的领域。

一、教育领域推翻“两个估计”

◎邓小平自告奋勇抓科教

◎“两个估计”是广大知识分子身上的沉重枷锁

◎太原会议上，恢复高考的提议未获通过

◎科学和教育工作座谈会明确肯定“17年”

◎邓小平明确提出：“两个估计”不符合实际

◎毛泽东批示的被发现，使“两个估计”终被否定

◎恢复高考制度，报名的青年达570多万

1977年5月24日，尚未复职的邓小平在那次批评“两个

凡是”的著名谈话中，就特别谈到了教育问题，他说：“我们要实现现代化，关键是科学技术要能上去。发展科学技术，不抓教育不行。”“没有知识，没有人才，怎么上得去?”“一定要在党内造成一种空气：尊重知识，尊重人才。要反对不尊重知识分子的错误思想。”复职后的邓小平，自告奋勇地向中央表示，愿意分管教育和科技工作。他说：“我知道科学、教育是难搞的，但是我自告奋勇来抓。不抓科学、教育，四个现代化就没有希望，就成为一句空话。”[①]

中央同意了邓小平的要求。

众所周知，教育战线是十年动乱的“重灾区”。那张被毛泽东称之为“全国第一张马列主义的大字报”就出在教育战线。1966 年 5 月 25 日，在康生的授意和策划下，北京大学哲学系党总支书记聂元梓等 7 人，在校园里公开贴出攻击北京大学党委和北京市委搞修正主义的大字报。康生背着在北京的其他中央领导同志，将这张大字报的内容抄寄给当时还在杭州的毛泽东。毛泽东作了肯定和支持的批示：“此文可以由新华社全文广播，在全国各报刊发表，十分必要。北京大学这个反动堡垒，从此可以开始打破。”[②] 6 月 1 日晚，根据毛泽东的指示，新华社全文播发了这张大字报。于是，各种大字报一夜之间席卷全国，铺天盖地。

“文化大革命”开始后，教育战线更是首当其冲，深受其害。1966 年 6 月 13 日，中共中央、国务院发出通知，当年的

① 《邓小平文选》第二卷，人民出版社 1994 年版，第 40 页、68 页。
② 《建国以来毛泽东文稿》第 12 册，中央文献出版社 1998 年版，第 12 页。

高校招生工作推迟半年。五天后，6月18日《人民日报》全文刊发这个通知，并发表社论，号召把资产阶级的高考制度“扔进垃圾堆”。一个多月后，7月24日，中共中央、国务院再次发出关于高校招生的通知，作出“从今年起，高等学校招生，取消考试，采取推荐与选拔相结合的办法”。实际上，这个规定也没有落实，在“文化大革命”狂飙突起的当年，高校停止了招生。接着，在“停课闹革命”的口号下，大中小学校陷入瘫痪，师生员工被卷入内乱之中。学校的教学、实验设备、图书资料乃至校舍等，大多被砸、被毁；校长、教师大多被无辜批斗、受到迫害；整个社会刮起了一股“读书无用论”“知识越多越反动”的歪风，造成了极其恶劣的后果。

与此同时，以所谓“资产阶级知识分子统治学校的现象再也不能继续下去了”为名，全盘否定了新中国成立以来一切行之有效的招生、办学、教学和管理等各方面的制度，以及按照党的教育方针和社会主义建设需要培养起来的大批有用人才。接踵而来的则是千百万青年学生“上山下乡”，大学教师“下放”到“五七干校”，大学已经是名存实亡。

在“教育革命”的口号下，高等学校在停止招生4年后开始招生复课。1970年6月，中共中央决定在北京大学、清华大学等高校进行恢复招生的试点，但“坚持‘教育要革命’的方向，就必须‘从有实践经验的工人农民中间选拔学生’”①。因而明令废除历来实行的统一考试、择优录取的招生办法，改为

① 北京大学、清华大学大批判组：《教育革命的方向不容篡改》，载《红旗》1975年第12期。单引号内为毛泽东语录。

"实行群众推荐、领导批准和学校复审相结合的办法"，招收"工农兵学员"。学制则缩短为二年至三年。工农兵学员在学习期间的任务被确定为："上大学，管大学，用毛泽东思想改造大学。"这种"以阶级斗争为纲"的办学思想，打乱了原有的教学体系，致使教学质量严重下降，"走后门"上大学成风。这种所谓的改革，不仅在大学，而且在中学里也造成了教学秩序的混乱，教学质量的下降。小学的状况也大致相同。

1971 年 4 月 15 日至 7 月 31 日，国务院在北京召开全国教育工作会议。8 月 13 日，经毛泽东同意，中共中央批转了这次会议形成的《全国教育工作会议纪要》（以下简称《纪要》）。这个由迟群主持起草，经姚文元修改，由张春桥定稿的《纪要》提出了所谓"两个估计"，即：解放后 17 年"毛主席的无产阶级教育路线基本上没有得到贯彻执行，教育制度、教育方针和方法几乎全是旧的一套"，"资产阶级专了无产阶级的政"，即"黑线专政"；教师队伍中的大多数和解放后培养的学生的大多数"世界观基本上是资产阶级的"，是"资产阶级知识分子"。从这"两个估计"出发，会议及《纪要》确定和重申了一整套所谓"教育革命"的政策，例如"工宣队""贫宣队"长期领导学校；让大多数知识分子到工农兵中接受再教育；选拔工农兵上大学、管大学、改造大学；缩短大学学制，等等。从那以后，《纪要》及其"两个估计"，就成了戴在广大教师以至广大知识分子身上沉重的精神枷锁。

1975 年，邓小平主持中央工作，在处境非常困难的情况下对各方面工作进行整顿时，曾严厉批评科技和教育部门不重视知识、不关心人才、不抓科研、只讲“红”不讲“专”的歪风。他说：

> 要后继有人，这是对教育部门提出的问题。大学究竟起什么作用？有些大学只是中等技术学校水平，何必办成大学？科学院要把科技大学办好，选数理化好的高中毕业生入学，不照顾干部子弟。这样做要是犯错误，我首先检讨。这不是复旧！一点外语知识、数理化知识也没有，还攀什么高峰？中峰也不行，低峰还有问题。我们有个危机，可能发生在教育部门，把整个现代化水平拖住了。[1]

因此，邓小平提出了“教育要整顿”[2] 的问题。但是，如同其他方面整顿的命运一样，“教育要整顿”的问题刚一提出，“四人帮”就以所谓“反对两个估计”“篡改教育革命的方向”为由，利用毛泽东的错误支持，扼杀了教育战线的整顿。

粉碎“四人帮”后，面对“文化大革命”造成的百废待兴、百业待举的局面，要实现四个现代化的宏伟目标，在教育战线拨乱反正，就具有不同一般的重要意义。

但是，长期“左”倾错误所造成的危害和“两个凡是”的束缚，在人们的心里留下了深深的印痕，使许多人在面对“文化大革命”遗留下来的某些明显错误时，依然心有余悸，不敢轻易越雷池一步。

1977 年 6 月，教育部在山西太原召开粉碎“四人帮”后的

① 《邓小平文选》第二卷，人民出版社 1994 年版，第 33～34 页。
② 载《红旗》1977 年第 12 期。

第一次全国高等学校招生工作座谈会。与会者揭批了“四人帮”和他们制造的那个“白卷英雄”对教育的破坏、对知识分子的摧残，但是在讨论到会议的主要议题，即高等学校招生问题时又陷入了困境。问题的症结还是“两个凡是”。自“文化大革命”期间实行“教育革命”后，高等学校的招生一直是根据1971年那个《全国教育工作会议纪要》和“两个估计”所确定的政策，而这些政策及其所遵循的“七二一道路”[1]，又都是当年毛泽东亲自提倡或批示同意的。虽然大家都看到了“教育革命”所造成的危害，但是，否定现行的招生办法，就可能要承担“复辟17年资产阶级统治”“反对毛主席教育革命路线”的政治风险。

尽管如此，对于招生制度要不要改革与怎么改的问题，会上还是发生了激烈的争论。[2] 有人提出应按照1972年周恩来提出的从高中毕业生中招收大学生的意见，恢复高考录取制度，允许选拔一些高中生直接升大学。但是，由于不敢否定“两个凡是”，会议没有接受这些意见，最后还是决定维持现行的招生办法，在此基础上作一些小的修补，即根据周恩来1972年的有关指示精神[3]，招收占总人数2%～5%的应届高中毕业生。

8月4日，教育部向国务院报送了《关于全国高等学校招生工作座谈会的情况报告》，在随报告附上的《关于1977年招生工作的意见》中，仍维持“自愿报名，群众推荐，领导批

① 《建国以来毛泽东文稿》第10册，中央文献出版社1996年版，第505页、509页。
② 刘西尧：《邓小平重启“高考之门”》，见《周末》，1998年2月6日。
③ 参见《周恩来年谱（1949～1976）》下卷，中央文献出版社1997年版，第558页。

准，学校复审”的办法。关于文化考查，仍如往年一样要求“重视文化程度”“采取口试、笔试等多种形式进行，提倡开卷考试，独立完成”。同时又认为，“不要凭一次考试决定弃取”。总之，太原会议没有完成拨乱反正的任务，走的还是“文化大革命”中“教育革命”的老路。

历史选择了邓小平。教育战线拨乱反正的任务又历史地落在了这位三落三起、刚刚复出、但拨乱反正的气魄丝毫不减当年的邓小平的肩上。73 岁重新复出的邓小平，刚一回到工作岗位，就以高昂的热情和强烈的责任感全身心地投入到教育和科技战线的拨乱反正工作中。

1977 年 7 月 29 日，恢复工作仅仅一周的邓小平，在同教育部几位负责人谈话时，针对当时教育战线存在的一些重要问题发表了自己的看法，他说：“有几个问题要提出来考虑：第一，是否废除高中毕业生一定要劳动两年才能上大学的做法？第二，要坚持考试制度，重点学校一定要坚持不合格的要留级，对此要有鲜明的态度。第三，要搞个汇报提纲，提出方针、政策、措施。教育与科研两者关系很密切，要狠抓，要从教育抓起，要有具体措施，否则就是放空炮。”在这次谈话中，邓小平还就教材的进口和编写、在大中小学办重点学校、清华和北大的发展、高等学校要成为教育和科研的中心、研究生的培养、教师的待遇、加强外语教学、要搞电化教学等问题，谈了自己的看法和设想。[①]

---

① 中共中央文献研究室编：《邓小平年谱（1975～1997）》上册，中央文献出版社 2004 年版，第 166～167 页。

两天后，8 月 1 日，邓小平在听取有关方面负责人汇报教育工作时，再次就教育战线的问题谈了自己的看法，他说：现在比较急迫的是教材问题，还有教师队伍问题。编写教材，一定要吸收世界先进的东西，特别是自然科学方面。从最先进的东西教起，一开始就启发学生向着更广更深的方向发展，这就有希望了。要充分调动知识分子的积极性，要提倡尊师爱生，现在要特别提倡尊师。①

紧接着，8 月 4 日至 8 日，邓小平在北京饭店主持召开了具有重要拨乱反正意义的科学和教育工作座谈会，邀请 33 位科学家和教授座谈，当面听取他们对科学和教育工作的意见，“这次召开科学和教育工作座谈会，主要是想听听大家的意见，向大家学习。外行管内行，总得学才行。我自告奋勇管科教方面的工作，中央也同意了。我们国家要赶上世界先进水平，从何着手呢？我想，要从科学和教育着手”。

与会的科学家、教授们立刻感受到多年来未曾有过的信任，纷纷把心里话倾吐出来。座谈会集中谈了当时教育工作中几个亟待解决的问题，并且又特别集中在两个问题上。一个是“两个估计”问题。再一个是高校招生问题。

座谈会上，大家认为，“两个估计”对教育破坏极重，但至今是非没有澄清，因此，干部不敢抓工作，教师持观望态度，积极性难以调动。因此，大家强烈要求：澄清对教育战线的“两个估计”的是非；重新树立起全民族尊重知识、尊重人

① 中共中央文献研究室编：《邓小平年谱（1975～1997）》上册，中央文献出版社 2004 年版，第 168～169 页。

才、尊重文明的风尚；改善科技人员的生活和工作待遇。

高校招生是座谈会讨论的热点问题。大家在发言中纷纷揭露推荐上大学的弊病，认为为了早出人才，再也不能这样继续下去了，主张立即恢复文化考试。

后来的中国科学院院士、武汉大学教授查全性（当时为武汉大学化学系副教授）在发言中强烈呼吁，从今年起就改进招生办法，再也不能忽视新生质量了。他说：

> 招生是保证大学质量的第一关，它的作用好像工厂的原材料的检验一样，不合格的原材料，就不可能生产出合格的产品，当前新生质量没有保证，其原因之一是中小学的质量不高，二是招生制度有问题。主要矛盾还是招生制度。不是没有合格的人才可以招收，而是现行制度招不到合格的人才。

他还进一步指出了现行招生制度的弊端：

> 第一，埋没了人才，大批热爱科学、有培养前途的青年选不上来，而某些不想读书、文化程度又不高的人却占据了招生名额。第二，从阶级路线上看，现行招生制度卡了工农子弟上大学。群众里流传着："17年上大学靠分，现在靠权。"所以有了第三，坏了社会风气，而且愈演愈烈。据我所知，今年的招生还没开始，已经有人在请客、送礼、走后门了。如果制度不改革，走后门的不正之风就刹不住。第四，严重影响了中小学生和教师们教与学的积

极性，现在小学生都知道，今后上大学不需要学文化，只要有个好爸爸……①

这一番话，立即引起参加座谈会的科学家、教授们的强烈共鸣，他们一致建议国务院下决心改革现行招生制度。座谈会上，邓小平就这个问题插话问道："今年是不是来不及改了？"大家说："今年改还来得及，最多晚一点。"邓小平当即拍板："既然大家要求，那就改过来。"②

经过4天的畅谈，8月8日，邓小平在会上就科学和教育问题讲了几点意见。这个未用讲稿、一气讲了三个小时的讲话，经整理以《关于科学和教育工作的几点意见》为题，收入了《邓小平文选》。

邓小平在讲话中主要讲了六个方面的问题。对高校招生的问题，他当场要求参加座谈会的教育部部长刘西尧，将教育部刚刚报送国务院的、维持原有推荐招生办法的报告追回来，并明确表示："今年就要下决心恢复从高中毕业生中直接招考学生，不要再搞群众推荐。从高中直接招生，我看可能是早出人才、早出成果的一个好办法。"

他着重讲了广大知识分子最为关心的"两个估计"问题，明确肯定：新中国成立后17年的教育战线，"主导方面是红线"；"我国的知识分子绝大多数是自觉自愿地为社会主义服务

① 钟岩：《中国新三级学人》，浙江人民出版社1996年版，第5页。

② 国家教委：《光辉的典范历史的丰碑》，载中央文献研究室编：《回忆邓小平》中册，中央文献出版社1998年版，第151页。

的”，“各条战线的骨干力量，大都是建国以后我们自己培养的特别是前十几年培养出来的”；“如果对 17 年不作这样的估计，就无法解释我们所取得的一切成就了”。他还指出：无论是从事科研工作的，还是从事教育工作的，都是劳动者。因此，“要尊重劳动，尊重人才”，“要珍视劳动，珍视人才”，“知识分子的名誉要恢复”。[1]

座谈会上，大家提出要恢复过去六分之五的时间搞科研的做法，邓小平赞同这个意见。他说：要保证科研时间，使科研工作者能把最大的精力放到科研上去。大家提出一周要有六分之五的时间搞科研，我加了“至少”两个字，你们又加上“必须”两个字。好！科学院文件下发时就加上这四个字。

座谈会期间，邓小平还谈到，各级领导同志要常和科学家、教授们谈谈心，经常同大家一起吃吃饭，闲谈闲谈，政治思想上帮助帮助，不要求全责备，对一头钻到科研里面埋头苦干的人应当鼓励。

这个讲话很快在教育界和科技界传开了，广大知识分子深受鼓舞。但是“两个凡是”仍被不少地方和部门，也包括教育部的一些领导视为禁区。

科教座谈会后，就在党的十一大开幕的第二天，1977 年 8 月 13 日，教育部根据邓小平的指示，在北京再次召开全国高等学校招生工作会议。一年内接连开两次这样的会，的确是前所未有的。虽然时间已很紧迫，但它还是开成了一次历时 44 天，

① 《邓小平文选》第二卷，人民出版社 1994 年版，第 48～58 页。

直到 9 月 25 日才结束的会议。对于废除推荐、恢复高考招生制度，尽管邓小平已有明确指示，但不少人仍心有余悸，“两个凡是”的阴影仍时时笼罩在人们的心头。正是这个“马拉松”会议，使得随后 77 级大学生的入学比 78 级仅仅早了半年。

党的十一大仍然坚持“两个凡是”的指导思想，也反映到了招生工作会议上，引起了一些人的犹豫和动摇。但是，大多数与会者从心底里赞成邓小平的主张，更加强烈地呼吁恢复高考招生制度。为了让中央领导更加了解大多数与会同志的要求，推动教育战线的拨乱反正工作，招生工作会议期间，9 月 3 日，人民日报社邀请出席会议的 6 位省部级分管教育、科学的负责人进行座谈，回顾与分析了“两个估计”的出台背景。这 6 位同志参加了 1971 年“全国教育工作会议”，目睹了“两个估计”的出台经过。经过座谈，大家取得了共识：“两个估计”严重挫伤了广大教育工作者的积极性，伤害了他们的感情，是教育工作发展的最大障碍，必须彻底否定；而且，不推翻“两个估计”，这次招生工作会议也很难再前进一步。《人民日报》的同志还专门把 1971 年《全国教育工作会议纪要》形成经过写成材料，由报社以《情况汇编·特刊》的形式报送中央。邓小平很快就看到了这份材料，他认为，“这份材料说明了问题的真相”。

根据这份材料提供的情况，9 月 19 日，邓小平就教育战线的拨乱反正问题专门找教育部领导谈话，提出要彻底否定“两个估计”。他指出：《全国教育工作会议纪要》是姚文元修改、张春桥定稿的，是毛泽东同志画了圈的，“毛泽东同志画了圈，不等于说里面就没有是非问题了”。

对“两个估计”究竟怎么看？他明确指出：“两个估计”是不符合实际的。怎么能把几百万、上千万知识分子一棍子打死呢？我们现在的人才，大部分还不是17年培养出来的？

邓小平还尖锐地批评了教育部个别领导，要他们大胆解放思想：“你们的思想没有解放出来。你们管教育的不为广大知识分子说话，还背着‘两个估计’的包袱，将来要摔筋斗的。……现在群众劲头起来了，教育部不要成为阻力。……要思想解放，争取主动。过去讲错了的，再讲一下，改过来。拨乱反正，语言要明确，含糊其词不行。”[①]

在这次谈话中，邓小平还谈到了招生问题，他说：为什么要从应届高中毕业生中直接招收大学生呢？“道理很简单，就是不能中断学习的连续性。18岁到20岁正是学习的最好时期。”“总之，招生主要抓两条：第一是本人表现好，第二是择优录取。”邓小平的这个谈话，促使招生工作会议迅速作出了恢复高考制度的决定，从而给参加招生工作会议的同志以极大鼓舞，许多人连夜打电话、拍电报和写信，把邓小平的讲话精神传到四面八方。[②] 这次谈话后来以《教育战线的拨乱反正问题》为题收入了《邓小平文选》。

招生工作会议结束时，邓小平、叶剑英等中央领导接见了出席会议的同志。10月5日，中央政治局讨论并通过了重新制

---

① 《邓小平文选》第二卷，人民出版社1994年版，第66～71页。

② 国家教委：《光辉的典范历史的丰碑》，《回忆邓小平》中册，中央文献出版社1998年版，第152页。

定的招生工作文件。12日，国务院正式批转教育部根据邓小平指示精神制定的《关于1977年高等学校招生工作的意见》和《关于高等学校招收研究生的意见》两个文件，宣布恢复高考招生制度和招收研究生制度，并宣布当年立即恢复高考招生。文件规定：凡是工人、农民、上山下乡和回乡知识青年、复员军人、干部和应届毕业生。符合条件均可报考。从应届高中毕业生中招收的大学生人数占招生总人数的20%至30%。考生要具有高中毕业或与之相当的文化水平，恢复统一考试。录取原则是德智体全面衡量，择优录取。

恢复高考制度，这对那些苦苦等待了十多年的成百上千万的“老三届”及“文化大革命”中被耽误了的整整一代青年来说，无疑是福音、是机遇。这就意味着，他们在将近甚至已过而立之年时，得到了一个最后的机会，搭上了进大学的“末班车”。从1980年起，高等学校就全面恢复了从应届高中毕业生中招收大学生的制度。

新的招生规定一经公布，立即受到社会各界的广泛欢迎。1977年冬天，570多万知识青年走进了已关闭11年之久的考场，参加高等学校的招生考试，其中有27.3万人被各大专院校录取。1978年，610万人报考，录取40.2万人。77级学生于1978年春天入学，78级学生秋天入学，两次招生仅隔半年。1979年，468万人报考，其中应届高中毕业生占66%以上，高校又录取27万人。这三年，全国高校共招生94.5万人，其中包括约6万余名走读生。此外，据27个省、自治区、直辖市的不完全统计，1978年共有6.35万人报考研究生，210所高等学校和162所研究机构共录取1.07万名研究生，还有26所重点高校在港澳台地区招收研究生。[①]

恢复高考制度是邓小平再次复出后的一项重要决策，也是对“文化大革命”和“两个凡是”进行拨乱反正的一项重要举措，标志着我们党从“以阶级斗争为纲”年代的轻视科学文化、轻视知识分子的观念，开始转到重视知识、重视人才的正确方向，重新确立了选拔人才的公平、公正和平等竞争的原则。这不仅为被耽误的大批知识青年提供了通过考试、靠自己努力和平等竞争获得接受高等教育的机会，而且也改变了“文化大革命”以来轻视知识、歧视知识分子的社会偏见，从而在社会上和青年中激起了学习科学文化知识的热情。高考制度恢复后，不仅年轻一代从多年沉闷的精神状态中奋起，广大教师也备感精神振奋，整个教育界的风气和社会风气为之改变。以后，学位制度的建立，则预示着我国又开始进入依法办教育的新阶段。

在这种情况下，《人民日报》和教育部联合召开了座谈会，揭发批判“四人帮”炮制“两个估计”的经过和迫害知识分子的罪行。接着，1977年11月18日，根据邓小平9月19日谈话精神，教育部以大批判组的名义，发表了题为《教育战线的一场大论战——批判“四人帮”炮制的“两个估计”》的文章，开始公开批判“两个估计”。这篇文章刊载于1977年第12期《红旗》杂志和同年11月18日《人民日报》。文章对“四人帮”炮制的“两个估计”及其对教育的破坏进行了系统的批

① 中央教育科学研究所编：《中华人民共和国教育大事记（1949～1982）》，教育科学出版社1984年版，第499、507、519、548页。

判。教育界、知识界终于推翻了多年来压在他们头上的“两个估计”。教育战线的拨乱反正终于有了突破性进展。

在此前后，11 月 6 日，中共中央批转了教育部根据邓小平的意见所作的《关于工宣队问题的请示报告》，决定陆续从所有大中小学校撤出工宣队（农村中小学撤出贫宣队），恢复学校的正常教学秩序。1978 年 1 月 18 日，经国务院批准，教育部发布《全日制十年制中小学教学计划试行草案》，进一步规范中小学教学制度。2 月 17 日，国务院转发教育部《关于恢复和办好全国重点高等学校的报告》，决定恢复和办好重点高等学校，并确定第一批全国重点高校 88 所，其中恢复原有的 60 所，新增加 28 所。3 月 7 日，国务院批转教育部《关于高等学校恢复和提升职务问题的请示报告》，在高等学校全面恢复教师职称评定工作。①

在此基础上，4 月 22 日至 5 月 16 日，教育部在北京召开全国教育工作会议。邓小平在讲话中针对教育战线的拨乱反正和面临的新形势，强调提高教育质量，提高教师质量，提高教学水平，加强学校的教学秩序和纪律。他还提出：“我们要提高人民教师的政治地位和社会地位。不但学生应该尊重教师，整个社会都应该尊重教师。”②

至此，“文化大革命”造成的教育、教学工作秩序的混乱状况，开始恢复正常，走上正轨。

① 中央教育科学研究所编：《中华人民共和国教育大事记（1949～1982）》，第 508～512 页。

② 《邓小平文选》第二卷，人民出版社 1994 年版，第 109 页。

教育战线的拨乱反正的全面展开和深入发展，同其他各方面的拨乱反正一起，汇成了一股势不可挡的思想解放的潮流。这个思想解放的潮流又有力地推动着拨乱反正的进一步深入。

思想解放的潮流终于冲破了“两个凡是”的堤坝。

二、迎接科学的春天

◎十年动乱中，科技和教育战线同是“重灾区”

◎对科技战线的整顿，成为邓小平再次被打倒的重要“罪状”

◎邓小平复出后，首先整顿的仍然是科技和教育战线

◎全国科学大会的筹备

◎在一系列指示、报告中，仍然重申要对知识分子进行“团结、教育、改造”

◎在全国科学大会开幕式上，邓小平的重要讲话澄清了重大理论是非问题

◎邓小平对科技工作者诚恳表示：我愿意当大家的后勤部长

◎面对会议盛况，郭沫若纵情欢呼：“科学的春天到来了！”

在进行教育战线拨乱反正的同时，1977年和1978年，科学研究领域里的整顿和拨乱反正，在邓小平的领导和推动下，也同步进行着。实际上，邓小平在每一次重要讲话中，凡是讲到知识分子、讲到教育，必定也讲到科学技术，并且常常是把科学和教育放在一起讲。这不仅仅是因为邓小平复出后主管科技和教育工作，更重要的还是因为科技和教育实际上是密不可

分的，特别是在现代社会中，科技和教育常常是互相影响、互相促进、相辅相成，交织在一起。

不仅如此，在“文化大革命”中，科技和教育战线同是遭受破坏严重的“重灾区”。可以说，“文化大革命”在一定意义上就是首先拿教育、科技和知识分子“开刀”的。在发动“文化大革命”的两个纲领性文件中《中国共产党中央委员会通知》（即《五一六通知》）和《中国共产党中央委员会关于无产阶级文化大革命的决定》（即《十六条》）分别有这样的规定：

> 在当前，我们的目的是斗垮走资本主义道路的当权派，批判资产阶级反动的学术“权威”，批判资产阶级和一切剥削阶级的意识形态。……彻底揭露那些反党反社会主义的所谓“学术权威”的资产阶级反动立场，彻底批判学术界、教育界、新闻界、文艺界、出版界的资产阶级反动思想，夺取在这些文化领域中的领导权。[①]

同教育界的情况一样，在这种“理论”指导下的“文化大革命”开始后，新中国成立 17 年来的科学研究工作的路线、方针，都被说成是“修正主义”的或资产阶级的。科学研究工作则被指责为“三脱离”，即“脱离无产阶级政治、脱离生产实际、脱离工农兵群众”，是所谓“专家路线”“崇洋媚外”，等等。许多重要工作，特别是基础理论研究遭到否定。新中国

① 中央党史研究室编：《中国共产党历史大事记（1919 年 5 月～1990 年 12 月）》，人民出版社 1991 年版，第 276 页、280 页。

用了近20年才建立和培养起来的科技队伍遭受了极大的摧残，为社会主义建设做出巨大贡献、为新中国赢得国际威望的科学家和大学教授们，成了被批斗、被侮辱的“资产阶级知识分子”“臭老九”“反动学术权威”，进而又被送进“五七干校”，去接受所谓的劳动改造，科研工作被迫陷入停顿，刚要走向繁荣的新中国科学技术事业遭受了严重挫折。

这也就决定了科技和教育领域的整顿和拨乱反正，面临着同样的问题，有同样的工作要做，即要清除“左”的错误对科学和教育的影响，肯定科学和教育的作用，恢复知识分子应有的地位。

早在1975年，在邓小平主持中央工作，进行各方面的整顿时，科技战线就是整顿的重要方面。这一年的7月，中共中央批准国务院《关于中国科学院要整顿的报告》，同时派胡耀邦、李昌、王光伟等主持科学院工作。此前不久，邓小平还派人着手恢复和整顿中国科学院哲学社会科学学部，即后来的中国社会科学院的工作。胡耀邦等人在中国科学院深入调查研究，召开座谈会，广泛听取科技人员的意见等，并在此基础上六易其稿，起草了《关于科技工作的几个问题（汇报提纲）》，后来经修改定名为《科学院工作汇报提纲》（以下简称《汇报提纲》）。

这个《汇报提纲》是由邓小平亲自布置撰写并亲自动手修改的[①]，这个提纲对中国科学院的发展方向、任务和整顿的内容都作了明确的规定。它反映了广大科学工作者追求科学研究

① 中国科学院：《邓小平同志与中国科学院》，《回忆邓小平》中册，中央文献出版社1998年版，第396页。

权利、向往科学繁荣的由衷愿望，肯定了新中国成立以来科技战线上成绩是主要的，出现了“最近十年来未曾明确的观点或未曾见过的提法”。例如，它指出：“科学技术也是生产力。科研要走在前面，推动生产向前发展。”还提出，要引进国外的先进技术和设备，加强基础科学的理论研究，狠抓计算机与自动化、激光、遥感和仿生等新兴技术。①

这一年9月下旬，邓小平主持国务院会议，听取了胡耀邦等人的汇报，讨论并基本通过了《汇报提纲》的修改稿，赞同《汇报提纲》中所提出的观点和加强科研工作的各项措施。邓小平在听取汇报时，在批评教育工作的同时，也严厉地批评了科研工作：

> 一些科研人员打派仗，不务正业，少务正业，搞科研的很少。少数人事业心强，只能秘密搞，像犯罪一样。陈景润就是秘密搞的……这究竟算是红专还是白专？……说什么“白专”，只要对中华人民共和国有好处，比闹派性、拉后腿的人好得多。现在连红专也不敢讲，实际上是不敢讲“专”字。

邓小平还说道“科学研究是一件大事”，要加强对科研工作的领导；“科研工作要走在前面”，否则，“就要拖整个国家建设的后腿”；“科学技术叫生产力，科技人员就是劳动者！”②

---

① 中国科学院：《当代中国丛书》上册，当代中国出版社1994年版，第161～166页。

② 《邓小平文选》第二卷，人民出版社1994年版，第32～34页。

这一时期，在主持国务院工作期间，他还多次强调，各级领导要做科技界的后勤部长，要为科学技术进步提供保障，并且身体力行，为改善科技人员的工作和生活条件做了大量工作。[①]

但是，在当时的形势下，对科技战线的整顿开始不久，就因“四人帮”的肆意破坏而被打断了。在“批邓、反击右倾翻案风”中，邓小平再次被打倒，胡耀邦、李昌等又一次挨了批斗。《汇报提纲》也被“四人帮”作为邓小平的重要“罪状”，列为“三株大毒草”之一（即《论全党全国各项工作的总纲》《关于科技工作的几个问题（汇报提纲）》[②]《关于加快工业发展的若干问题》），而遭到严厉批判，17年的科技路线又被指责为修正主义路线，科技领域仍然被认为是“为剥削阶级所霸占，资产阶级偏见和传统势力根深蒂固”。刚刚看到希望的科技工作和科研队伍再一次遭到了重创。

“文化大革命”的结束，使我国的科技事业进入了新的发展时期。粉碎“四人帮”后，为整顿科技工作，加强党对科技工作的领导，1977年1月，中共中央派方毅到中国科学院主持日常工作。在国家科委重新组建之前，中国科学院既是我国科学技术的最高研究机构，同时它也代管全国的科技工作。

在揭批“四人帮”的斗争中，科技战线同其他方面的工作

---

① 国家科委党组：《高举邓小平理论旗帜推进科教兴国战略的实施》，《回忆邓小平》中册，中央文献出版社1998年版，第181页。

② 中共中央文献研究室编：《邓小平思想年编（1975～1997）》，中央文献出版社2011年版，第37页。

一样，除了进行组织方面的清查外，在思想理论上对“四人帮”多年来在科技战线上散布的种种谬论进行系统的批判，澄清是非；在恢复和重建因“文化大革命”而解散或被下放农村的科研院所、调回被下放农村的科技人员的同时，开始整顿科研院所的领导班子，平反冤假错案，落实知识分子政策，恢复各项规章制度，使科研工作逐步得到恢复。

但是，科技战线的拨乱反正仍面临着严峻的形势，这主要是因为在“两个凡是”方针的束缚下，一些涉及科技战线、科研工作和知识分子问题的大政方针问题难以解决，整个工作仍在艰难中前进。

已如前述，邓小平在未恢复工作之前，就明确指出了教育和科学技术工作的重要性，“我们要实现现代化，关键是科学技术要能上去”。因此，“要重视知识、重视人才”。恢复工作后，他又主动提出要分管“难搞”的教育和科技工作。

回到工作岗位的邓小平抓住科技和教育战线的整顿。1977年8月4日至8日，他主持召开了那次影响重大的科学和教育工作座谈会，听取科技和教育战线专家学者们的意见。他在会上就许多亟待澄清和解决的问题发表讲话，充分肯定了新中国成立后17年，我国科技和教育战线的主导方面是“红线”，科技和教育战线取得了很大成绩，知识分子是劳动者，他们中的绝大多数是自觉自愿为社会主义服务的。同时，他强调，我们国家要赶上世界先进水平，要从科学和教育着手。为了搞好科技工作的整顿和拨乱反正，他在会上还提出：要重建国家科委，统一领导科技工作；要保证科研时间，使科研工作者能把最大的精力放到科研上去；科研工作要培养好的学风，要坚持百家争鸣的方针，提倡学术交流，允许争论；科技和教育战线的后勤工作的任务，就是为科研和教育工作服务，为科研和教育工作者创造条件，使他们能够专心致志地从事科研、教育工作。这些意见对历经十年动乱的科技和教育工作者产生了极大的鼓舞作用。

9月18日，中共中央发出关于准备在1978年春召开全国科学大会的通知，决定召开全国科学大会。这是粉碎“四人帮”后，党和国家为迅速发展我国科学技术事业，促进四个现代化建设的一个重大部署。中央的通知要求各地区、各部门抓紧落实党的知识分子政策，搞好各级领导班子的整顿，迅速恢复被撤掉的科研机构，恢复科研人员的技术职称，保证科研人员每周有六分之五的科研工作时间，并发出了向科学进军的号召。

同一天，中共中央还发出了《关于成立国家科学技术委员会的决定》。这个恢复建立国家科委的决定，是邓小平在9月6日给华国锋、叶剑英、李先念、汪东兴的信中专门提出的。中央经研究，采纳了他的建议。恢复建立这一统管科研工作的最高领导机构，对统一领导、统一规划全国的科学研究工作是必要的，“势在必行”。恢复后的国家科委由方毅任主任。方毅在后来的工作中，为我国科学技术事业的拨乱反正和发展做出了重要贡献。在此之前，1977年5月，国务院已决定将哲学社会科学学部从中国科学院划出，单独成立中国社会科学院，以加强对社会科学研究的组织领导。中国科学院也对所属院所进行了调整，建立各级学术委员会，恢复了评定和提升学术职称的工作。中国科学院作为中国最高、最权威的科研机构，在揭批查工作中，开始恢复研究技术职务的评定制度，大胆晋升有真才实学的科技人员。首先晋升了在数学研究中有突出贡献的陈景润为研究员，杨乐、张广厚为副研究员。这在全国引起了极大反响。此后，一批有成就的科技人员得到了晋升。

中央通知发出后，全国科学大会的筹备工作开始了。但是，由于“两个凡是”的影响，筹备工作中也出现了一些思想上的混乱。这些思想上的混乱，主要是因为在看待知识分子问题上的分歧而产生的。在中共中央关于召开全国科学大会的通知中，以及在党的十一大报告和在五届全国人大一次会议的政府工作报告中，都重申了过去对知识分子的“团结、教育、改造”的方针，这就使得一些人仍把知识分子看作为“资产阶级的知识分子”。当一些科学家埋头科研的事迹报道后，一些人仍在议论是“红专”还是“白专”。当科研单位开始落实业务人员每周六分之五科研时间的规定时，有些人则担心会削弱思想政治工作。这些都说明，落实知识分子政策，发展科技、教育事业，最根本的是要在指导思想上拨乱反正，分清是非。

1978 年 3 月 18 日至 31 日，全国科学大会在北京隆重举行。来自各省、自治区、直辖市，中央和国家机关各部门，以及解放军和国防工业部门的 5586 名代表出席了大会。代表中，来自科研机构、高等院校、工厂、农村、部队、医院的科技人员有 3478 人，占代表总数的 62.3%。其中副研究员、副教授、副总工程师以上的有 978 人，包括当时全部健在的中国科学院学部委员（即今院士）117 人，各学会理事长 54 人。代表中，35 岁以下的青年有 159 人，约占 2.9%，56 岁以上的 1695 人，占 30.3%，其中年龄最高的 90 岁，年纪最小的只有 22 岁。[①]

这是我国科技界的一次盛会。在十年动乱中，饱尝批判斗争与诬陷凌辱的科学技术人员和科技战线的领导人，应邀参加党中央召开的科学盛会，抚今追昔，激动不已。他们为自己受到信任与尊重而欣慰，也为十年动乱后的国家能召开这样的科学大会而感到高兴，它表明科学在中国重新受到重视了，这给所有从事科学技术事业的广大知识分子以鼓舞和希望。

邓小平在开幕式上作了重要讲话。他在讲话中首先宣布：党中央召开这次全国科学大会，目的就是动员全党全国重视科学技术，加速我国科学技术的发展。他重申了要实现农业、工业、国防和科学技术现代化，把我国建设成为社会主义现代化强国的任务，并且强调："四个现代化，关键在于实现科学技术现代化。没有现代科学技术，就不可能建设现代农业、现代工业、现代国防。没有科学技术的高速发展，也就不可能有国民经济的高速发展。"在开幕式的讲话中，邓小平针对长期没有弄清楚、在"反击右倾翻案风"中又被"四人帮"弄得混乱不堪的几个重要问题，明确指出：

第一，科学技术是生产力，而且"正在成为越来越重要的生产力"。这是重申了 1975 年整顿时他提出的一个马克思主义的基本观点，并且作了进一步的发挥。邓小平结合当代科学技

① 见《人民日报》1977 年 4 月 1 日；中国科学院：《当代中国丛书》上册，第 178 页。

术发展的实际，充分论述了马克思主义的这一基本观点。他说：现代科学技术正在经历着一场伟大的革命，迟早会给生产和技术带来极其巨大的进步，“当代的自然科学正以空前的规模和速度，应用于生产，使社会物质生产的各个领域面貌一新。特别是由于电子计算机、控制论和自动化技术的发展，正在迅速提高生产自动化的程度。同样数量的劳动力，在同样的劳动时间里，可以生产出比过去多几十倍几百倍的产品。社会生产力有这样巨大的发展，劳动生产率有这样大幅度的提高，靠的是什么？最主要的是科学的力量、技术的力量。”他通过对现代科学技术与生产的日益密切关系的分析，对科学技术巨大作用的考察，形成了“科学技术正在成为越来越重要的生产力”的思想。这就为他后来进一步提出“科学技术是第一生产力”的思想奠定了基础。

第二，我国知识分子是工人阶级的一部分。长期以来，由于“左”的指导思想，特别是在“文化大革命”中，知识分子一直被戴着“资产阶级”的帽子，不承认他们是劳动者、是工人阶级的一部分，甚至被贬称为“臭老九”。在 1975 年整顿时，以及在粉碎“四人帮”后，邓小平已在许多场合的讲话中，提出“要重视知识、重视人才”，为知识分子大声疾呼，强调他们绝大多数是自觉自愿为社会主义服务的，是劳动人民的一部分。这次，在这样一个盛大和庄重的场合，邓小平代表党中央正式为知识分子“正名”，肯定了我国知识分子的“绝大多数已经是工人阶级和劳动人民自己的知识分子”，“已经是工人阶级自己的一部分”，“是我们党的一支依靠的力量”。作为脑力劳动者，他们与体力劳动者的区别，只是社会分工的不同。这就恢复了党在 1956 年和 1962 年对知识分子的正确判断，扭转了把知识分子一概看成是“资产阶级知识分子”的错误观念。

在上述两个重要论断的基础上，邓小平在这次讲话中，还讲了要建设一支宏大的又红又专的科学技术队伍、在科学技术部门的各个研究机构中实行党委领导下的所长负责制等问题。这也都是在“文化大革命”中被弄得混乱不堪的问题。

关于科技队伍建设，他说：我们向科学技术现代化进军，要有一支浩浩荡荡的工人阶级的又红又专的科学技术大军，要有一大批世界第一流的科学家、工程技术专家。造就这样的队伍，是摆在我们面前的一个严重任务。这里，一个重要问题，是对又红又专要有正确的理解和合理的要求。“四人帮”胡说“知识越多越反动”，对这种是非关系、敌我关系颠倒的谬论必须给予澄清。我们的绝大多数科技人员热爱党、热爱社会主义，努力同工农兵相结合，满腔热情地对待自己从事的科学技术工作，做出了成绩，这就是又红又专。

针对“文革”中动不动就用“脱离政治”和“白专道路”的罪名来打击科技人员的荒谬做法，邓小平特别强调：科技人员应当把最大的精力放到业务工作上去。至少必须保证六分之五的时间搞业务，也就是说这是最低的限度，能有更多的时间更好。他要求科技和教育战线的同志，要彻底肃清林彪、“四人帮”把科学家、教授、工程师诬蔑为资产阶级学术权威的流毒，把尽快地培养出一批具有世界第一流水平的科学技术专家，作为科学和教育战线的重要任务。

关于科研机构领导体制，他说：能不能把我国的科学技术尽快地搞上去，关键在于我们党是不是善于领导科学技术工作。我们的国家进入了新的发展时期，我们党的工作重点、工作作风都应该有相应的转变。中央规定，科学研究机构要建立技术责任制，实行党委领导下的所长负责制。它既有利于加强党委的领导，又有利于充分发挥专家的作用。他还就党对科技部门的领导和科研工作的后勤保障等问题发表了意见，诚恳地向与会的科技工作者们表示了他在1975年整顿时就曾表达过的心情："我愿意当大家的后勤部长，愿意同各级党委的领导同志一起，做好这方面的工作。"

邓小平在全国科学大会上的讲话，澄清了多年来由于"左"的错误和林彪、"四人帮"的干扰破坏所造成的在科学技术工作、在知识分子问题上的混乱，提出了新时期我国科技工作的总方针，为我国科技工作的发展指明了方向。

面对这盛况空前的热烈场景，年届86岁高龄、即将走完人生旅程的中国科学院院长郭沫若，激动不已，抱病参加大会，并以《科学的春天》为题作了书面讲话，欢呼"科学的春天到来了！"他的热情洋溢的讲话不时为热烈的掌声所打断，他说：

> 春分刚刚过去，清明即将到来。"日出江花红胜火，春来江水绿如蓝"。这是革命的春天，这是人民的春天，这是科学的春天！让我们张开双臂，热烈地拥抱这个春

天吧！[1]

一位参加科学大会的科学家回忆说，邓小平的讲话受到了最热烈的欢迎，鼓掌次数之多、时间之长都是多少年来所罕见的。《人民日报》记者在报道中写道，当邓小平讲到科学技术是生产力时，鼓掌时间长达几分钟之久。一些头发花白的老科学家满含热泪，感慨万千，激动不已。邓小平的这个讲话，对于这些饱尝了“文化大革命”和长期“左”的祸害的广大知识分子来说，有如一股清新的春风拂面而来。真的是春天来了！这是他们盼望已久、呼唤已久的科学的春天，知识分子的春天，社会主义现代化建设的春天。

肯定科学技术是生产力，肯定知识分子是工人阶级的一部分，这两个问题的解决，无论是在当时，还是对后来我国的现代化建设事业，都有极重要的意义。在七年后的又一个艳阳春日里，邓小平曾愉快地回忆起这次科学大会，他说：

> 七年前，也是三月份，开过一次科学大会，我讲过一篇话。主要讲两个意思，两句话。一句叫作科学技术是生产力；一句叫作中国的知识分子已经成为工人阶级的一部分。当时，所以要讲这两条，是因为有争论。7年过去了，争论已经解决了。结论是谁做的？是实践做的，群众做的。
>
> 我很高兴，现在连山沟里的农民都知道科学技术是生

① 见《人民日报》1978年4月1日。

产力。

我也很高兴，科技界的同志这几年做了很多工作。

我们国家的经济搞得不错，光景一年比一年好，人民是满意的，全世界是公认的。[1]

华国锋在大会上发表了题为《提高整个中华民族的科学文化水平》的讲话。他在讲话中，批判了林彪、“四人帮”鼓吹的“知识越多越反动”“宁要没有文化的劳动者”等破坏社会主义科学文化事业的罪行和谬论，提出要提高全民族的科学文化水平。这是应当肯定的。但是，他回避了当时最为重要、大家最为关心、也最需要回答的两个问题，即：科学技术是不是生产力，知识分子是不是劳动人民的一部分。实际上，他仍然坚持他在十一大报告和五届全国人大一次会议报告中的思想，即对知识分子实行“团结、教育、改造”的政策。这是自50年代就已开始的，特别是在1962年重提阶级、阶级斗争以后，一直延续下来的“左”的思想和政策。

国家科委主任方毅在会上作了《关于发展科学技术的规划和措施的报告》，他在报告中追述了自新中国成立以来，我国科学技术事业所走过的道路。他特别谈到在“文化大革命”中，林彪、“四人帮”对科学研究工作肆意摧残与破坏，但是，广大干部和科技工作者，同他们进行了不懈的斗争，在最困难的条件下坚持了科学研究工作，为我国科技事业的发展做出了

① 国家科委党组：《高举邓小平理论旗帜推进科教兴国战略实施》，《回忆邓小平》中册，中央文献出版社1998年版，第174页。

卓越贡献，“四人帮”强加在他们头上的一切诬陷不实之词，必须统统推倒。方毅代表党中央对知识分子的肯定，使他们受到莫大的鼓舞。

大会还讨论和通过了《1978～1985 年全国科学技术发展规划纲要（草案）》，确定了今后一段时期内科技战线的工作任务，表彰了 826 个先进集体、1192 名先进科技工作者和 7657 项优秀科技成果的完成单位和个人。

随着全国科学大会精神的贯彻，我国科技战线拨乱反正的步伐明显加快，开始出现了一片欣欣向荣的景象。各科研部门明确规定要保证科技人员每周有六分之五的科研时间，知识分子政策开始得到落实，科技人员的处境和待遇逐步好转，国家还颁发了发明奖励条例，恢复了专业技术职称的评定，并对中、青年科技骨干实行科研津贴。这些措施的实施，进一步鼓舞了广大科技工作者，振奋精神，努力工作，刻苦钻研业务。

这次科学大会是我国科技发展史上的一个里程碑，是一个新阶段，它标志着科技战线的拨乱反正有了突破性进展，终于冲破了“两个凡是”在科技领域里设置的禁区。党的十五大提出“实施科教兴国战略”，可以说，其源头就是 1978 年在科技和教育领域里开始的拨乱反正，也就是邓小平在全国科学大会上的讲话，以及他在这前后关于教育、科技的一系列重要讲话中所体现的精神。

三、否定“文艺黑线专政”论

◎“黑线专政”长期成为文艺工作者头上的“紧箍咒”

◎批判文艺“黑线专政”论推动了文艺界的拨乱反正

◎一批长期被禁的剧目陆续公演

◎受到严重摧残的文艺事业重现生机

在教育和科技战线进行拨乱反正的带动下，文学艺术界也开始了对所谓“黑线专政”论的批判。“文艺黑线专政”论是在“文化大革命”发动阶段，林彪、江青等强加给文艺界的，他们认定新中国成立以来的文艺战线是“被一条与毛主席思想相对立的反党反社会主义的文艺黑线专了我们的政”。长期以来，它成了套在文艺界和广大文艺工作者头上的“紧箍咒”，严重阻碍了我国社会主义文艺事业的发展与繁荣。

文化艺术领域同教育、科技战线一样，都是知识分子相对集中的地方。同样，在“文化大革命”中又都是首当其冲、受难深重的“重灾区”。其实，文艺界的受难在“文化大革命”前就已提前开始了。

八届十中全会以后，党在阶级斗争问题上的“左”倾错误日益发展的一个重要表现，就是在思想文化领域里开展了一系列错误的批判，而这种错误的批判，又是导致“文化大革命”的重要因素之一。

随着对国内阶级斗争形势估计越来越严重，毛泽东对文艺界的状况也越来越不满。1963年9月，毛泽东在中央工作会议上提出，反对修正主义要包括意识形态方面。

不久，毛泽东对文艺问题又作了两个有名的批示，严厉地批评了文艺工作。

12月12日，毛泽东在中共中央宣传部文艺处编印的《文艺情况汇报》上作了这样的批示：

> 各种艺术形式——戏曲、曲艺、音乐、美术、舞蹈、电影、诗和文学，等等，问题不少，人数很多，社会主义改造在许多部门中，至今收效甚微。许多部门至今还是"死人"统治着。不能低估电影、新诗、民歌、美术、小说的成绩，但其中的问题也不少。至于戏剧等部门，问题就更大了。社会经济基础已经改变了，为这个基础服务的上层建筑之一的艺术部门，至今还是大问题。……许多共产党人热心提倡封建主义和资本主义的艺术，却不热心提倡社会主义的艺术，岂非咄咄怪事！[①]

这个批示对文艺界产生了很大的震动，使文艺界的形势骤然紧张起来。

随后，根据上述指示的精神，1964年上半年，在全国文联及其各文艺协会的全体干部中进行了整风学习。5月8日，中宣部文艺处将各文艺单位的整风学习情况汇总，写出了一个

① 《建国以来毛泽东文稿》第10册，中央文献出版社1996年版，第436~437页。

给中央的报告草稿。这个报告把文艺界的问题归纳为三个主要方面：一是没有坚决贯彻执行党的文艺方向；二是在文艺理论批评方面，旗帜不鲜明，战斗性不强；三是忽视了对文艺队伍的思想改造。这个报告只是个草稿，还没有经过中央宣传部有关部门和领导的正式讨论，也没有正式作为报告上报中央，即被江青要去，并送给毛泽东。

6月27日，毛泽东对这个报告稿作了言辞更为尖锐的批示：

> 这些协会和他们所掌握的刊物的大多数（据说有少数几个好的），15年来，基本上（不是一切人）不执行党的政策，做官当老爷，不去接近工农兵，不去反映社会主义的革命和建设，最近几年，竟然跌到了修正主义的边缘。如果不认真改造，势必在将来的某一天，要变成像匈牙利裴多菲俱乐部那样的团体。①

这就是当时所说的毛泽东对文艺界的第二个批示。

这个批示在文艺界引起了更大的震动。于是，从1964年7月到1965年4月，文艺界开展了范围更大、时间更长的整风。这次整风不仅在文联及所属的各协会进行，而且扩展到了文化部及其直属单位。整风中已经开始出现了过火的批判，而且批判的锋芒主要指向了文化部及各文艺协会的主要负责人。

① 《建国以来毛泽东文稿》第11册，中央文献出版社1996年版，第91页。

与此同时，在全国各大报刊上还发动了对一大批文艺作品及其作者的相当规模的政治批判。《北国江南》《早春二月》《林家铺子》《兵临城下》《红日》《抓壮丁》等一批故事片，京剧《谢瑶环》、昆剧《李慧娘》等一批戏曲，以及《三家巷》《苦斗》等小说，都被打成了“大毒草”。此外，文艺理论方面的一些观点，也被说是“修正主义的文艺主张”“资产阶级的文艺思想”，等等。在“左”的思想指导下的这些批判，严重混淆了不同性质的矛盾，把一般工作上的缺点错误都看作为两个阶级、两条道路斗争的表现；把一些本来应该允许讨论的文艺思想、文艺理论观点，都当作了资产阶级或修正主义的东西加以批判。从而对新中国成立后文艺工作的总体判断出现了失误，否定了党领导下的文艺工作所取得的成就。

更为严重的是，随着“四清”运动的开展，国内政治形势趋于紧张。这又影响到了文艺界，从而使文艺界已经开始的错误的、过火的批判，很快扩展到哲学社会科学的各个领域，例如，经济学、哲学、历史学等。把这些领域中的一般性学术讨论、争论，大多看成了政治问题。一些学术观点被扣上了“资产阶级观点”“修正主义观点”，甚至“反党反社会主义观点”等政治“大帽子”。这种过火的、上纲上线的错误批判，使得“百花齐放，百家争鸣”的方针已难以实行。

紧接着，1965年11月10日，姚文元的一篇经过精心策划的文章——《评新编历史剧〈海瑞罢官〉》，借批判一个文学剧本，拉开了“文化大革命”的序幕。

1966年2月，江青在林彪的“完全支持”下，到上海主持召开了所谓“部队文艺工作座谈会”。这个“部队文艺工作座谈会”，名为座谈会，实际上也就是请了部队搞文化工作的 4 个同志，包括江青也就是 5 个人。座谈会期间，除了看电影、看戏、看一些江青组织的材料外，主要就是听江青谈她自己对中外一批文艺作品和文艺界形势的看法。江青在会上指责文化部不贯彻她关于文艺工作的意见，北京市委不支持她搞京剧改革，专了她的政，并宣称在文艺方面，“有一条与毛主席思想相对立的反党反社会主义的黑线专了我们的政”，“现在该是我们专他们的政的时候了”。会议期间，江青又邀张春桥参加座谈。

会后，由陈伯达、张春桥直接参加修改，并经反复改写，搞出了一个《林彪同志委托江青同志召开的部队文艺工作座谈会纪要》（以下简称《纪要》）。这个《纪要》后来经毛泽东亲自审阅、修改后定稿，于同年 4 月 10 日以中共中央文件的形式批转全党。从此，“文艺黑线专政”论正式提出。后来，又将“黑线专政”论的判断推及意识形态其他各个领域。

《纪要》认为：新中国成立后 16 年来，文化战线上存在着尖锐的斗争，文艺界基本上没有执行毛主席的思想，“被一条与毛主席思想相对立的反党反社会主义的文艺黑线专了我们的政，这条黑线就是资产阶级的文艺思想、现代修正主义的文艺思想和所谓 30 年代文艺的结合。”“过去十几年的教训是：我们抓迟了。毛主席说，他只抓过一些个别问题，没有全盘的系统的抓起来，而只要我们不抓，很多阵地就只好听任黑线去占领，这是一条严重的教训。”因此，《纪要》提出：要“坚决进行一场文化战线上的社会主义大革命，彻底搞掉这条黑线。搞掉这条黑线之后，还会有将来的黑线，还得再斗争”。[①]

《纪要》关于新中国成立后文艺领域内阶级斗争的分析、判断，以及对上世纪30年代的左翼文艺运动的全盘否定，显然是违背历史事实的。“文艺黑线专政”论的提出，使60年代开始的意识形态领域的“左”倾错误进一步升级，为全盘否定新中国成立后17年的文艺工作，进而发动“文化大革命”提供了理论依据。《纪要》是江青在毛泽东的授意下，从军队方面寻求政治支持，在文艺战线打开突破口的重要步骤，也是江青以“文化革命旗手”自居，正式登上政治舞台，和林彪相互利用，在党中央领导层进行夺权活动的开端。

粉碎“四人帮”后，在文艺领域拨乱反正，是揭批“四人帮”的斗争的重要内容，也是广大文艺工作者的强烈愿望。

1977年11月21日，《人民日报》编辑部邀请部分文艺界人士举行座谈会，揭发和批判江青一伙炮制“文艺黑线专政”论，扼杀“文化大革命”前的一切优秀文艺作品，残酷迫害优秀文艺工作者的罪行。与会同志在发言中都指出：“文化大革命”以前的17年，毛主席的革命文艺路线占主导地位，是任何人也否定不了的事实。江青诬蔑我国文艺界在“文化大革命”前的17年“是被一条反党反社会主义的黑线专了政”，全盘否定文艺战线在17年中的成就，这完全是对我们文艺队伍的污蔑和诽谤。其目的是以文艺界为突破口，全盘否定“文化大革命”前的各条战线，以便搞乱全国人民的思想，乱中夺

① 《中共党史教学参考资料》第24册，国防大学编，第605页。

权。因此，对这个谬论的流毒，决不可低估，一定要彻底打碎“文艺黑线专政”论的精神枷锁，肃清其流毒，恢复百花齐放、百家争鸣的方针，使社会主义的文艺创作重新繁荣起来。

然而，当主管宣传的中央领导人得知这次座谈会的情况后，立即批评《人民日报》：这个《纪要》是经过毛主席三次亲自修改的，怎么可以批判？并要求把批判“文艺黑线专政”论的文章送中央审查。在这种压力下，《人民日报》在刊登座谈会的报道时，又在“编者按”里指出：文艺战线在“文化大革命”前的17年，“受到过刘少奇的反革命修正主义路线的严重干扰和影响”，但“毛主席的红线一直照耀着社会主义文艺事业的进程”。[①] 此后，在相当一段时间里，文艺界都是在承认“文艺黑线”存在，并肯定毛泽东对于文艺工作的一系列批示的前提下，开展对于“文艺黑线专政”论的批判。

不过，在广大文艺工作者的努力下，这一批判仍在相当程度上推动了文艺界的拨乱反正。

1977年年底，驻京部队的部分文艺工作者又召开座谈会，揭露江青勾结林彪炮制“文艺黑线专政”论的罪行。参加座谈会的同志列举大量事实，对恣意篡改历史、颠倒黑白的“文艺黑线专政”论，理直气壮地展开了揭发批判。他们指出：和全国的文艺战线一样，作为我军政治工作一个重要组成部分的部队文艺工作，新中国成立以后所取得的成绩和发挥的作用都是巨大的，是任何人都否定不了的。

---

① 见《人民日报》1978年11月25日。

1978年1月11日《人民日报》发表文化部批判组的文章《一场捍卫毛主席革命文艺路线的伟大胜利——批判“四人帮”的“文艺黑线专政”论》。

1978年3月21日，中央组织部、中央宣传部、文化部党组、全国文联筹备组召开文艺界落实党的知识分子政策座谈会，在4月18日的会议纪要中指出，“文化大革命”中，凡是因批判“文艺黑线专政”论、“30年代文艺黑线”“海瑞罢官”“三家村”“黑戏”“黑会”“黑画”等而受到审查、批判和受株连的，一律平反昭雪，不留尾巴。在“文化大革命”前的历次运动中受到批判处理、被戴上各种政治帽子，经过复查，确实搞错了的，应坚决平反昭雪。4月21日，文化部在北京召开万人大会，宣布为受“四人帮”迫害的大批文艺工作者平反昭雪。在此之后不久，在“文化大革命”中被迫害致死的著名作家老舍、赵树理，电影剧作家海默，电影导演郑君里，杰出京剧表演艺术家盖叫天等人，先后得到平反昭雪。5月27日至6月5日，中国文学艺术界联合会召开扩大会议，进一步批判了“文艺黑线专政”论，并宣布曾被“四人帮”强行撤销的全国文联、作协、音协、剧协等文艺协会正式恢复工作；《文艺报》立即复刊，并号召全国的文艺界坚定地贯彻执行百花齐放、百家争鸣的方针，为繁荣社会主义文艺而努力奋斗。在此前后，从1977年年初开始，一大批在“文化大革命”中曾被禁演的优秀剧目、电影、戏剧，例如，电影《洪湖赤卫队》，大型音乐舞蹈史诗《东方红》，话剧《南海长城》和《豹子湾的战斗》，豫剧《朝阳沟》，舞剧《小刀会》，歌剧《白毛女》等陆续重新上演，许多文艺工作者也重新开始了艺术创作活动。北京图书馆也于1978年1月陆续开放了一批“文化大革命”期间的禁书，其中包括自然科学、社会科学等方面的书籍和中外文学名著。尽管由于“文艺黑线”仍被认定存在，新中国成立后文艺界一系列过火的批判运动仍被肯定，使广大文艺工作者仍然感到心有余悸，但经受了严重摧残的文艺事业终于开始有了新的生机。

但是，在党的十一届三中全会前，文艺战线的拨乱反正问题，还不能说已经完成，许多冤案也还没有平反。这主要是因为“两个凡是”的影响还没有彻底消除。其表现就是“文化大革命”前，毛泽东关于文艺的两个批示，仍被一些人当作不能逾越的禁区，一些文艺工作者也没有能够从这两个批示的束缚中解放出来。否定两个批示，在文艺领域彻底拨乱反正的任务，是在三中全会重新确定了党的实事求是的思想路线之后才完成的。

四、打开平反冤假错案的局面

◎冤假错案所涉及和牵连的大约有近1亿人

◎平反工作阻力重重

◎有的老同志到中组部申诉冤情，竟被拒之门外

◎胡耀邦积极为平反冤假错案造舆论，深得人心

◎经中共中央常委会决定，胡耀邦出任中组部部长，平反冤假错案工作的局面被打开

◎烟台会议，在改正错划右派问题上分歧明显

◎中央同意多数人的意见，决定为右派平反

◎中组部重新复查“薄一波等六十一人叛徒集团”案

◎针对“两个凡是”，胡耀邦提出“两个不管”

◎要求为天安门事件平反的呼声日益高涨

平反冤假错案，是粉碎“四人帮”后，党和国家所面临的一项异常艰巨、复杂，而且又极为急迫的工作，是拨乱反正的一项重要内容。只有解决因长期“左”倾错误，特别是十年“文化大革命”所造成的大量冤假错案，才有可能真正实现全国的安定团结，从而调动全党全国人民建设社会主义现代化的积极性，顺利实现党的工作重点转移。

“文化大革命”的十年内乱，以及“文化大革命”前的历次政治运动，严重伤害了大批干部群众，造成了大量冤假错案。据中央组织部在“文化大革命”结束后的不完全统计，仅在“文化大革命”时期，在全国约1700万的脱产干部中，被立案审查的达200万人以上，约占干部总数的17.5%。特别是中央、国家机关副部长以上和地方副省长以上的高级干部，被立案审查的更是高达这类干部总数的75%。[①] 中央、国家机关和各部委被立案审查的其他各级干部达29885人，占这类干部总数的16.3%。有一些干部虽未被立案审查，但却受到了错误的批判和斗争。此外，在上世纪50年代中后期到“文化大革

① 《〈关于建国以来党的若干历史问题的决议〉注释本（修订）》，人民出版社1985年版，第494页。

命”前的历次政治运动中，也还有相当数量的冤假错案。据不完全统计，因各类冤假错案而受到诬陷或迫害的干部，军队系统约有 8 万多人，其中 1100 多人被迫害致死；文化部所属单位有 2600 余人；教育部所属单位及 17 个省、市的教育部门约有 14.2 万余人；中国科学院直属单位及 17 个省、市的科学院、所约有 5.3 万余人。[①] 再加上在历次政治运动中被审查的基层干部、群众，以及波及的他们的亲属等，冤假错案所涉及和牵连的大约有将近 1 亿人。

显然，“文化大革命”结束后，大量的冤假错案，成了一个非常突出的社会问题。这个问题不解决，安定团结的政治局面就难以保证，党和国家工作重点转移的战略方针就难以实现。平反冤假错案，使将近 1 亿人在政治上、精神上获得解放，这是一个十分繁重而又迫切的任务。事实上，粉碎“四人帮”以后不久，从上到下都已发出了平反冤假错案的强烈呼声。尚未复出的邓小平，以及陈云、胡耀邦等老同志也利用各种机会呼吁中央抓紧做好这项工作。

在各方面力量的推动下，平反冤假错案的工作从粉碎“四人帮”后不久在一些地区和部门就已陆续开始。但是，在一个相当长的时期内，即在党的十一届三中全会召开之前，由于“两个凡是”的束缚和阻挠，这项工作进展得非常困难。

1976 年 12 月 5 日，中共中央发出了一个通知，主要内容是给一些在反对“四人帮”斗争中明显被错抓、错审、错判的

① 转引自汤应武：《1976 年以来的中国》，经济日报出版社 1997 年版，第 118 页。

人进行平反。通知规定："凡纯属反对'四人帮'的人，已拘捕的，应予释放；已立案的，应予销案；正在审查的，解除审查；已判刑的，取消刑期予以释放；给予党籍团籍处分的，应予撤销。"但是，这个通知同时又规定："凡不是纯属反对'四人帮'，而有反对伟大领袖毛主席、反对党中央、反对'无产阶级文化大革命'或其他反革命罪行的人，绝不允许翻案。"

按照这个通知的方针，虽然也释放了一些因反对"四人帮"而被关押的人，平反了一批冤假错案，为一些干部落实了政策，但是，很明显，这个通知并不是一个全面平反冤假错案的文件，相反，它给刚刚起步的平反冤假错案工作划定了一个十分狭小的范围。因为，按照这个通知的规定，一遇到被认为是反对毛主席、反对党中央、反对"无产阶级文化大革命"的案子，一遇到是毛泽东批准的或圈阅过的案子，不管人们怎样呼吁，也不管事实如何清楚，是非如何被颠倒，都不在平反改正之列。而"文化大革命"中大量的冤假错案，大多数却恰恰是这个通知明文规定不能"翻案"的案子。

不但不能"翻案"，而且粉碎"四人帮"后，许多受冤屈、被迫害的老干部满怀希望到当时还没有改组的中央组织部去申诉、上访，结果是常常被拒之于中央组织部的大门之外，或受到其他种种冷遇。这些被拒之于门外的老同志，很多是为建立新中国出生入死、为社会主义建设呕心沥血、且又年事已高的老革命、老同志。

1977 年 2 月，"两个凡是"公开提出后，平反冤假错案、落实干部政策的工作更加困难，进展十分缓慢。到 1977 年年底，中央和国家机关 53 个单位仍有约 6241 名干部等待落实政策，分配工作。此外，全国还有十几万名“右派”尚未摘帽。一些影响重大的大案，例如刘少奇的冤案、“薄一波等六十一人叛徒集团”案，以及彭德怀、陶铸的冤案，等等，虽然包括陈云在内的一些老同志提出了对这些案子复查和平反的要求，但都被坚持“两个凡是”的中央领导否定了。

这种情况引起了党内外大多数人的强烈不满。党的十一大期间，一些老同志在会上又提出：有些干部被审查的时间拖得太久了，长期不分配工作，得不到组织的关怀，建议中央抓紧检查一下，组织部门的工作要好好加以整顿。

在平反冤假错案工作中，胡耀邦起了非常重要的作用，做出了很大的贡献。1977 年 3 月，胡耀邦再度出来工作，被任命为中央党校主持日常工作的常务副校长。在中央党校工作仅 9 个月的时间里，他不但平反了中央党校的冤假错案，更为重要的是利用中央党校这个重要的思想理论阵地，从思想理论上、舆论上为整个冤假错案的平反工作作了准备。

这一年的 10 月 7 日，在粉碎“四人帮”一周年之际，《人民日报》以一个整版篇幅，发表胡耀邦主持撰写的《把“四人帮”颠倒了的干部路线是非纠正过来》一文，批评了有些管干部工作的负责人，由于受“四人帮”流毒影响，在落实党的干部政策这个大是大非的问题面前，工作很不得力。文章呼吁各级组织部门，“要敢于冲破阻力，一切强加给干部的诬蔑不实之词一定要推倒，颠倒的干部路线是非一定要纠正”。文章发表后，立即在党内外引起强烈震动，受到广大干部群众的热烈称赞。但也有一些人认为文章“与中央的精神不符”，甚至说“这篇文章是大毒草，现在不批，将来也要批”。一些地方和部门的党委、组织人事部门责问《人民日报》：“这篇文章是哪里来的？有没有中央文件作依据？”[①] 由此可见，平反冤假错案在当时有多么的艰难，斗争又是多么的尖锐。

11 月 27 日，《人民日报》在头版头条又发表了题为《毛主席的干部政策必须认真落实》的评论员文章。文章有针对性地指出：抓紧落实党的干部政策，是建设社会主义现代化强国的一个关键问题。无产阶级的原则是有错必纠，部分错了，部分纠正，全部错了，全部纠正。这篇文章同 10 月 7 日的文章一样，表达了党内外干部群众的强烈呼声，为平反冤假错案、落实干部政策作了舆论准备。

紧接着，报刊上又接连发表有关平反冤假错案的文章。1978 年 1 月 10 日，《人民日报》发表评论员文章，题为《切实整顿组织部门落实党的干部政策》。文章指出：党的组织部门是贯彻执行党的路线，掌管干部政策的重要部门，要把“四人帮”颠倒了的干部路线是非纠正过来，彻底摧毁“四人帮”帮派体系，认真落实党的干部政策，尽快把过去审干工作中的遗留问题认真严肃地处理好。1 月 19 日，《人民日报》又发表《切实清理干部积案落实党的干部政策》的社论，指出：按照实事求是的原则认真清理积案，处理审干中的遗留问题，是一场严肃的政治斗争，必然会遇到各种阻力，必须排除“四人

① 戴煌：《胡耀邦与平反冤假错案》，中国文联出版公司、新华出版社 1998 年版，第 35～36 页、40 页。

帮”的影响和流毒。2月18日，《人民日报》再次发表评论员文章《落实干部政策的一个重要问题》，强调在落实干部政策时，需尽快解决好干部子女受牵连的问题。其他的报刊也接连发表文章，呼吁做好冤假错案的平反工作。

1977年12月10日，党中央对中央组织部的领导成员作出调整，任命胡耀邦为中央组织部部长。胡耀邦随即于15日到中央组织部报到。吴林泉、彭飞在《拨乱反正立丰碑——胡耀邦同志领导平反“六十一人案”追记》一文中描述了当时的情景：

> 1977年12月15日早上8点整，胡耀邦来到中央组织部，组织部前院顿时鞭炮齐鸣，烟花朵朵。院内的老老少少，激情满怀地欢迎胡耀邦的到来。街上行人不知内情，都好奇地驻足凝望，西单商场的一些顾客也纷纷跑来踮足围观，不知这个过去老是铁门紧闭的大院，究竟发生了何等大喜事。[①]

胡耀邦到任后，遵照党的实事求是、有错必纠的原则，立即大力推动平反冤假错案、落实干部政策的工作。面对“两个凡是”的压力和“积案如山”的局面，上任伊始，他在中央组织部第一次全体工作人员大会上讲话时表示，清理新中国成立后和“文化大革命”中每一项冤假错案、落实被冤屈同志的政策，是党的组织部门责无旁贷的首要任务；对于新中国成立前

① 见《人民日报》1989年6月1日。

的历史遗留问题，不管由于当时的历史条件所限或战争环境的影响，还是受康生等人的阻挠破坏而没有解决或解决得不彻底的，组织部门也要把这些问题的彻底解决当作自己义不容辞的责任。结论和事实不符，就要推翻，不管是40年代、50年代、60年代的。

1978年1月，中央组织部专门成立了干部分配办公室，还分别成立了干部接待组、老干部生活组，负责落实干部政策。不久，又专门成立干部审查局，主要任务是落实干部政策，平反冤假错案和处理历史遗留问题。胡耀邦还特别要求组织部门的全体干部，恢复和发扬党的优良传统，把党的组织部门办成“党员之家”和“干部之家”。要一扫这些年来组织部门“门难进、脸难看、话难听、事难办”的官衙恶习，使每一位来访的党员、干部，不论党龄长短、资历深浅、职务高低，都能感到一视同仁的亲切温暖，无话不可谈、无事不可求。1978年1月，即胡耀邦上任的第一个月，每天就有几百人到中央组织部上访，全月来信达6麻袋。[①]

1月28日，中央组织部召开中央、国家机关26个部委的副部长座谈会，研究解决待分配干部的落实政策和工作安排问题。胡耀邦在会上讲话，他说：干部是我们党的宝贵财富，可以工作而没有分配工作的，要尽快分配工作；年老体弱不能工作的要妥善安排；少数干部需要做出审查结论的应尽快做出；对“文化大革命”中的案件，该复查的复查，该平反的平反，

---

① 戴煌：《胡耀邦与平反冤假错案》，中国文联出版公司、新华出版社1998年版，第48页。

总的原则是实事求是。

从2月到4月的两个月内，中央组织部还分别找中央、国家机关22个部委，及28个省、自治区、直辖市党委主管干部工作的负责人，各召开了3次（共6次）疑难案件座谈会，讨论落实干部政策问题，共研究、解决疑难案件192件，其中地方的118件，中央部委的74件。胡耀邦每次都到会参加座谈讨论并讲话。[①] 他在这几次会上都强调说：积案这么多，不解决对我们的事业不利。落实干部政策，绝不是可有可无、可做可不做的事，而是关系到我们党是不是实事求是、是不是能分清是非的问题。“对每一个人的审查，不能从条条出发，从哪一个首长讲的出发，而是要从事实出发。”

胡耀邦还根据自己在这几次会议上的讲话，归纳并提出了落实干部政策的几项原则：一是没有结论的，应尽快做出结论；结论不正确的，要实事求是地改正过来，一切诬蔑不实之词应予推倒。二是没有分配工作的要分配适当工作，年老体弱不能坚持正常工作的，要妥善安排。三是已经去世的干部，要做出实事求是的结论，把善后工作做好。四是受株连的家属、子女、亲友及身边工作人员的问题要解决好。总的方针是实事求是，方法是群众路线。在胡耀邦的主持下，中央组织部还用这些方针、方法直接办理和复查了130多名副省长、中央机关副部长以上干部的大案要案。

在胡耀邦的带动下，中央和各地组织部门的许多同志打消

① 何载：《冤假错案是这样平反的》，中共中央党校出版社1999年版，第106～107页。

了思想顾虑，开始对一些重大冤假错案抓紧复查。中央组织部有关部门顶着“两个凡是”的巨大压力，进行了大量艰苦、细致的调查研究，终于使平反冤假错案、落实干部政策的工作打开了局面，取得了初步进展。一批在“文化大革命”中遭受迫害、含冤去世的老革命家，著名的科学家、艺术家、运动员、劳动模范等，如科学家熊庆来、赵九章，著名艺术家周信芳、郑君里、严凤英、盖叫天、孙维世，原上海市副市长、国际问题专家金仲华，著名乒乓球运动员容国团等，在 1978 年陆续得到平反昭雪，恢复了名誉。“文化大革命”期间发生在一些地区和部门的冤假错案也陆续得以澄清或纠正。到 1978 年 7 月，中央组织部已分配和安置了 5344 名干部，占中央和国家机关 53 个单位 6000 多名待分配的老干部总数的 87.2％。在已分配安置的干部中，有副部级以上干部 16 人，司局级干部 537 人。[①] 事实上，副部级以上的干部应该不止 16 人。

在抓紧落实干部政策的同时，1978 年 6 月，胡耀邦在中央组织部还创办了一个内部刊物《组工通讯》。这份中组部的“部刊”，是在平反冤假错案的斗争中应运而生的。它使人不由得想起了一年前胡耀邦到中央党校工作时，也创办过一个内部刊物《理论动态》，那也是在思想理论上拨乱反正的斗争中应运而生、并发挥很大作用的。《组工通讯》一问世，就以崭新的面目，明确的观点，简洁的文风，为平反冤假错案大声疾呼，宣传党的方针政策，介绍落实干部政策的经验，对推动整

① 何载：《冤假错案是这样平反的》，中共中央党校出版社 1999 年版，第 104 页。

个冤假错案的平反工作起了重要作用。

1978 年里，平反冤假错案中一个影响比较大、涉及面又比较广的工作是给右派摘帽，以及对全部错划右派的改正工作。在经过一段时间的酝酿后，1978 年 4 月 4 日，中央统战部、公安部向中共中央呈送了《关于全部摘掉右派分子的帽子的请示报告》。4 月 5 日，中共中央批准了这一报告，并向各地党委发出通知，决定全部摘掉右派分子的帽子。但是，当时提出的还只是“摘帽”，而不是“平反”或“改正”。为此，报告明确规定：“对右派分子一般不搞甄别平反。”

6 月 14 日至 22 日，经中共中央批准，中央组织部、中央宣传部、中央统战部、公安部、民政部五个部门，在山东烟台联合召开会议，讨论为右派分子全部摘帽的实施方案。会上出现两种不同意见：一种意见认为，全部摘掉“右派分子”的帽子，对他们进行适当安置，不再歧视，就可以了，不必搞甄别平反，只能对个别确实完全搞错了的才可以改正结论。另一种意见则主张，对待右派问题一定要实事求是，不能只对“个别完全搞错了的”才给予改正，而应该错多少，改多少。两种意见争执的结果，第一种意见，即只摘帽不平反的意见占了上风。烟台会议拟定了《贯彻中央关于全部摘掉右派分子帽子决定的实施方案》。这个方案是一个以“摘帽”为基调的方案。

然而，烟台会议上持后一种意见的同志并没有就此罢休，他们的意见得到了胡耀邦的支持。经胡耀邦同意，并以中央组织部的名义直接向中央写了报告，要求重新审定此事。8 月，经五个部门共同修改后的上述实施方案上报中央。9 月，根据中央组织部的要求，中央同意由参加6月烟台会议的五个部门的负责人继续在北京开会，研究错划“右派”的改正问题。虽然会上仍有两种不同的主张，但在真理标准讨论影响下，多数人认为应当“改正”，而不应仅限于“摘帽”。中央采纳了多数人的意见，并于9月17日批转《贯彻中央关于全部摘掉右派分子帽子决定的实施方案》，作为这一年的中央55号文件下发全党。这个文件明确指出：“对于过去错划了的人，要做好改正工作。有反必肃，有错必纠，这是我党的一贯方针。已经发现划错了的，尽管事隔多年，也应予以改正。”“恢复政治名誉”“恢复原来的工资待遇”。

根据中央的部署，全国各地和各有关部门开始着手解决这一长达20余年、涉及50多万人政治生命的重大历史遗留问题。在党中央领导下，到11月中旬，全国右派“摘帽”工作全部完成。对错划右派的改正工作，一直持续到1981年上半年才基本结束，共改正错划的右派54万多人，占全部被错划右派55万人的98%以上。同时，对那些被错划为“中右分子”和“反社会主义分子”的31.5万人，以及他们受到株连的亲属，也都落实了政策。[①] 在1957年反右派运动中被错划为右派的著名“六教授”曾昭伦、费孝通、黄药眠、陶大镛、钱伟长和吴景超，也全部得到改正。余下的被错划的右派的改正工作仍在继续进行。

对右派问题的复查改正工作，得到全国人民的热烈拥护和

① 《宋任穷回忆录（续集）》，解放军出版社1996年版，第92页。

广泛支持，在海内外引起强烈反响，改善了党和国家在国内外的形象。它不仅解决了重大历史遗留问题，解除了几十万人多年来的精神重负，而且调动了更加广大的人民群众的社会主义积极性，巩固和发展了粉碎“四人帮”后出现的安定团结的政治局面，同时也促进了国民经济的恢复和发展。但是，由于“两个凡是”还没有被完全否定，平反冤假错案的工作仍然是阻力重重，特别是那些经毛泽东批准的重要案件，例如所谓“薄一波等六十一人叛徒集团”案。其实，早在1975年邓小平主持中央工作时，在一次中央政治局会议上，邓小平就提出过：“六十一人的问题必须解决。把那件事的责任归咎于他们是不公道的。”但是，由于“四人帮”从中作梗，当时解决这个问题的条件还不具备。

胡耀邦到中央组织部后，在邓小平、陈云等老同志的支持下，即已开始组织人员对一些影响全国的“集团性”案件进行了解和复查。其中，在当时影响和涉及面最大的就是“六十一人”案。

所谓“薄一波等六十一人叛徒集团”案，是指上世纪30年代薄一波、刘澜涛、安子文、杨献珍等一批被关押在国民党北平军人反省院中的同志，在“何梅协定”签订后、日本全面侵占华北前的1936年至1937年年初，按中共中央北方局指示、经中共中央批准，履行狱方规定的出狱手续，即在狱方拟好的“反共启事”上捺手印、登报纸后，出狱参加抗日斗争的那段往事。这件事，在延安时期，党中央早已有过结论：“中央完全负责。”“文化大革命”开始后，康生等人为打倒一批老同志，旧事重提，别有用心地制造了这起冤假错案。1967 年 3 月，中共中央以中发 96 号文件的形式，印发了《关于薄一波、刘澜涛、安子文、杨献珍等人自首叛变问题的初步调查》，酿成“六十一人”案。此后，这批同志中的幸存者 40 余人遭受了多年的残酷迫害。

在中央组织部开始对“薄一波等六十一人叛徒集团”案等重大错案进行复查时，也遇到了中央专案领导小组的反对。理由是：这些大案都是毛主席定的，不能翻！还有彭德怀、陶铸等人的问题，也不能随意翻过来。不要因为粉碎“四人帮”，过去定了的案子就要推翻。他们仍然拒绝向中组部提供材料，从而给复查工作增加了很大的困难。

1978 年 6 月 25 日，邓小平在一份要求为此案平反的申诉信上批示：这个问题总得处理才行，这也是实事求是问题。陈云也在此前表示：这个问题我是了解的，我要向中央报告，要管这个事情。在这种情况下，7 月，华国锋也同意解决这个问题，并指示由中央组织部进行复查。此后，中央组织部不但加快了对“六十一人”案的复查，而且还以此为突破口，推动了整个平反冤假错案工作。

8 月初，叶剑英向胡耀邦提出：党的历史上的功过是非要“坚决不动摇地弄清楚，不论是什么时期，不论什么人，来一个彻底的唯物主义”。胡耀邦立即在中央组织部传达了叶剑英的意见。

9 月 20 日，胡耀邦在中央办公厅组织召开的全国信访工作会议上，再次针对当时一些人固守“两个凡是”，阻挠复查工作的行为，明确指出：“落实干部政策的根据是事实，也就是干部过去的实践。经过对实际情况的调查核实，分析研究，凡是不实之词，凡是不正确的结论和处理，不管是什么时候，什么情况下搞的，不管是哪一级组织，什么人定的和批的，都要实事求是地改正过来。”[①] 他认为，“这才是彻底的唯物主义”。这段话后来被称为是针对“两个凡是”的“两个不管”。有人对这个鲜明的提法表示了强烈的不满，坚持在会议文件中删掉这段话。但是，这段话却很快在组织部门传开来，增强了人们冲破“两个凡是”禁区的勇气。

随着平反冤假错案工作局面的打开，广大干部群众要求为天安门事件平反的呼声也愈加高涨。“文化大革命”开始后即被迫停刊达12年之久的《中国青年》杂志，于1978年9月复刊。复刊号上专门刊登文章，介绍天安门事件中人民群众同“四人帮”作斗争的典型材料，发表了部分天安门诗抄，为1976年4月5日广大群众在天安门广场悼念周总理的活动正名。但是，分管宣传、组织工作的中央领导人发现后，立即进行阻拦，强令杂志社进行删改。但是，已先期发出的4万多份杂志已在群众中产生了广泛影响。

随后，10月到11月，《人民日报》《工人日报》《中国青年》《北京日报》等报刊也陆续刊登报道文章，介绍在天安门事件中，人民群众同“四人帮”作斗争的情况及部分诗文。一部反映天安门事件的话剧《于无声处》，这时也先后在上海和

---

① 中共中央党史研究室编：《中国共产党历史大事记（1919年5月～1990年12月）》，人民出版社1991年版，第333页。

北京等地上演，引起了轰动，并受到社会各界的广泛称赞。面对广大干部群众的呼声，党中央已经不能不重新考虑天安门事件的问题了。

11月3日，中央组织部完成了对“薄一波等六十一人叛徒集团”案的复查，并正式向中央提交报告，证明把薄一波等61人定为叛徒集团是不正确的。同时，对彭德怀、陶铸等一些同志的冤案，中央组织部也开始进行复查。这些案件随即在11月到12月召开的中央工作会议和党的十一届三中全会期间，再次引起党中央领导层大多数同志的关注，他们强烈要求为这些冤假错案平反。“两个凡是”给这项工作设置的禁区，实际上已经被冲开。胡耀邦因在这项工作中做出了重大贡献，因而受到党和人民的信任。10年后的1989年，当他因病去世时，中共中央在讣告中特别提到：“1978年他担任中央组织部部长，为拨乱反正、平反冤假错案、落实干部政策做了大量工作，表现出非凡的实事求是的胆略和勇气，立下了不可磨灭的功绩。”①

接替胡耀邦担任中央组织部部长的宋任穷，在其晚年的回忆录中，谈到这一评价时说：“我觉得是很客观公正的，当之无愧的。耀邦同志在中央组织部的工作，功不可没。”② 但是，由于阶级斗争扩大化错误的影响根深蒂固，特别是“两个凡是”错误方针的影响，冤假错案的平反工作仍困难重重，并且也只能局部地、比较缓慢地进行着。冤假错案的大规模平反是在党的十一届三中全会召开之后。

---

① 《人民日报》1989年4月16日。

② 《宋任穷回忆录（续集）》，解放军出版社1996年版，第67页。

第三章

冲破坚冰

伟大转折——1978年的中国

已如前述，各个领域的拨乱反正每前进一步，都要同“两个凡是”的禁锢发生冲突。这就使人们越来越强烈地感到：要彻底消除林彪、“四人帮”造成的思想混乱，纠正“文化大革命”的错误，首先必须解决如何正确对待毛泽东的指示和决策，判定历史是非的标准到底是什么？这就提出了真理的标准这样一个带根本性的政治和理论问题，从而引发了是坚持实事求是，还是坚持“两个凡是”的思想路线的争论。邓小平等老一辈革命家反复强调应当准确地、完整地理解毛泽东思想，强调实事求是是毛泽东思想的精髓，从而极大地启发和鼓舞了力图挣脱“两个凡是”枷锁的广大干部和理论工作者。在邓小平等一批老同志的支持和推动下，关于真理标准问题的大讨论，在1978年春夏冲破重重阻力，在全国蓬蓬勃勃地开展起来。

一、经济理论界的最初冲击

◎1977年内，经济界召开五次理论讨论会，澄清在按劳分配和“唯生产力论”问题上的是非

◎经济理论问题的讨论得到了邓小平的有力支持

◎《人民日报》特约评论员文章全面论证按劳分配的社会主义性质

◎有人呼吁，要搞好管理，必须贯彻物质利益原则

◎奖金制度开始恢复

在粉碎“四人帮”后到真理标准讨论之前的一年多时间里，思想理论界，特别是经济学界在一些重大理论问题上深入批判“四人帮”，澄清理论是非，实际上已经成为真理标准大讨论的先导，也为这场大讨论集聚了力量。

粉碎“四人帮”后，在全国性的揭批运动中，理论界也开始清理、批判“四人帮”所散布的种种错误理论观点。但是，从理论上批判“四人帮”，却遇到了极大的阻力。这个阻力即是“两个凡是”。

对“左”倾错误理论和“两个凡是”的最初突破来自经济理论界。

自1977年年初起，在揭批“四人帮”运动中，经济理论界对按劳分配问题和所谓“唯生产力论”问题展开了讨论。这两个理论问题，在“文化大革命”中，特别是在“批邓、反击右倾翻案风”中，被“四人帮”搞得混乱不堪。作为“四人帮”理论棍子的张春桥、姚文元的代表作《论对资产阶级的全面专政》和《论林彪反党集团的社会基础》，以及“梁效”——“北京大学、清华大学大批判组”等“四人帮”御用写作班子所炮制的众多批判文章，都曾在这两个问题上散布了大量“左”倾错误理论观点。粉碎“四人帮”后，澄清这些被搞乱的理论是非，是深入揭批“四人帮”和在思想理论上拨乱反正的必然要求。

从“两个凡是”出台前后的1977年2月，到1978年11月的中央工作会议召开之前近两年间，经济理论界先后召开了7次规模较大的、大多为全国性的理论讨论会。其中，在真理标准讨论开展之前的1977年内，召开了5次理论讨论会。

围绕着按劳分配究竟是所谓的“资产阶级法权”，还是社会主义的原则？在社会主义社会，肯定生产力的决定作用，强调发展生产力、以经济建设为中心，是马克思主义的重要观点，还是所谓“唯生产力论”？这些理论讨论会对这一系列基本问题展开了讨论。参加讨论会的专家学者们，用马克思主义的基本理论作武器，澄清和批判“四人帮”否定按劳分配、批判“资产阶级法权”和“唯生产力论”等极左观点。

在按劳分配和“唯生产力论”问题上深入批判“四人帮”，自然会涉及毛泽东晚年在这两个问题上的错误观点，以及由此反映出的他晚年在中国建设社会主义问题上的错误理论和实践。无论当时的人们是否自觉地意识到了这一点，事实上，批判“四人帮”的错误理论观点，也就是清理毛泽东晚年的错误理论和实践。这样做，是不可避免的，是必须的。

但是，理论界在讨论中，却不得不面对着“两个凡是”的巨大压力。1977年春夏，反对与坚持“两个凡是”的斗争已逐渐展开。当经济理论界批判“四人帮”在按劳分配和所谓“资产阶级法权”“唯生产力论”等问题上的极左观点时，正在起草中的党的十一大报告稿却依然按“文化大革命”中的提法，写进了这些内容。

然而，经济理论的大讨论得到了邓小平的支持。1977年7月刚刚复出的邓小平，同国务院政治研究室几位负责人谈到经济学界的讨论，并说他已经看过一遍几位同志撰写的《批判“四人帮”对“唯生产力论”的批判》的书稿，肯定稿子是写得好的，是很重要的理论问题，可以出版；他还说，关于按劳分配的文章整个说来也不错，但感到还不满足，还没有大胆地讲，还有点吞吞吐吐。邓小平还不赞成十一大报告稿批判“唯生产力论”，他指出，“应该倒过来说”，应该发展生产力。7月27日，邓小平同中国科学院负责人谈话时指出：说“唯生产力论”是修正主义的谬论，并以此为前提，这不行。8月3日，邓小平又同国务院政治研究室负责人谈话，再次肯定按劳分配的文章，并要求经过讨论修改一下。他还指出：应该有适当的物质奖励；少劳少得，多劳多得。

邓小平的支持，对经济学界解放思想起了很大推动作用。在这之后的讨论在规模和声势方面显然都超过了前一阶段。

1978年3月，国务院研究室按照邓小平的意见，起草了一篇题为《贯彻执行按劳分配的社会主义原则》的文章。文章清样出来后送请邓小平审阅。邓小平看过文章后给予充分肯定，认为“写得好”。他还明确指出：我们一定要坚持按劳分配的社会主义原则。按劳分配的性质是社会主义的，不是资本主义的。贯彻按劳分配原则有好多事情要做，有些制度要恢复起来，建立起来。要实行考核制度，要奖罚分明；奖金制度要恢复，稿费制度也要恢复，并要根据新的情况加以修订；在这方面，我们过去行之有效的各种措施都要恢复。[①] 这篇文章又经

① 《邓小平文选》第二卷，人民出版社1994年版，第101～102页。

李先念审阅后，于5月6日以特约评论员的名义在《人民日报》发表。文章全面论证了按劳分配的社会主义性质，阐述了按劳分配的各种劳动报酬形式，系统清理了"四人帮"在按劳分配问题上制造的种种混乱。

由于这篇文章否定了毛泽东晚年的一个重要理论观点，即所谓按劳分配等体现着"资产阶级法权"的观点，因而同一周后发表的《实践是检验真理的唯一标准》一文一样，受到当时分管宣传理论工作的中央领导同志的指责。

与此相反，邓小平再一次表示了对这两篇文章的支持。8月19日，他在同文化部负责人谈当前的理论争论时说：理论问题主要是由两篇文章引起的。一篇是关于真理标准的，我说过这篇文章是马克思主义的，是驳不倒的，我是同意这篇文章的观点的，但有人反对，说是反毛主席的，帽子可大啦。另一篇是关于按劳分配的文章，我看了，先念同志也看了，提过意见，也是马克思主义的文章。[①]

1978年下半年，经济学界又两次召开关于按劳分配的讨论会。其中8月份的那一次，是专门讨论在农村中如何贯彻按劳分配的原则。这两次关于按劳分配问题的讨论会，与真理标准问题讨论展开之前的几次讨论相比，有着明显不同，这主要是，参加者既有从事经济理论研究的同志，又有在中央和地方经济部门工作的同志，甚至有一些是在企业和农村工作的同志；与会同志既从理论上讨论了按劳分配的社会性质，又着重

① 中共中央文献研究室编：《邓小平思想年编（1975～1997）》，中央文献出版社2011年版，第156页。

讨论了实践中怎样体现按劳分配的原则等问题。不少人还根据社会调查写出报告，对体现按劳分配的各种劳动报酬形式，包括计件工资和奖金等，提供了有说服力的分析和论证。① 对农村分配中存在的问题，大家普遍认为，当前的主要倾向是平均主义。有的同志呼吁，要搞好管理，就必须贯彻物质利益原则，让人们从物质利益上关心自己的劳动成果。还有同志提出，为了把农业搞上去，除了要加强农业生产的物质基础外，更重要的是，要认真贯彻等价交换原则和按劳分配政策。

经济理论的讨论不仅在理论上取得了重要成果，而且推动了实际工作部门的拨乱反正工作。同年 5 月，国务院发出关于有条件、有步骤地实行奖励和计件工资制度的通知；9 月，国务院责成有关部门尽快拟定改革工资制度、奖励制度和劳保福利制度的具体方案。11 月，财政部决定并经国务院批准，在国营企业试行企业基金制度，允许完成了国家计划的企业提取一定数量的利润作为企业基金，用于举办集体福利事业和作为职工奖励，把企业经营成果同企业和职工切身利益联系起来，以改变企业办好办坏一个样的现象。② 在按劳分配问题讨论的推动下，这一年的下半年全国有不少企业和单位恢复了计件工资和奖金制度，有效地调动了职工的生产积极性。

① 新华社讯：《按劳分配理论讨论逐步深入》，见《人民日报》1978 年 11 月 3 日。

② 新华社讯：《国营企业试行提取和使用企业基金》，见《人民日报》1978 年 12 月 20 日。

二、《实践是检验真理的唯一标准》一文的形成与发表

◎中央党校形成了实事求是的小环境

◎一些理论工作者开始涉及关于真理的标准问题

◎中央党校集中讨论党史问题时，提出了两条指导原则

◎胡福明撰写真理标准问题的文章

◎杨西光决定：文章从“哲学版”撤下，作为重要文章在头版发表

◎中央党校对文章作进一步修改

◎文章改毕，胡耀邦亲自审阅两次并定稿

◎《实践是检验真理的唯一标准》一文的发表，拉开了一场全国性理论大讨论的序幕

在经济理论界清理错误观点和其他方面拨乱反正步步前进的同时，一场以真理标准问题为内容的理论问题大讨论正在形成中。

实践是检验真理的唯一标准，这原本是马克思主义哲学中的常识问题，而且在日常生活中也同样是一个常识问题。然而，就是这样一个极其普通的常识问题，在 30 多年前的中国，却成了全党、全军和全国人民政治生活的主题。

事实上，在当时特定历史条件下，讨论这一问题，是社会前进和形势发展的客观需要和必然要求。适应这种需要和要求，走在拨乱反正斗争前列的一些干部和理论工作者，自然而然、不约而同地想到了一起、走到了一起，大致同时提出了真

理标准的问题，并且酝酿和撰写了论述这一问题的文章，从而使真理标准的大讨论如燎原烈火，迅速兴起，成了冲破“两个凡是”，实现思想解放的突破口。

1977年3月，胡耀邦被任命为中央党校副校长，主持中央党校的日常工作。他就任后，很快就在党校形成了一个讲求实事求是的小环境。这个小环境对酝酿、组织和推动真理标准问题的讨论，从而冲破“两个凡是”的束缚，起了至关重要的作用。10多年后，当胡耀邦去世时，中共中央在悼词中对他在这方面的重要作用，作了这样的评价：“他按照实事求是、解放思想的精神，组织和推动了关于真理问题的讨论，为冲破‘两个凡是’的严重束缚，重新确立党的马克思主义思想路线，作了理论准备。”[①]

讲到中央党校的作用，首先应当提到的是，胡耀邦在中央党校创办的“一个起了重大作用的小刊物”，即1977年7月15日创刊的《理论动态》，这是一个思想理论的内部刊物，“也是当时全国唯一的一家内部性的思想理论性质的刊物”。[②] 创办这个刊物的目的，就是要把被林彪、“四人帮”颠倒了的理论是非、思想是非、路线是非再颠倒过来，也就是后来概括的拨乱反正、正本清源。当时，这个刊物主要是给中央、地方和军队的高级领导干部，以及理论部门的同志参阅的。胡耀邦对这个“小刊物”提出了三项要求：一是给中央领导同志起“耳目”

① 见《人民日报》1989年4月23日。

② 沈宝祥：《真理标准问题讨论始末》，中国青年出版社1997年版，第36页、57页。

作用；二是在理论研究方面起引导作用；三是函授学校的作用，“办好理论动态，等于再办一个中央党校”。①

这个刊物在胡耀邦直接指导下，一般每期刊发一篇文章，每篇文章论述一个问题，陆续刊发了一批有见解、有思想深度的文章。这些文章涉及的内容，大多是针对“文化大革命”中被搞得混乱不堪，而且又具有重要现实意义的理论、路线等问题。主要有如何完整、准确地理解马列主义、毛泽东思想，党和国家的工作应该以经济建设为中心，应当恢复和发扬党的实事求是、群众路线、批评与自我批评的优良传统和作风，等等。

随着讨论问题的深入和展开，辨别是非的标准问题自然而然地被提出来了。这在《理论动态》上已经有了反映。例如，这年 8 月 25 日出刊的《理论动态》第 9 期，刊发了题为《理论工作必须恢复和发扬实事求是的作风》一文，批评一些人对待是非的错误标准：“他们对待是非，不是以客观实际为准，而是以‘小道消息’为准，以某些‘权威’的意见为准，以报纸刊物上的提法为准。一句话，以‘风’为准。”实际上，这里已经提出了检验真理的标准问题，只是用语还不够明确。随后，在第 26 期、第 30 期刊载的文章中，都提到了同样的问题，例如：“人民群众检验真理的标准是他们自己的社会实践，而不是任何人的意志。”林彪、“四人帮”用个别词句和片言只语代替实质，代替实践标准，代替马克思主义的分析，甚至煽动打语录仗，等等。

① 孟凡：《反对“两个凡是”是伟大历史转折的开端》，见《中国党政干部论坛》，1998 年第 5 期。

12月25日出刊的《理论动态》第31期，刊登了当时《解放军报》编辑、后来的《人民日报》社长邵华泽的文章，题目是《文风与认识路线》。这篇文章是作者于11月24日在《哲学研究》编辑部的一个座谈会上的发言。文章分三个部分，第三部分专门讲检验工作好坏、水平高低的标准。文章在这一部分一开头就指出：

> 毛主席说："真理的标准只能是社会实践。"接着，文章用自问自答的形式论述道：判断一个干部能力强不强看什么？看实践，看他工作的实际效果，看他的行动是否给人民带来什么好处以及这种好处的大小，绝不是根据他说得多么好听，多么头头是道。判断一个总结、一篇报道水平高不高看什么？看实践，看它是否深刻地反映了群众的实践，是否经得起客观实践的检验。判断一个单位工作好坏看什么？也是看实践，而不是看他们写出了多少经验，发表了多少报道。

这是当时明确提出和阐述实践标准最早的一篇文章。但是，因为文章的主题是谈文风，没有从哲学的高度充分论述实践是检验真理的标准问题，并且所联系的实际也都比较具体，因而显得分量不够。《人民日报》于1978年1月9日全文转发后，也未能引起更大的反响。

《理论动态》所发表的文章，在当时，都是由胡耀邦审阅定稿的，以上几篇文章当然也不例外。不仅如此，胡耀邦在同

《理论动态》及中央党校理论研究室同志的谈话中，多次讲到对“文化大革命”的评价问题。评价的标准应该是什么呢？他的着眼点很清楚，他认为，就是要看事实、看实践，而不是依据文件，也不是依据什么人的讲话。要完整准确地运用马列主义、毛泽东思想的思想体系。[①] 这些，同“两个凡是”是明显对立的，也可以说，是直接对着“两个凡是”的。

但是，在当时，“两个凡是”不仅仅在党的高层领导中有人坚持，而且在相当一部分干部群众中，特别是在那些社会阅历比较浅，没有多少理论知识的青年人中还有一定市场。长期“左”倾错误的影响，经过“文化大革命”十年动乱的强化，的确已“深入人心”，根深蒂固，不是一下子就能消除的。遇事以文件、本本、条条为准，或者以某某领导人、某某权威的语录、讲话为准的现象，在当时并不少见。

深入揭批“四人帮”，从理论上拨乱反正，就难免会同某些“本本”，或某些“指示”“批示”“语录”相抵触。这样又经常招致一些人的非难。在揭批“四人帮”的所谓“老干部是民主派，民主派就是走资派”；在推翻教育界的“两个估计”、文艺界的“文艺黑线专政”论；在经济理论的讨论中，比如在按劳分配问题的讨论中，一些人仍习惯于用毛主席的话作根据。只要报刊上发表一篇纠正这些错误观点的文章，总会收到一些不同意的来信、来稿，其理由则常常是毛主席说过的某一句话：“毛主席不是这样说的”“毛主席是怎么怎么说的”，等

① 沈宝祥：《真理标准问题讨论始末》，中国青年出版社1997年版，第23～27页。

等。对此，很多在报社工作的同志就很有感慨："当时感受最深的一点是，无论是揭批'四人帮'的罪行，还是纠正'文化大革命'和党内'左'倾错误，不推倒'两个凡是'就很难进行下去。"①

1978 年年初，《人民日报》理论部的同志在工作中已有所感觉。究竟以什么作为检验真理的标准？是只有实践一个标准，还是另有其他的标准？领袖的语录是不是检验真理的标准？他们认为有必要说清楚这个问题。于是，经过酝酿，由理论部的张德成（署名张成）写了一篇 1000 多字的思想评论，题目是《标准只有一个》，发表在 3 月 26 日的《人民日报》上。文章一开头就强调："真理的标准，只有一个，就是社会实践。这个科学的结论，是人类经过几千年的摸索和探讨，才得到的。"文章还说：真理和检验真理的标准，是两个不同的概念。马克思主义是真理，但不是检验真理的标准。真理的标准只有一个，没有第二个。如果把理论也当作检验真理的标准，那就有两个标准了。这就不符合马克思主义的认识论。文章还有针对性地指出：

> 有的同志不愿意承认或者不满足于马克思主义的这个科学结论，总想在实践之外，另找一个检验真理的标准。当他们要判断理论是非、思想是非时，不管社会实践结果如何，而是看书本上是怎样讲的。

① 张德成：《关于真理标准问题讨论始末》，载《中共党史研究》，1992 年 3 期。

这篇千余字的短文，对问题没有能够展开论述，但是观点阐述得很明确。尽管文章没有发表在重要版面，但发表后，仍引起了人们的注意，一些人表示赞同文章的观点，但反对文章观点的人也不少。《人民日报》因此收到20多封读者来信，绝大部分来信对文章的观点仍持有异议。有的来信认为马列主义、毛泽东思想才是检验真理的标准；有的来信认为检验真理的标准不是一个，而是两个，即马列主义、毛泽东思想也是判断理论是非的标准；还有的来信认为，文章关于标准只有一个的提法，会使不重视马列主义、毛泽东思想理论学习的风气更加严重，因而是不合时宜的。

面对这种情况，《人民日报》理论部的同志觉得有进一步讲清这个问题的必要，并决定组织一篇较有分量的文章。于是，他们就将收到的读者来信，转给中国社会科学院哲学研究所副所长邢贲思，请他有针对性地撰写一篇论述真理标准问题的文章。这时，邢贲思在自己的理论研究中，实际上也已经触及这个问题。4月8日，他在《人民日报》发表的《哲学和宗教》一文中，讲的就是如何对待马列主义、毛泽东思想的问题。因此，他欣然接受了《人民日报》的约稿，这样就有了6月16日《关于真理的标准问题》一文的发表。

1977年9月，中央党校复校开学，800多名高、中级干部及宣传理论干部汇聚中央党校，学习的主要内容是集中研究“文化大革命”以来党的历史经验。这是按照党的十一大的要求和部署安排的。十一大的政治报告提出：“要认真组织力量研究党史，学习和总结党的历史经验，特别是第九次、第十

次、第十一次路线斗争的经验。”所谓研究第九次、第十次、第十一次路线斗争，这是当时的理解和用语。这三次路线斗争分别是：第九次指刘少奇，这是一个大冤案；第十次是林彪；第十一次是“四人帮”。实际上，研究这三次路线斗争，也就是研究“文化大革命”，对“文化大革命”作出评价。

讨论“文化大革命”以来党的历史，遇到的一个突出问题，就是究竟以什么为标准来认识和判定历史是非。为此，在胡耀邦的指导下，中央党校有关部门在同年 12 月酝酿、1978 年 1 月写出初稿、4 月形成第二稿的一个研究党史的文件，即《关于研究第九次、第十次、第十一次路线斗争的若干问题》中明确提出这样两条指导原则：

第一，应当完整地准确地运用马列主义、毛泽东思想基本原理（包括毛主席关于“无产阶级文化大革命”的全面论述和一系列指示）的精神实质，来进行研究。

第二，应当以实践为检验真理、辨别路线是非的标准，实事求是地进行研究。毛主席指出：“只有千百万人民的革命实践，才是检验真理的尺度。”路线的正确与否，不是一个理论问题，而是一个实践问题，要由实践的结果来证明，由路线斗争的实际结果来检验。离开实践或者闭眼不看历史事实，来争论路线是否正确，除了徒劳无益或者受骗上当以外，是不可能得到任何结果的。[①]

这个文件在讨论过程中，已经在学员中产生了很大影响。

① 沈宝祥：《真理标准问题讨论始末》，中国青年出版社 1997 年版，第 31 页。

在上述两条原则的启发下，中央党校的教职员和学员的思想表现得相当活跃，大家对党和国家现实社会生活中的一些重大问题，展开了热烈的讨论。一些教员、学员开始对“文化大革命”中的一些重大事件和“无产阶级专政下继续革命的理论”提出质疑。但是，也有一些学员对实践标准提出了一些疑问，比如说，各人有各人不同的实践，究竟应该根据谁的实践来确定路线的是非，或某一种思想理论的真理性呢？还有一些学员对这个文件提出的两条原则产生了一些误解，主要是有人误以为检验路线是非的标准有两个，一个是毛主席的指示，一个是实践。当然，也仍然有人认为，评价“文化大革命”，还是要依据党的九大、十大、十一大文件的精神。

1978 年 4 月，刚刚从中央党校结业即走马上任《光明日报》总编辑的杨西光，此时正好在中央党校高级干部轮训班学习。中央党校的这种气氛，对他产生了深刻的启发和影响。学习期间，他不仅参加了对“三次路线斗争”问题和上述文件的讨论，而且还代表所在党支部，参加中央党校有关部门组织的小范围的讨论。在这次讨论中，他还就上述问题作了系统的发言，明确提出，对党的历史上的路线是非，哪些东西是正确的，哪些东西是不正确的，“用实践检验”。在此期间，他还写了一篇关于实践与真理关系的材料，并希望通过党校的有关同志转送给胡耀邦同志看看。[1] 应该说，作为一名党的高级干部，他这样做，一定是对某个问题经过了认真的考虑。后来，他一

① 《告别万岁》，广东人民出版社 1996 年版，第 182 页；沈宝祥：《真理标准问题讨论始末》，中国青年出版社 1997 年版，第 92 页。

到《光明日报》就慧眼识珠，敏锐地抓住《实践是检验真理的唯一标准》这篇文章，毫无疑问，与他这一段时间在中央党校的学习经历有着直接的关系。

面对学员中的这些思想情况，中央党校的一些教员和理论工作者，也对检验路线是非和评价“文化大革命”的标准问题进行了讨论和研究，并开始酝酿撰写有关检验真理标准问题的文章，以纠正在这个问题上的种种不正确认识。原中央党校理论研究室的孙长江20年后这样写道：“我和吴江同志交谈这些思想情况，觉得有必要专门写一篇文章，说明检验路线是非的标准只有一个，就是实践。我毛遂自荐要求写这篇文章，吴江同志同意了。这篇文章一开始就命题为《实践是检验真理的唯一标准》。”大约在这一年的三四月间，文章初稿已经完成，只是理论研究室的领导和其他同志看后，认为不成熟，需要修改加工。①

讲到真理标准问题讨论这一段历史，胡福明和他向《光明日报》投稿的文章是必须讲到的。胡福明当时是南京大学哲学系讲师、系副主任。后来，他曾担任过中共江苏省委常委兼省委党校校长、江苏省政协副主席。他给《光明日报》的那篇投稿，在经中央党校、《光明日报》有关同志参与修改、并得到胡耀邦的支持后，成了引发真理标准问题大讨论的导火索。

据胡福明自己向记者介绍：1977年6、7月份，他的妻子生病住进江苏省第一人民医院，动手术。他每天晚上在医院里

① 孙长江：《中国党政干部论坛》，1998年5期；沈宝祥：《真理标准问题讨论始末》，中国青年出版社1997年版，第67页。

照顾她。天气热，蚊子多，睡不着，就从家里取来一些马列和毛泽东的著作，把其中论述实践是检验真理标准的内容都摘下来。一边看书，一边构思，文章就从这里孕育出来的。他妻子出院后，他就动手写文章，四易其稿。①

关于胡福明的文章，《光明日报》的同志作了这样的说明：这篇文章，本是理论部的约稿。1977年8月，南京地区理论界召开拨乱反正讨论会。报社理论部哲学组组长王强华应邀参加，并相机组织稿件。在会上，王强华结识了胡福明，约他为报纸"哲学版"撰稿，但没有出题目。两个月后，即1977年10月，胡福明的两篇稿子寄到报社，一篇是批判江青的；另一篇是阐述真理标准问题，题目是《实践是检验真理的标准》。理论部看中了后一篇，他们认为，文中明确提出了拨乱反正、检验真理的标准究竟是什么的问题，具有强烈的现实意义，因而决定编发，并报告了当时主管理论部工作的报社负责人马沛文，得到首肯。②

胡福明本人后来回忆说：那是1977年6月下旬，"两个凡是"发表不久，我就在理论上思考这么一个问题：判断理论、认识、观点、决策是否正确的标准究竟是什么？判断是非的标准究竟是什么？马克思、恩格斯、列宁、毛泽东在历史上经常也修改自己的观点。按照实践来修改自己的观点，怎么能说句

① 张义德：《坚持实践标准，重新认识社会主义——访胡福明》，见《光明日报》1988年5月13日。

② 《光明日报》编辑部编：《实践是检验真理的唯一标准》，光明日报出版社1988年版，第327页。

句是真理？怎么能搞“两个凡是”？我认为这是教条主义，是个人崇拜，是唯心论的、形而上学的。我一旦思想形成后，就着手考虑写这篇文章。文章的题目当时叫《实践是检验一切真理的标准》，到了（1977 年）9 月份，我就把文章寄给北京《光明日报》理论部哲学组组长王强华同志。王强华同志是非常支持这篇文章的。到了（1978 年）1 月份，就给我寄来了一份清样。到了 4 月份，当时《光明日报》的总编辑杨西光同志约我，他说，这篇文章很好，很重要，应该发表在第一版。但是，还要做一些修改。据我知道，为这篇文章做出贡献的有一批同志，这也是集体创作，都是一个共同的愿望，就是要批判唯心论、形而上学，冲破“两个凡是”的束缚，搞拨乱反正。[①]

1978 年 4 月，《光明日报》编辑部准备将他们半年来几经修改的这篇署名为胡福明、题目为《实践是检验一切真理的标准》的文章，在《光明日报》的“哲学版”上发表。但是，刚刚从中央党校结业即到该报任总编辑的杨西光，在审阅文章的清样时，认为文章提出的问题很重要，但联系当时的实际还不够有力，要进一步触及当时影响拨乱反正的一些思想障碍，要提出冲破禁区这样的现实问题；而且要说明真理标准问题不仅是一个理论问题，更重要的是一个思想路线问题。两三天后，杨西光又进一步明确提出，文章意义重大，要保持原稿长处，但一定要解放思想，批评“两个凡是”，冲破禁区。这个意见一下子

① 大型电视文献纪录片《邓小平》（解说词），中央文献出版社 1997 年版，第 123～124 页。

就把文章的要害抓住了，起到了画龙点睛的作用。[①] 这在当时连许多一般干部还不知道“两个凡是”这一概念的时候，确实是一个大胆的意见。因此，他决定将文章从“哲学版”撤下，待进一步修改提高后，作为重要文章在报纸的头版发表。

杨西光决定将文章作进一步的修改提高，目的是为了加强文章的现实针对性，以加重它的分量。怎么修改呢？在报社编辑部和胡福明本人已经修改过几稿的基础上，杨西光决定把文章送到中央党校，委托中央党校理论研究室的同志再作进一步的修改提高。

为什么要把文章送请中央党校的同志修改？当事人之一、当时的中央党校理论研究室主任吴江 1998 年曾回忆说：“主要是出于两个原因：一是当时报社内部意见不一，有人反对发表这篇文章；二是杨西光得悉我们正在写同样主题的文章，他就把文章送来，意在得到《理论动态》的支持，首先在《理论动态》刊载比较有安全感，然后再以特约评论员的名义在《光明日报》上发表。”[②] 已如前述，这时，中央党校理论研究室的孙长江也已完成了同样主题的文章初稿，并且在 4 月中旬应杨西光的邀请到光明日报社，与杨西光、胡福明及《光明日报》理论部的几位同志，讨论过对胡福明文章的修改问题。4 月 21 日，《光明日报》将文章的校样送到了中央党校。拿到《光明日报》的稿子后，由孙长江动手，将这篇文章和他自己稿子的内容合在一起

① 王强华：《杨西光与第一篇“真理标准”文章的发表》，载《炎黄春秋》杂志，1995 年 5 期。

② 吴江：《真理标准问题讨论的发起》，载《中国党政干部论坛》，1998 年 5 期。

进行修改。为了加强现实针对性，文章的标题采用了《实践是检验真理的唯一标准》(以下简称为"《实》文")。

后来，孙长江曾对当时修改这篇文章的情况作了这样的回忆：他自己已完成的那篇文章，一开始就命题为"实践是检验真理的唯一标准"。大约在3月初完成初稿，交吴江同志并理论动态组的有关同志传阅征求意见（将我写这篇文章的信息传递给杨西光的江春泽同志就是在这期间，在我家中看到这个稿子的)。吴江认为讲得还不透，要我再加一把劲改一改。就在这个时候，《光明日报》杨西光派人送来一份《光明日报》"哲学版"的改样，题为《实践是检验一切真理的标准》。这就是胡福明同志的稿子。吴江交代我说："文章写得有勇气，只是理论和逻辑不足。"他让我把两篇稿子（就是胡福明的《实践是检验一切真理的标准》和我的《实践是检验真理的唯一标准》)"捏在一起"，吸收胡文的好意见，题目还是用我们原来的。我照办了。我向《光明日报》的同志要了几份胡文的校样，借助于剪刀加糨糊，把它同我的稿子"捏在一起"了。[1]

经过孙长江对稿子这样一番"捏"的结果是，文章由原来的三个部分增加为四个部分，并加写了小标题，这样可以使读者一眼就能抓住每段的中心；增加了一些理论分析，理论性更强，逻辑也更严密；最重要的是加重了联系实际的分量，对"两个凡是"思潮的剖析更为深入和尖锐，这是修改稿最主要的特点，也正因为如此，发表以后才会引起那么强烈的反响。

---

① 参见《中国党政干部论坛》1998年5期；《百年潮》，1998年3期。

文章修改出来、并在征求了校内外一些理论工作者的意见后，先后两次送胡耀邦审阅定稿。第一次送审大约是4月底或5月初。第二次送胡耀邦审阅定稿的情况，当事人沈宝祥在他的专著《真理标准问题讨论始末》一书中作了较详细的记载，现原文抄录如下：

> 1978年5月6日下午，胡耀邦同志把理论动态组叫到他在城里的家里去开会。耀邦同志每次召集这样的会总嘱咐，就是理论动态组的人，不要多。去之前，孙长江同志来找我，让我将《实》文清样带去，请胡耀邦同志审定。我记得这次去的人中有冯文彬、吴江、孟凡、陈维仁、王聚武、阮铭、吴振坤和我。到了他家坐下以后，我先将稿子送给他，并说，耀邦同志，请你先看一下这个稿。他接过去就埋头看这个稿。大家在一旁静坐。胡耀邦同志看稿子又快又仔细。过了一会儿，他看完了这个稿对大家说，我认为可以了。只是有两处，他提出了修改意见。一处是第6页，原稿是："不断提出新的观点和理论"。他说还是不要提"新的理论"，改为"不断作出新的概括，把理论推向前进"。另一处是文章的结尾，他提出加"才是对待马克思主义的正确态度"一句。由于大家都在，他提出这些修改意见时，是采取同大家商量的口吻，大家也都表示同意。我坐在他家藤椅上，迅速记下这些修改意见，因字迹不大清楚，所以回来后，在第二天（星期日）又认真地誊写了一份清楚的，星期一上班时交给了孙长江同志。孙长江同

志又作了某些文字的修改，于1978年5月8日送印刷厂正式付印。这是《理论动态》第60期，1978年5月10日。这就是大家都很关注的由胡耀邦同志审阅定稿的具体情况。①

1978年5月10日，《实践是检验真理的唯一标准》一文，在中央党校内部刊物《理论动态》上发表；5月11日，《光明日报》以本报特约评论员的名义在头版发表；新华社当天发了通稿。第二天，《人民日报》《解放军报》等中央级报纸，以及《解放日报》等地方报纸全文转载；13日，又有多家省级报纸转载。

《实》文本是《光明日报》组织的，那么，为什么要首先在《理论动态》发表，而后才在《光明日报》发表呢？《光明日报》总编辑杨西光当时的秘书陶铠，在纪念《实》文发表20周年时，对此作了这样的说明：

当时，杨西光考虑，这篇文章只是《光明日报》一家发表，不会形成气候，需要其他新闻单位的支持和呼应。他当时曾和新华社、《人民日报》的主要负责同志商量，文章发表后，由新华社发通稿，《人民日报》转载，而要这样做，需要上面有人审阅这篇文章，而当时若将此文按正常程序送主管宣传工作的负责人审，是不会同意《光明

① 沈宝祥：《真理标准问题讨论始末》，中国青年出版社1997年版，第99页。

日报》发表的，更不会由新华社发通稿、《人民日报》转载。而当时中央党校《理论动态》的每期文章，都要经主管中央党校工作的胡耀邦审阅。所以，先在《理论动态》发表，此文由胡耀邦定就是很自然的了，也避开了《光明日报》越过宣传部门的领导而直接送胡耀邦审定的嫌疑。所以，此文由《光明日报》以特约评论员名义发表后，当天新华社就全文转发，第二天《人民日报》《解放军报》等一些中央和地方的重要报纸，均相继转载。一场全国性的关于真理标准问题讨论的序幕拉开了。[①]

这个说明无疑是可信的。同时，这个说明也反映了胡耀邦在《实》文的发表中所起的重要作用。事实上，《实》文的发表，是当时中国社会发展的一种客观要求，是拨乱反正深入进行的必然结果。在这篇文章的发表过程中，中国的政治家、理论工作者、新闻工作者都做出了他们自己应有的贡献。

《实践是检验真理的唯一标准》一文，全文约 6600 字，共分为四个部分：检验真理的标准只能是社会实践；理论与实践的统一，是马克思主义的一个最基本的原则；革命导师是坚持用实践检验真理的榜样；任何理论都要不断接受实践的检验。

这篇文章重申了马克思主义认识论的一个基本原理：社会实践不仅是检验真理的标准，而且是唯一的标准。凡是科学的理论，都不会害怕实践的检验。马克思主义理论并不是一堆僵

① 陶铠：《杨西光与真理标准讨论》，《光明日报》1998 年 5 月 22 日。

死不变的教条。它要在实践中不断增加新的观点、新的结论，抛弃那些不再适合新情况的个别旧观点、旧结论。文章尖锐地指出：现在，“四人帮”强加在人们身上的精神枷锁，还远没有完全粉碎，“《圣经》上载了的才是对的”这种倾向依然存在。无论在理论上或实际工作中，“四人帮”设置的不少禁锢人们思想的禁区，还没有完全被打破。对于这些禁区，我们要敢于去触及，敢于去弄清是非。凡是有超越于实践并自奉为绝对禁区的地方，就没有科学，就没有真正的马列主义、毛泽东思想。而只有蒙昧主义、唯心主义、文化专制主义。共产党人不能躺在马列主义、毛泽东思想的现成条文上，甚至拿现成的公式去限制、宰割、剪裁无限丰富的、生动的、飞速发展的实际生活，应该勇于研究新的实践中提出的新问题。只有这样，才是对待马克思主义的正确态度。

显然，这绝不是一篇一般性的哲学理论文章，而是一篇现实针对性极强的政论文。虽然文章主要是对“实践标准”这一马克思主义的基本常识作正面阐述，但实际上是旗帜鲜明地批判“两个凡是”的错误观点，并且触及了盛行多年的带有浓厚现代迷信色彩的个人崇拜。由于文章思想观点的鲜明和尖锐，以及文章发表时的形势和声势，它的发表犹如投石击水，立即在党内外激起轩然大波，引发了一场具有深远影响的真理标准大讨论。

三、一篇文章激起轩然大波

◎《实》文发表，立即引起强烈反响

◎有人指责该文是政治上“砍旗”

◎中央领导说：文章是针对着毛主席来的

◎《红旗》杂志决定“不表态，不卷入”，作壁上观

◎关键时刻，邓小平号召全党：拨乱反正，打破精神枷锁，使我们的思想来个大解放

◎罗瑞卿挺身而出，支持《解放军报》再发重头文章

◎谭震林的一篇文章，使《红旗》杂志不得不放弃沉默

《实》文在《光明日报》公开发表后，立即引起强烈反响。一方面，首都主要报纸《人民日报》《解放军报》，以及地方许多报纸马上转载；另一方面，当天就有了强烈的反对意见。当时，指责此文的最严重的说法是：在实际上提倡怀疑一切、提倡不可知论、提倡相对主义，是要检验和修改马列主义、毛泽东思想，不符合党的十一大路线，在理论上是错误的，在政治上是“砍旗”的。

5月12日，《人民日报》转载《实》文的当天晚上11时左右，该报负责人就接到电话，对《实》文和《人民日报》转载《实》文，提出了尖锐批评，指责这篇文章“犯了方向性错误。理论上是错误的，政治上问题更大，很坏很坏”。所谓理论上是错误的，是指文章“否认真理的相对性，否认马克思主义的

普遍真理”“提倡怀疑一切，提倡真理不可信，不可知，这是原则错误”。所谓政治上很坏很坏，指的是文章“怀疑毛主席的指示”“修改毛泽东思想”“向马列主义开战”“向毛泽东思想开战”“政治上是要砍倒毛泽东思想这面红旗”。

5月13日晚，当时《红旗》杂志一位负责人给新华社领导同志打电话说，新华社转发的这篇文章是一篇错误的文章。“这篇文章在理论上是荒谬的，在思想上是反动的，在政治上是砍旗子的。”“新华社和《人民日报》犯了错误。”

5月17日，刚刚从中共中央毛泽东主席著作编辑出版委员会办公室副主任岗位调任《红旗》杂志的总编辑，对该社核心小组的同志说，《人民日报》和《光明日报》发表的两篇文章，是有问题的，我是有不同意见的。这里有个维护毛主席旗帜的问题。有些人抓住实践和真理的问题大做文章，到底是要干什么？他在这里说的“两篇文章”，指的是5月5日《人民日报》发表的《贯彻执行按劳分配的社会主义原则》和5月11日《光明日报》的《实》文。

5月18日，分管宣传工作的中央领导同志找《红旗》杂志社的两位领导谈话，指责《实》文和其他几篇文章，“是针对着毛主席来的，不是中央的想法。《红旗》是党中央的刊物，在理论上要谨慎，把好关”。他还提出了“总结经验，统一认识，下不为例”的方针，要中宣部通知各宣传单位执行。据此，作为党中央理论刊物的《红旗》杂志，确定了对真理标准问题讨论不表态、不卷入，即保持沉默的方针。这本身就是一种态度，一种不赞成的态度。实际上，《红旗》并不是安于保持“沉默”，它也曾想参加一下讨论，并曾为此准备过一个同《实》文观点不一样的稿子《重温〈实践论〉》。当然，在那样一种形势下，没有拿出来发表。

同一天，当时的中央宣传部部长，召集在北京参加教育工作会议的各省、自治区、直辖市文教书记和宣传部长开了一个座谈会，在会上专门就《光明日报》的《实》文，向各地宣传部门领导打招呼。他说：不要以为《人民日报》转载了，新华社发了，就成定论了。要拿鼻子嗅嗅，不要随风转。他要求大家回去把这些话向省委常委汇报。这些话的意思和倾向是显而易见的，就是告诉大家，这篇文章和其他一些文章的观点，不是定论，不是代表中央的，不要随声附和。

与此同时，《实》文发表后，在广大干部群众和理论工作者中激起了强烈反响和不同意见。有的人虽不反对文章的观点，却囿于多年来形成的思维习惯而看不清讨论这一问题的必要性，甚至担心开展这样的讨论会和中央的方针发生冲突，影响党内团结和社会安定，因此，也自觉或不自觉地附和了对于这篇文章的责难。但是，多数同志都感到，这篇文章提出了一个意义重大的问题，应当展开讨论。继《人民日报》《解放军报》《解放日报》等报纸转载《实》文后，到5月底，全国先后有30多家报纸转载了这篇文章。

中央某些领导同志的态度，使《人民日报》等许多报刊在继续刊登讨论真理标准问题的文章时，不能不面对着巨大的压力。许多地方的报刊在一段时间内，不敢再对真理标准的讨论发表意见，有的本来积极支持开展真理标准讨论的同志，也因此产生了顾虑甚至动摇。

其实，实践是检验真理的唯一标准的观点，毛泽东本人在《实践论》《新民主主义论》中多次阐述过。在上世纪60年代的中苏论战中，1963年11月18日，毛泽东在修改审定以《人民日报》编辑部、《红旗》杂志编辑部的名义发表的《在战争与和平问题上的两条路线——五评苏共中央的公开信》一文时，特意加写了这样一句话："社会实践是检验真理的唯一标准。"① 经毛泽东修改审定的这篇文章，发表在当年11月19日的《人民日报》和第22期《红旗》杂志上。

然而，当《实践是检验真理的唯一标准》一文针对"两个凡是"，重申这一马克思主义认识论的基本观点时，却被某些人视为"大逆不道"。这样，一场关系到党的思想路线的原则分歧的争论，就必然要以更加尖锐的形式，在更为广泛的范围内展开。思想路线的拨乱反正到了一个十分关键的时刻。

正当真理标准问题的讨论刚刚开始就遇到很大压力时，邓小平、叶剑英、陈云、李先念、胡耀邦、聂荣臻、徐向前、罗瑞卿等一批老同志表示了支持的态度。他们在不同场合强调实事求是的原则，强调要恢复党的优良传统，使这场讨论得以顶住压力，从思想理论界扩大到全国党、政、军各界，为社会普遍关注，成为具有广泛群众基础的一场大讨论。

4月下旬，全军政治工作会议在北京召开。受"两个凡是"的影响，会上，有人强调，凡是毛主席、华主席说过的

① 《建国以来毛泽东文稿》第10册，中央文献出版社1996年版，第414页。

话，都不能改动。对于会议提出的“在新的历史条件下恢复和发扬我军政治工作的优良传统”的说法，有人认为不妥，不能讲“新的历史条件”，因为华主席提的是“新的历史时期”；还有人反对提“我军的无产阶级性质”，因为这和毛主席说的“人民军队”的提法不一致。

这种情况，以及由真理标准问题的提出所产生的意见分歧，引起了邓小平的注意。5 月 30 日，他在听取全军政治工作会议情况汇报时，指出：“总而言之，就是这么个意思：只要你讲话和毛主席讲的不一样，和华主席讲的不一样，就不行。毛主席没有讲的，华主席没有讲的，你讲了，也不行。照抄毛主席讲的，照抄华主席讲的，全部照抄才行。这不是一种孤立的现象，这是当前一种思潮的反映。毛泽东思想最根本的、最重要的东西就是实事求是。现在，连实践是检验真理的标准都成了问题，简直莫名其妙。”因此，他表示：“我一定要讲话”，而且“要着重讲关于真理标准问题”。①

6 月 2 日，邓小平在全军政治工作会议上发表讲话。他讲了三个问题，第一个问题讲实事求是；第二个问题讲新的历史条件；第三个问题讲破和立。他在讲话中针对“两个凡是”，着重阐述了毛泽东关于实事求是的观点。他说：马列主义、毛泽东思想的基本原理，我们任何时候都不能违背，这是毫无疑义的。但是，“一定要和实际相结合，要分析研究实际情况，解决实际问题。按照实际情况决定工作方针，这是一切共产党

---

① 中共中央文献研究室编：《邓小平思想年编（1975～1997）》，中央文献出版社 2011 年版，第 132 页。

员所必须牢牢记住的最基本的思想方法、工作方法”。他在讲话中尖锐地批评了党内存在的一种错误倾向，他说：“我们也有一些同志天天讲毛泽东思想，却往往忘记、抛弃甚至反对毛泽东同志的实事求是、一切从实际出发、理论与实践相结合这样一个马克思主义的根本观点，根本方法。不但如此，有的人还认为谁要是坚持实事求是，谁就犯了弥天大罪。他们的观点，实质上是主张只要照抄马克思、列宁、毛泽东同志的原话，照抄照搬就行了。”他指出，这个问题不是小问题，而是涉及怎么看待马列主义、毛泽东思想的问题。“实事求是，是毛泽东思想的出发点、根本点”。

邓小平在这个讲话中，还特别引用了毛泽东《人的正确思想是从哪里来的?》一文，指出，人的正确思想，只能从社会实践中来，而由社会实践中产生的思想，包括理论、政策、计划、办法，等等，是否正确反映了客观外界的规律，还是没有得到证明，还不能确定是否正确，只有放到社会实践中去，经过实践的考验，才能证明它究竟是正确的还是错误的。此外，再无检验真理的办法。这段话，明确肯定了《实践是检验真理的唯一标准》一文的观点。针对思想领域存在的认识混乱和僵化状况，邓小平号召全党：“我们一定要肃清林彪、‘四人帮’的流毒，拨乱反正，打破精神枷锁，使我们的思想来个大解放，这确实是一个十分严重的任务。”[1]

邓小平的讲话，新华社当天就作了报道。6 月 3 日，《人民

① 邓小平：《在全军政治工作会议上的讲话》，《邓小平文选》第二卷，人民出版社 1994 年版，第 114～119 页。

日报》《解放军报》和首都其他主要报纸，以及各地方的报纸都在头版头条位置作了报道，通栏标题是：“邓副主席精辟阐述毛主席实事求是光辉思想。”6月6日，《人民日报》《解放军报》全文（略有删节）发表了邓小平的讲话。6月30日，中共中央又以“中发（1978）38号”文件的形式，将华国锋、叶剑英、邓小平在全军政治工作会议上讲话的全文正式发出，地方传达到县级党员干部，军队传达到全体干部。

这篇讲话，特别是关于解放思想的号召，使那些思想仍处于僵化状态的同志受到震动，也使要求解放思想、坚持实践标准的同志受到鼓舞，消除了顾虑，从而有力地支持和推动了真理标准问题的讨论。一些报刊继续组织讨论文章。一些单位开始筹备关于真理标准问题的讨论会。

面对真理标准讨论这种迅速发展的势头，“两个凡是”论的推行者并不甘心就此退让，他们在继续施加压力，企图阻挠讨论的扩大和深入。

邓小平在全军政治工作会议上的讲话刚刚传达之际，6月15日，中央主管宣传工作的领导同志就召集中央宣传部和中央直属各新闻单位，即新华社、《人民日报》《光明日报》《红旗》杂志等单位的负责人开会，对《实践是检验真理的唯一标准》一文和其他几篇文章再次进行指责，严厉批评发表这些文章的报刊“把关不够好，把得不严，把得不紧”。“不能因为在‘文化大革命’中受了冲击，就把‘文化大革命’说得一钱不值。最坏的是把矛头对准毛主席”。他还再次强调5月18日他对《红旗》杂志负责人谈话中批评《实》文时说过的话：“党性不强，接受教训，下不为例”，“党报要有党性”。对“特约评论员”、对胡耀邦则几次点名批评。他说，还有一些特约评论员，写的东西不好，有问题。好像有股气，要出气。特约评论员文章可要注意，有那么几篇不是那么恰当。不要图一时好过。这些文章不经过宣传部，打着特约评论员的名义在报上那样搞，要注意。

在这种形势下，中央党校理论研究室的同志根据胡耀邦的意见，为回答《实践是检验真理的唯一标准》一文所遇到的责难和引起的争论而写的另一篇重要文章，显然也难于继续在《理论动态》或《人民日报》《光明日报》上发表了。

关键时刻，又一位老同志——“文化大革命”中因长期遭受迫害而腿部留下残疾的、当时担任中央军委秘书长的罗瑞卿挺身而出，对胡耀邦组织撰写的这篇文章给予了有力的支持和精心的指导。在这篇文章的修改、定稿过程中，他先后与胡耀邦至少通过 6 次电话，与当时准备发表这篇文章的《解放军报》的总编、副总编通过 5 次电话。他还“先后细看了 3 遍”文章的修改稿，亲自查阅有关著作，并提出了许多重要的、具体的修改意见。例如，他要求在文章中“要引用毛主席一贯讲的有关思想观点，如《实践论》《反对本本主义》《人的正确思想是从哪里来的?》等”。“要引用小平同志在全军政治工作会议上的讲话以及其他讲话”。[1] 不仅如此，他还反复叮嘱《解放军报》和中央党校的同志要共同将文章修改得无懈可击；甚至

① 沈宝祥：《真理标准问题讨论始末》，中国青年出版社 1997 年版，第 141 页。

连什么时候刊登、版面如何安排、校对要仔细等问题，他也都一一亲自过问。

文章基本定稿之后，罗瑞卿又第三次进行审改，并打电话给即将出访的《解放军报》社长华楠，表示："发表这篇文章可能有人反对，准备驳。不要紧，出了问题首先由我负责。要打板子打我的。"[①] 文章发表后，7 月 15 日，在去联邦德国做腿部手术临上飞机前，他还对前去送行的《解放军报》负责人说："那篇文章，可能有人反对，我负责，打板子找我。"[②]

6 月 24 日，《解放军报》以特约评论员的名义在头版头条发表了这篇题为《马克思主义的一个最基本的原则》的文章，《人民日报》《光明日报》同日全文转载，新华社向全国转发，中央和地方的报纸广泛转载。这是继 5 月 11 日公开发表《实践是检验真理的唯一标准》一文以来的又一篇重头文章，可以说是《实》文的姊妹篇。这篇长达万余字的文章，以较大的篇幅和较为充分的论据，回答了一些人对"实践标准"的责难和怀疑，进一步阐明了理论与实践的关系，特别是理论要接受实践检验的道理，以及对待马列主义、毛泽东思想的正确态度。

文章首先指出，理论与实践的统一，是马克思主义的一个最基本的原则。林彪、"四人帮"根本颠倒了理论与实践的关系，从根本上毁坏了毛泽东思想，由此产生出一系列的混乱。因此，思想上的拨乱反正，正本清源，澄清是非，不能不从这里开始。文章明确指出：马列主义、毛泽东思想本身要由实践

---

① 解放军总参谋部编写组：《罗瑞卿传》，当代中国出版社 1996 年版，第 610 页。

② 姚远方：《与胡福明教授共忆真理标准的讨论》，《解放军报》1988 年 6 月 7 日。

来检验，其正确性要由实践来证明。思想不能证明自身。理论是实践的指南和实践是检验真理的标准，这是两个不同的问题，不能相互混淆。林彪、“四人帮”的唯心论和形而上学，非常突出地表现在他们的真理观上。长期以来，他们把真理说成是依人们的主观思想为转移的东西；把理论本身或权威人士的言论和看法，或文件上写了的，作为判断真理的标准，而独独讳言客观实践。其为害之烈，情节之恶劣，几乎每个人都有切身的感受。

同《实践是检验真理的唯一标准》一文相比，这篇文章的针对性更强，观点更鲜明，说理也更充分。正因为如此，它的发表有力地推动了真理标准问题讨论的深入开展。

与此相对，邓小平、叶剑英、李先念、陈云、胡耀邦等多数同志则积极推动和支持了真理标准问题的讨论。

邓小平在不同场合多次发表谈话，批评“两个凡是”的错误，明确地肯定和支持了真理标准问题的讨论。

7 月 21 日，他找那位中央宣传部部长谈话，向他介绍了围绕实践是检验真理的唯一标准问题争论的经过，并给他打招呼，要他支持真理标准问题的讨论，要求他“不要再下禁令，设禁区了，不要再把刚刚开始的生动活泼的政治局面向后拉”。这是邓小平支持真理标准问题讨论的又一个重要行动。

7 月 22 日，邓小平在同胡耀邦谈话时说：原来没有注意这篇文章（指《实践是检验真理的唯一标准》——引者注），后来听说有不同意见，就看了一下，这篇文章是马克思主义的。争论不可避免，争得好，根源就是“两个凡是”。

对中央党校《理论动态》在讨论中的作用，邓小平给予了充分的肯定，他说，你们《理论动态》，班子很不错啊！你们的一些同志很读了些书啊！不要搞散了，这是个好班子。就在这次谈话中，邓小平还对胡耀邦说，我那个准确的完整的话怎么出来的。本来我想不起这个话，我就是根据“两个凡是”，要完整准确。邓小平的这次谈话，对真理标准问题的讨论是个非常明确和有力的支持，对坚持实事求是、坚持实践是检验真理唯一标准的同志，起了巨大的鼓舞作用，使大家感到这场斗争的局面更明朗了。用胡耀邦的话来说，就是“可以大胆些了”。[①]

8 月 19 日，邓小平在同文化部负责人谈话时，又一次谈到真理标准问题，他说：《实践是检验真理的唯一标准》，这篇文章是马克思主义的，是驳不倒的，我是同意这篇文章的观点的，实际上是强调实事求是，一切从实际出发，理论联系实际。我在全军政治工作会议上讲了，同意这个文章的观点。但有人反对，说是反毛主席的，帽子可大啦。我说过要准确地完整地掌握毛泽东思想体系，有人反对。问题是从“两个凡是”来的。

9 月，邓小平在访朝归来视察东北三省时，沿途发表讲话，重点是讲思想路线问题，也就是讲“两个凡是”和真理标准问题的讨论。邓小平在东北视察期间的这些讲话（下文将专门论及），对于推动真理标准问题讨论的深入进行，特别是促使各地党政军领导干部积极参与和支持这一讨论，起到了至关重要的作用。

① 沈宝祥：《真理标准问题讨论始末》，中国青年出版社 1997 年版，第 127～129 页。

与此同时，其他一些老同志也对真理标准讨论表示了支持。在这一年7月的中央政治局常委会讲到开展真理标准问题讨论时，叶剑英旗帜鲜明地支持邓小平的主张，反对华国锋的意见，批评当时中央宣传部负责人的做法，表示“我不主张对讨论采取压制态度。对待毛泽东思想，不能采取教条主义态度”。[①] 后来，他又提出建议，由中央召开一次理论务虚会，把不同意见摆出来，在充分发扬民主的基础上，统一认识，把这个问题好好解决一下。根据他的这一建议，党的十一届三中全会召开后不久，1979年年初，中央即召开了理论务虚会，进一步扩大了真理标准问题讨论的成果，比较好地统一了全党在这个问题上的认识。

1978年9月9日，李先念在讨论经济问题的国务院务虚会上发表讲话时，也对真理标准问题的讨论表示了自己的态度。他说：实践是检验真理的唯一标准。凡是经过长期社会实践证明是符合客观规律、符合大多数人利益的事，就坚决地办、坚持到底。我们的一切政策、计划、措施是否正确，都要以能否为人民群众谋利益作为标准来检验。

8月，为纪念毛泽东诞辰85周年，《红旗》杂志约请谭震林写一篇回忆毛泽东领导井冈山斗争的文章。谭震林是亲身参加过井冈山斗争的老同志，当时他是全国人大常委会副委员长。他在接受约稿时就说，要我写，我就要写实践是检验真理的唯一标准，说明毛泽东思想是从实践中来，又经过革命实践

① 于光远等：《改变中国命运的41天——中央工作会议亲历记》，海天出版社1998年版，第28页。

检验的科学真理。

文章初稿写成后，编辑部负责人感到文章锋芒太尖锐，讲了实践是检验真理的唯一标准，与华国锋、汪东兴给《红旗》定下的“不卷入”“不表态”的方针相抵触，要求删掉有关真理标准问题的内容。谭震林听后坚决表示：文章中的材料可以动，文字可以改，观点不能动。这篇文章我想了两个月，也提出了“两个凡是”：凡是实践证明是正确的，就要敢于坚持；凡是实践证明是错误的，就要敢于纠正。我的这“两个凡是”，就是针对那“两个凡是”的。他还请来约稿的同志转告《红旗》杂志的负责人，这样做丢不了党籍，住不了牛棚。有谁来辩论，找我好了。

然而，《红旗》杂志还是不敢登。只好于11月16日将文章送中央政治局常委审定。这时候，真理标准问题的讨论正在全国各地如火如荼地进行着。各省、自治区、直辖市，各大军区、各军兵种、军委各直属单位的负责人，已相继发表讲话或撰写文章，公开表明支持关于真理标准问题讨论的立场和态度，只有《红旗》杂志还在固守着“不卷入”“不表态”的错误方针。

看到谭震林的文章后，邓小平批示：我看这篇文章好，至少没有错误。如《红旗》不愿登，可转《人民日报》登。为什么《红旗》不卷入？应该卷入。可以发表不同观点的文章。看来不卷入的本身，可能就是卷入。李先念也作了批示：我看了这篇文章，谭震林讲的是历史事实，应该登，不登，《红旗》

太被动了，《红旗》已经很被动了。[1] 就这样几经周折，谭震林的这篇题为《井冈山斗争的实践与毛泽东思想的发展》一文，在当年第12期《红旗》杂志上发表了。文章开门见山就谈实践标准问题：

> 以实践作为检验真理的标准呢，还是以思想、意识等精神方面的东西作为检验真理的标准呢？这是马克思主义辩证唯物主义同形形色色的唯心主义、形而上学之间的一条分界线，也是是否真正高举毛泽东思想旗帜的根本标志。毛主席在《实践论》中指出："真理的标准只能是社会的实践。"强调理论对实践的依赖关系，源于实践，指导实践，又在实践的检验中不断地丰富和发展，这个毛泽东思想的鲜明特点，在井冈山的斗争中，给我的感受是很深的。

这篇文章的发表，打破了《红旗》杂志在真理标准讨论中一直保持的所谓"沉默"，同时也为《红旗》在这场大讨论的最紧要关头挽回了一点影响。

值得一提的是，1978年8月3日和18日，胡耀邦连续两次把中央党校理论动态组的同志叫到他家里开会，提出现在需要进一步解决的，不仅是真理需要经受实践检验，而且一切都需要经受实践检验；这也是对当前存在的混乱思想、糊涂观念的拨乱反正。他还提出，要再写篇文章，把真理问题加以扩

① 《谭震林传》，浙江人民出版社1992年版，第381～382页。

展，引导广大干部在自己的实际工作中自觉坚持实践标准，坚持马克思主义的思想路线；要克服有些实际工作者思想薄弱、眼界狭窄，认为真理标准只是理论问题，与己无关的错误认识，使拨乱反正不仅在思想路线上展开，而且在政治路线、组织路线上展开，进而深入到各条战线的实际工作中去。根据胡耀邦的意见，理论动态组的同志加班加点，突击写作，并由该组的王聚武执笔，写出了真理标准讨论中的又一篇重要文章《一切主观世界的东西都要接受实践的检验》。先在《理论动态》刊载，接着以特约评论员名义在 9 月 25 日的《人民日报》公开发表。文章对“两个凡是”的特点作了生动的概括：“过去的一切不许动，今后的一切都照搬。”[①]

四、思想解放的潮流开始形成

◎理论界、科技界、新闻界都积极行动起来了

◎周扬率先提出了真理标准问题讨论的重大政治意义

◎各地纷纷召开理论会，形成了思想解放的潮流

◎各地党、政、军主要负责人纷纷表态

◎各大报刊不同寻常的报道，使人感到一个历史性的巨变正在酝酿之中

正当邓小平等老一辈革命家为推动真理标准问题讨论的开

① 王聚武：《拨乱反正是学习马克思主义的大学校》，载《中国党政干部论坛》，1998 年 5 期。

展而大声疾呼、奋力斗争之时，我国理论界、科技界、新闻界，以及地方党、政、军领导机关和领导干部等，也积极行动起来，加入了大讨论的行列。他们顶住了来自“两个凡是”的巨大压力，不但继续发表讲话和文章，而且还组织了多次全国性的理论讨论会，把已经开始的这场讨论逐步推向了高潮。

6 月 16 日，《人民日报》冲破禁令，发表了中国社会科学院哲学研究所邢贲思的文章《关于真理标准问题》。这篇文章是在《实》文发表之前，应《人民日报》之约而写作的，目的是为了回答 3 月 26 日《人民日报》发表《标准只有一个》一文后的读者来信。但是，在《实》文之后，再发表这篇文章，意义已大不一样。这篇文章针对在真理标准问题上的一些错误认识，例如，认为实践和马克思主义都是检验真理的标准等，着重于从理论上论述了为什么说只有实践才是检验真理的唯一标准。文章指出，那种认为实践和马克思主义都是检验真理标准的观点，违反了辩证唯物主义的一元论，会造成理论上的混乱；马克思主义是真理，但是如同任何真理不能证明自己一样，马克思主义也不能自己证明自己，它本身需要由实践来证明；同时，马克思主义也不能作为检验别的真理的标准。这篇文章从理论上对实践标准问题作了进一步的论述，回答了在这个问题上的一些模糊认识。它的发表，对《实》文是一个有力的支持和呼应。真理标准讨论很快就在理论界，特别是在哲学界，得到了广泛的响应。

6 月 20 日、21 日，中国社会科学院哲学研究所的《哲学研究》编辑部，邀请北京地区部分哲学工作者和一些部门做实际工作的同志，召开了真理标准问题座谈会。这是首都理论界召开的第一个真理标准问题座谈会。首都理论界、新闻界、科技界及国家有关部委、军队的60多位同志参加了座谈。与会同志都指出，检验真理的标准只能是社会实践。实践标准、实践第一的观点，是辩证唯物主义的认识论的基本观点。坚持实践的观点，就是坚持马克思主义的思想路线；背离实践观点，就是背离马克思主义的思想路线。

实践是检验真理的标准，在自然科学领域本来并不成为问题。但是，当这场大讨论开始后，自然科学家们还是感受到了它的不同寻常，并旗帜鲜明地投入到讨论中。早在5月中旬，《实》文刚刚见报不久，国家科委、中国科学院、中国科协党组，就在方毅主持下召开了联席会议，讨论《实》文等有关文章，并作出决定，支持这场讨论。

7月5日和10日，中国科学院理论组和中国自然辩证法研究会在北京组织了“理论与实践关系讨论会”，300多位从事自然科学和社会科学的学者参加了讨论会。一些著名科学家和社会科学工作者在会上发言。与会者用自然科学史上的大量事例说明了理论首先应该来源于实践，而后才能指导实践，并需要在实践中不断接受检验的道理。学者们纷纷表示，“在这个历史转折的重要时刻，迫切需要开展一个马克思主义的思想解放运动”。自然科学工作者要全力支持在这个既是常识性、又是关键性的问题上正本清源、拨乱反正。自然科学家参加和支持这样的讨论，起到不可代替的特殊作用。《人民日报》《光明日报》于7月10日，对这个会议作了报道。

7 月 17 日至 24 日，中国社会科学院哲学研究所和《哲学研究》编辑部，联合召开了全国性的讨论会。会议邀请了中央和国家机关、军队，以及全国 29 个省、自治区、直辖市的党校、大专院校、科研部门、新闻出版单位的部分理论工作者和实际工作者共 160 余人，再次举行理论和实践关系问题讨论会。中国社会科学院副院长邓力群、中国社会科学院顾问周扬分别参加了讨论会的开幕式和闭幕式，并发表了讲话。《哲学研究》杂志 1978 年第 8 期，对这次讨论会作了较全面的报道。

与会者联系实际，就真理标准问题及讨论这一问题的重要意义进行了热烈的讨论。大家一致认为，真理标准问题，不但具有重要理论意义，尤其具有重大的现实意义。只有解决了这个基本的理论问题，发挥理论的指导作用，我们的党和国家才能彻底清除林彪、“四人帮”的恶劣影响，顺利解决“文化大革命”所造成的大量积重难返的现实问题。会议还强调，科学是没有禁区的。如果给科学设置禁区，那就是扼杀科学，就是阻碍人类从必然王国向自由王国的飞跃。提倡科学无禁区，不会否定或削弱党对科学事业的领导，相反，正是体现了党对科学事业的正确领导。

值得一提的是，在这次讨论会的闭幕会上，周扬发表了讲话。他在讲话中，第一次明确提出了真理标准问题讨论的重大意义和性质，指出这个问题的讨论，不仅是一个理论问题，而且是一个关系到党的思想路线、政治路线，关系到党和国家前途命运的重大政治问题。因为，离开了实事求是，离开了理论和实践的统一，离开了千百万人民群众革命实践的检验，就是离开了辩证唯物主义的认识论，离开了马克思主义和毛泽东思想的轨道。他认为，现在这个常识问题之所以成了问题，就是有人不承认实践是检验真理的唯一标准。①

周扬关于真理标准问题的讨论是一个关系到党和国家前途命运的政治问题的判断，在当时，是有争议的，有一些人不赞同；但这个说法得到了大多数人的认同。以后，在讨论中，以及在各地领导干部的表态讲话中，大家都这么说。

几个月后，邓小平在《解放思想，实事求是，团结一致向前看》这篇实际上成为十一届三中全会主题报告的讲话中，对真理标准问题讨论，是个思想路线问题、政治问题、关系到党和国家的前途和命运问题的论点，给予了充分肯定和支持。②

在将近20年后，有学者在评价周扬时，谈到了这一段往事："如此深刻地评价真理标准讨论和思想解放运动的意义，一定是周扬深刻思考历史教训，包括17年的文艺运动和理论工作的历史教训的结果。"③

这次全国性的讨论会，在社会上产生了很大的影响，是整个真理标准问题讨论过程中的高潮之一，它对这场讨论在全国范围更为广泛地展开，起到了重要的推动作用。

除此之外，在当时，各地也纷纷召开各种理论讨论会，各新闻媒介对这些会议进行了大量、及时的报道，各地报刊都组织了大量有关实践是检验真理唯一标准的理论文章，从而在全

① 有关会议情况参见《哲学研究》1978年第8期。
② 《邓小平文选》第二卷，人民出版社1994年版，第143页。
③ 龚育之：《几番风雨忆周扬》，载《百年潮》1997年第3期。

国形成了一股强大的思想解放的潮流。

《人民日报》《光明日报》《解放军报》等在真理标准问题的讨论中，发挥着先锋和引导的作用。在讨论中，这些报刊不仅发表了大量的文章，而且能够根据讨论开展的情况及出现的主要思想、理论问题，及时给予积极的、有说服力的分析和回答。

据不完全统计，1978 年的下半年，全国从中央到地方，围绕真理标准问题召开的理论讨论会、座谈会，共有 70 多个，除中央单位外，包括了湖北、浙江、黑龙江、广东、四川、青海、辽宁、云南、河南、吉林、安徽、山西、江苏、上海、福建、西藏、陕西、北京、山东、江西、甘肃、天津、内蒙古，共 23 个省、自治区、直辖市。这些座谈会、讨论会以理论界为主，涉及各个方面。① 同一时期，中央及省级报刊刊载的关于真理标准问题讨论的专题文章就有 650 篇。

这样一种讨论的规模和热烈的程度，确是前所未有的。由于各方面力量的加入，真理标准问题的讨论，很快就形成了以理论界为主力，波及全国、影响各界、人人关注的讨论热潮。一个思想解放的潮流开始形成了。

在这场关系党和国家前途命运的大讨论中，尤为引人注目的是一大批党政军负责人的支持和参与。从 1978 年的下半年起，特别是 9 月邓小平在东北发表重要谈话后，全国绝大多数省、自治区、直辖市的党政领导人和各大军区的军政负责人，先后发表讲话或撰写文章，公开支持实践是检验真理的唯一标

① 沈宝祥：《真理标准问题讨论始末》，中国青年出版社 1997 年版，第 173 页、517 页。

准的观点，高度评价这场讨论的理论意义和现实政治意义。在党和共和国的历史上，省、自治区、直辖市及大军区的党政领导机关及其主要负责人，对一个理论问题的讨论如此关注，纷纷表态，并见诸报端，是前所未有的。这就说明，真理标准问题的讨论不仅仅是一个理论问题，它确实也是全党全军和全国人民关心的重大现实政治问题。

杨易辰是带头公开表态支持真理标准讨论的地方党政领导人之一，他当时的职务是中共黑龙江省委第一书记。1978 年 8 月 4 日《人民日报》在头版头条以“黑龙江省委召开常委扩大会议联系实际敞开思想畅所欲言”，“讨论真理标准和民主集中制问题”的醒目标题，报道了这个省的情况。

实际上，在新华社公开报道之前，1978 年 7 月 22 日出刊的《内部参考》，已经将黑龙江省委扩大会议的情况刊登出来了，而且内容比公开报道的要多，也更加放得开，问题也提得更尖锐，已经触及到对“文化大革命”的根本评价和对毛泽东晚年错误的评价。

新华社的公开报道说，参加会议的同志经过讨论，思想上得到了很大的提高，有了三点重要的体会：一是坚持实践是检验真理的唯一标准，就可以辨别真伪，分清是非，找出林彪、“四人帮”对马列主义、毛泽东思想的篡改、歪曲和伪造，完整地准确地掌握毛主席的思想体系；二是坚持实践是检验真理的唯一标准，不仅不会贬低毛主席和毛泽东思想，而恰恰是继承毛主席的革命精神，捍卫毛泽东思想，使毛主席的伟大旗帜在中国高高飘扬；三是坚持真理是在实践中发展的，面对新时期、新情况、新问题，我们只有坚持实践第一的观点，在实践中检验真理、发展真理，才能使马列主义、毛泽东思想永葆革命之青春。

其实，在各地方党政军领导人中，第一个公开讲到真理标准问题的，应是时任中共甘肃省委第一书记的宋平。只不过当时只是《光明日报》和《甘肃日报》作了报道，新华社没有向国内外发通稿，《人民日报》也未作报道，因而没有更多地引起社会各界的注意。等到11月5日新华社和11月10日《人民日报》公开报道甘肃的讨论时，已经在各地方领导人的表态中排在了第20位。

还在1978年6月，宋平在甘肃省委召开的全省理论工作座谈会上的讲话中，就明确讲到了真理标准问题。他说："我们进入了新的时期，有许多新的事物、新的课题，需要我们遵照马列主义的基本原则，学习和运用马列主义的立场、观点和方法去研究，去解决。特别是在社会经济生活中提出了很多的问题需要我们去研究，去解决。""学习马列著作和毛主席著作，不能限于单纯的引证，更重要的是要在完整地、准确地理解马列主义、毛泽东思想体系上去下功夫。"因此，"对于重大的理论问题，要敢于研究，在马列主义、毛泽东思想的基础上，敢于提出自己的见解。要有勇气，敢于探索，要破除清规戒律，做思想上的前卫战士，不要这个是禁区，那个也是禁区，不敢去研究"。他明确指出："路线是非是可知的。实践是检验真理的唯一标准。有些问题已经有了实践，有些问题还有待继续实践，真正通过实践有把握了，心里也就踏实了。”[①]

几乎与黑龙江省委同时表明态度的还有辽宁省委。中共辽宁省委书记任仲夷，在辽宁省委主办的《理论与实践》杂志1978年第8、9期的合刊上（9月12日出刊），发表了题为《理论上根本的拨乱反正》一文，9月20日的《人民日报》全文予以转载。任仲夷的文章指出，中央报刊大力宣传实践是检验真理的唯一标准，这是理论上最根本的拨乱反正。文章认为，实事求是这个问题，确实太重要了；支持实事求是，必须承认实践高于认识，实践是检验真理的唯一标准。强调实践是检验真理的唯一标准，这不是贬低马列主义、毛泽东思想，正是捍卫了马列主义、毛泽东思想的根本观点。

继黑龙江、甘肃、辽宁等省委之后，从这一年的8月起，各省、自治区、直辖市党委的主要领导人，都纷纷公开表态，支持实践是检验真理的唯一标准问题的讨论，强调坚持实践第一的观点，不赞成“两个凡是”。这些表态都由新华社和《人民日报》公开发表了。中央和国家机关各部、委、办的主要领导同志，也大都表示支持真理标准问题的讨论，只是没有一一公开报道。

与此同时，人民解放军各大军区、各大单位的负责人也纷纷公开表态，支持实践是检验真理的唯一标准的大讨论，强调坚持实践第一的观点。据《解放军报》报道，第一个公开表态支持这一讨论的是当时的沈阳军区司令员李德生。从10月到

① 见《光明日报》1978年6月28日。

11月，全军11个大军区、5个兵种和3个军委直属大单位的主要负责人都已公开表示了自己的态度。除《解放军报》作了报道外，新华社和《人民日报》也都作了公开报道。这就表明，在党和国家政治生活中具有重要影响的军队高级领导干部，也完全拥护实践标准，大都与“两个凡是”划清了界限。

事实上，对这些党政军负责同志来说，对真理标准问题的态度，不仅仅是对一个理论问题的看法，而是对一个重大的政治原则问题的表态。他们的积极参与和支持，不仅壮大了讨论的声势，扩大了讨论的影响，加速了人们的思想解放，而且在政治上对坚持拨乱反正的人是强有力的支持。同时，对于坚持“两个凡是”的人来说，这是一种明确的、严重的信号，表明他们搞的那一套正在日益失去人心，这就大大削弱了“两个凡是”论者的力量和影响，从而使政治力量对比的天平，倒向了坚持实践标准的广大党员干部和群众的一边。

在当代中国历史上，1978年是不寻常的一年，1978年的秋季是个更加不寻常的季节。在这个金秋季节里，中国政治形势的一个最明显的特点，就是各地方和军队的主要领导人，纷纷对一个本来应当是理论问题的大讨论作政治上表态。这些表态又都由中国最权威的通讯社和各主要报刊，作为最重要的新闻发出，并且在最显著的位置刊登，其影响之大，足以让国内外的人们感受到：一个历史性的巨变正在酝酿着，并即将来临。

然而，事情并没有就此了结。面对这样一种大势所趋的历史潮流，党中央的个别领导人并没有完全放弃“两个凡是”的主张。作为这场讨论的最后一个回合，从而使其结局最终明朗化的，是发生在不久之后的中央工作会议上的一场斗争，以及随后举行的具有历史转折意义的党的十一届三中全会。

党的十一届三中全会对历时半年多的真理标准问题的讨论，给予了充分的肯定和高度的评价，推倒了“两个凡是”，确立了党的实事求是的思想路线。但是，这还不能说思想路线问题已经完全解决。正如邓小平在中央工作会议上的讲话中所说的那样，在干部特别是领导干部中，思想僵化半僵化的状态依然存在，解放思想的问题并没有完全解决。那么，怎样打破这种僵化半僵化的状态？还是要进一步开展真理标准问题的讨论。这就有了三中全会后真理标准问题讨论的“补课”。这是更大规模的、普及到各条战线、各个单位的真理标准问题大讨论。

这个规模和声势更大、范围更广的真理标准问题大讨论，从党的十一届三中全会后即开始进行，直到 1981 年 6 月党的十一届六中全会作出《关于建国以来党的若干历史问题的决议》，从而基本完成指导思想上的拨乱反正，前后进行了两年多的时间才宣告结束。作为当代中国历史上的一个大事件，真理标准问题的大讨论，对中国社会的发展所产生的影响是巨大而深远的，“这场讨论，冲破了‘两个凡是’的严重束缚，推动了全国性的马克思主义思想解放运动，为具有划时代意义的党的十一届三中全会作了重要的思想准备，在党和国家的历史进程中产生了重大而深远的影响”①。

① 胡锦涛：《在纪念真理标准讨论 20 周年座谈会上的讲话》，《人民日报》1998 年 5 月 11 日。

第四章

探索强国之路

伟大转折——1978 年的中国

一、走出国门看世界

◎进入 1978 年，我国的对外交往开始活跃

◎国家领导人纷纷出访

◎邓小平访问日本，给人留下深刻印象

◎中国与世界先进水平的差距使国人震惊

◎国门刚开，就展示了中国市场的巨大潜力与诱人魅力

进入 1978 年后，我国明显改变了“文化大革命”期间的对外封闭或半封闭状态，对外交往开始活跃起来。不但多次邀请外国首脑来中国访问，而且中国领导人也纷纷出国访问。这一年，仅副总理和副委员长以上的领导人，就有 13 位先后 21 次出访，访问的国家达 51 个。这当中包括：华国锋对朝鲜、罗马尼亚、南斯拉夫和伊朗等国的访问；李先念对菲律宾、孟加拉国的访问；邓颖超对缅甸、柬埔寨等国的访问；邓小平对缅甸、尼泊尔、朝鲜、日本、泰国、马来西亚、新加坡等国的访问；还有谷牧、方毅、王震等一批领导同志对西欧国家的访问……如此频繁、广泛的出访，不但在“文化大革命”中，就是在“文化大革命”前也没有过。这不仅引起了中国人民的关注，而且也使世界各国感到：结束了“文化大革命”的中国正在开始以新的姿态向世界走来。

这其中，最令世人耳目一新的，是邓小平这年 10 月对日本为期 8 天的访问。

这也是中国主要领导人第一次访问日本。访问期间，邓小平不仅代表中国政府出席了《中日和平友好条约》互换批准书的仪式，解决了拖延三年多的外交悬案；广泛会见了日本朝野人士，推进了两国友好关系，而且，还利用一切场合，向日本各界反复介绍了中国的内外政策。这就是：在国际上，坚持反对霸权，维护世界和平；愿在和平共处五项原则基础上同各国友好相处，进行经济技术合作；在国内，巩固安定团结的局面，加快中国现代化建设的步伐，从而展示了中国的新形象。

给人印象最深的，还是邓小平对日本现代化企业、高科技设施的关注和对中国现代化建设的推动。

在乘坐新干线高速列车时，他向人谈了这样的感受：就感觉到快，有催人跑的意思。紧接着又说：我们现在正合适坐这样的车。

在参观君津制铁所时，他详细认真地了解了这座现代化炼钢厂的情况，然后向接待他的享有“日本钢铁帝王”之称的稻山嘉宽先生和日本贸促会的斋藤英四郎先生询问：“能不能帮我们搞个比这还好的钢铁厂？”“每吨钢需要投资多少？”他的热心给日本朋友留下了深刻印象，后来稻山嘉宽先生回忆道：邓小平身材不高，可是精力过人，对中国的建设竭尽全力。① 正是他的这次参观，进一步促成了上海宝山钢铁厂成套设备的引进。

在神奈川县参观日产汽车制造厂时，邓小平看到：在车体工厂，48 个机器人依次焊接车体，自动化程度高达 96%；在

① 稻山嘉宽：《谁知我心》，国际文化出版公司 1988 年版，第 56 页。

组装厂，传送带以每分钟 2.1 米的速度运行着，汽车产量和劳动生产率比当时中国的长春第一汽车制造厂高几十倍。看到这种巨大的差距，他十分感慨地说：我懂得什么是现代化了。同时还再次表示：欢迎工业发达的国家，特别是日本产业界的朋友们与中国的现代化进行合作。

在日本众参两院议长举行的欢迎宴会上，邓小平这样说，日本早有蓬莱国之称，听说有长生不老药，这次访问，也是为了得到它。或许没有长生不老药，但是我想把日本发展科学技术的先进经验作为礼物带回去。

他还在记者招待会上强调，目前，我国人民正在执行新时期的总任务，决心在本世纪内把我国建设成为社会主义的现代化强国。我们的任务是艰巨的，我们首先要靠自己的努力，同时我们也要学习和借鉴外国的管理经验和先进技术。中日双方在经济方面合作的余地很大。我们向日本学习的地方很多，也会借助于日本的科学技术甚至于资金。

这次访问刚结束，11 月 5 日至 14 日，邓小平又连续访问了泰国、马来西亚、新加坡三国。所到之处，除了反复阐明中国的内外政策，加深同这些国家的相互了解和友好关系外，使人印象深刻的，仍是他对于世界经济发展最新动态的关注。14 日，他在接见中国驻新加坡机构主要负责人时说：大家要开动脑筋，有的人总认为自己好。要比就要跟国际上比，不要与国内的比。政治要落实到业务，这是检验政治好不好的重要标准。工厂办得好不好，要看它管理好不好，质量、技术好不好。

这一年，也是邓小平出访最多的一年。

除此之外，值得一提的还有国务院副总理谷牧率领的中国政府代表团对西欧五国的访问。这是新中国成立以后，首次向发达资本主义国家派出的国家级政府经济代表团。代表团成员中除国家部委的有关人员外，还有北京、广东、广西、山东等一些省市的负责同志，共 20 多人。邓小平对这次访问十分重视，代表团出发前，他特地嘱咐：要广泛接触，详细调查，深入研究些问题。好的也看，坏的也看，看看人家的现代工业发展到什么水平了，也看看他们的经济工作是怎么管理的，资本主义的先进的经验、好的经验，我们应当把它学回来。①

遵照邓小平的嘱咐，从 1978 年 5 月 2 日到 6 月 6 日，谷牧率领的政府代表团在对法国、联邦德国、瑞士、丹麦、比利时五个国家进行访问期间，共访问和考察了 15 个城市，除了跟政府首脑、官员会谈，听取情况介绍外，还会见了不少政界人士和经济、企业界人士，参观了许多工厂、农场、港口码头、市场、学校、科研单位和居民区。比利时的大港口、法国的核电站，还有马赛、汉堡这些著名城市都参观了。一路走，一路观察，一路思考，收集了大量的资料和信息，开阔了视野，增长了见识。他们看到：联邦德国州一级的权利很大，一个州的财政收入有 100 亿马克，相当于 80 亿元人民币。而我国广东省的人口比联邦德国多，财政收入当时只有 30 多个亿，还全部要上交，地方不能开支。

① 大型电视文献纪录片《邓小平》（解说词），中央文献出版社 1997 年版，第 191 页。

这次访问，是对资本主义经济的一次实地考察。通过实地考察，大家发现，资本主义并不像我们所讲的那样腐朽、没落和绝对贫困，而且的确有许多好的经验。世界的确大变样了。

此外，这年8月华国锋对罗马尼亚、南斯拉夫等国的访问中，也使人们看到引进国外资金和技术设备发展本国经济的成效，并感受到当时已在东欧社会主义国家涌动多年的改革潮流。

上述重大外交活动不仅改善了我国同受访国家，特别是一些资本主义国家的外交关系，推动了国际反霸斗争，维护了世界和平。更重要的是，通过这些访问，中国共产党人对于国际形势的发展变化和世界经济的发展趋势有了比较直接和清楚的了解与认识。

这时国际形势的主要特点，仍是美苏两个超级大国争夺世界霸权，造成了国际紧张局势的不断加剧。战争的危险不但威胁着广大发展中国家，而且也威胁到一些资本主义发达国家。于是，这些国家都希望能够同中国友好，以便同超级大国抗衡、摆脱战争危险，因而也希望中国能够作为一个大国真正强大起来，成为保障世界和平的有利因素。所以，当中国政府代表团赴西欧考察时，这些国家的政府都表示出了不同寻常的热情，总统、总理、首相、议长都亲自出来接见，交谈中既流露出对战争危险的担心，也表达了对中国现代化建设的希望和支持。这年7月举行的西方七国首脑会议上，美国总统卡特表示：一个强大的安定的中国是世界和平的重要因素。这一年，中国同西方国家的关系，有了较大进展，除《中日和平友好条约》的签订外，中美两国建交谈判也取得了实质性进展，这年12月16日，中美两国政府终于宣布正式建立大使级外交关系。

另一方面，由于上世纪70年代经济危机的打击和新一轮技术革命的悄然兴起，资本主义国家普遍面临着调整产业结构，开辟、扩大市场，为其资金和大量技术、设备找出路，以摆脱经济萧条的课题。当时，资本主义国家的生产设备大量闲置，其中钢铁、造船等行业生产设备闲置达20%～30%，而由于经济危机的打击，世界市场又很不景气，世界贸易的增长率已从1975年的11.5%下降到1977年的6%（1978年又降为4%）。[①] 因此，当中国提出实现四个现代化的目标和任务后，资本主义国家纷纷看好中国这个大市场，表现出极大兴趣，愿同中国做生意，进行合作。这年2月，日本同中国签订了1978年至1985年8年间中日长期贸易协定，贸易额达200亿美元。4月，欧洲共同体和中国签订贸易协定，宣布向中国提供贸易最惠国待遇。9月，日本政府又向中国建议，将中日长期贸易协定的期限再延长5年，贸易额再扩大2倍，即由200亿美元扩大到600亿美元。

中国的大市场刚一打开大门，就展示了强大的吸引力和广阔前景。这更说明，国际形势正在为中国的现代化建设提供十分有利和难得的发展机遇。尽管战争危险严重存在，但由于超级大国自身所受的各种制约，世界大战并没有马上爆发的迹象。而且，由于摆脱经济危机的需要和科学技术的进步，世界

① 宦乡：《纵横世界》，世界知识出版社1984年版，第22页。

经济正酝酿着新一轮大发展。因此，利用相对和平的国际环境，抓紧时机进行经济建设，使自己发展强大起来，不仅有可能，而且十分必要。世界需要开放的中国，中国也需要向世界开放。

除了对国际形势的观察和分析，最使中国共产党人感到震惊的，是我国在经济和科学技术领域同世界发达国家间的巨大差距。还在 1978 年 3 月召开的全国科学大会上，有代表就谈到，目前世界经济的发展与科学技术关系更加密切，许多部门经济的发展主要依赖于科技的进步，我国经济落后的一个十分重要的原因就是科技落后。同世界先进水平相比，我国的科学技术在多数领域大约相差 15 年到 20 年，有些领域相差更多。因此，我们要想把经济搞上去，首先要老老实实地学习世界先进技术。如果闭目塞听，不了解科技发展动向、趋势和水平，赶超就无从谈起。

对这个问题谈得最多、最迫切的是邓小平。还在 1977 年 9 月，他在会见外宾时就指出：

60 年代我国的科学技术水平同世界水平差距不大，但世界科学技术在 60 年代末期 70 年代初期有个突飞猛进的发展。各个科学领域一日千里地发展，一年等于好几年，甚至可以说一天等于几年。一个新东西发明出来，可以带动其他方面走得很远。一个新粒子的发现，一种新的理论的出现，会发生深远的影响。而我国在这段时间里则落后了，1975 年我曾讲过，同日本相比我国落后了 50 年。[1]

在 1978 年的全国科学大会上，他又指出：

现代科学技术正在经历着一场伟大的革命。

近 30 年来，现代科学技术不只是在个别的科学理论上、个别的生产技术上获得了发展，也不只是有了一般意义上的进步和改革，而是几乎各门科学技术领域都发生了深刻的变化，出现了新的飞跃，产生了并且正在继续产生一系列新兴科学技术。现代科学为生产技术的进步开辟道路，决定它的发展方向。

当代的自然科学正以空前的规模和速度，应用于生产，使社会物质生产的各个领域面貌一新。特别是由于电子计算机、控制论和自动化技术的发展，正在迅速提高生产自动化的程度。同样数量的劳动力，在同样的劳动时间里，可以生产出比过去多几十倍几百倍的产品。社会生产力有这样巨大的发展，劳动生产率有这样大幅度的提高，靠的是什么？最主要的是靠科学的力量、技术的力量。[2]

而我们现在的生产技术水平是什么状况？邓小平接着说：

① 中共中央文献研究室编：《邓小平思想年谱（1975～1997）》，中央文献出版社 2011 年版，第 78 页。

② 《邓小平文选》第二卷，人民出版社 1994 年版，第 87 页。

几亿人口搞饭吃，粮食问题还没有真正过关。我们钢铁工业的劳动生产率只有国外先进水平的几十分之一。新兴工业的差距就更大了。在这方面不用说落后一二十年，即使落后八年十年，甚至三年五年，都是很大的差距。

在科学技术方面，我国古代曾经创造过辉煌的成就，四大发明对世界文明的进步起了伟大作用。但是我们祖先的成就，只能用来坚定我们赶超世界先进水平的信心，而不能用来安慰我们现实的落后。我们现在在科学技术方面的创造，同我们这样一个社会主义国家的地位是很不相称的。①

5月，邓小平在会见外宾时又指出：

世界上先进技术发展很快，发展速度不是用年来计算，而是用月、用日来计算的，叫作“日新月异”。我们就是实现了四个现代化，工农业产品的产量和国民收入按人口平均来算，还是比较低的。②

在工业方面，我们二十八年还是搞了些基础。但技术落后，管理水平低，就现有设备能力来说，由于技术水平和管理水平低，也没有发挥应有的作用。过去“四人帮”干扰，就是关起门来搞建设，连世界是个什么样子都不清楚。如果说60年代前半期我们同世界技术上的发展有些

① 《邓小平文选》第二卷，人民出版社1994年版，第90页。
② 《邓小平文选》第二卷，人民出版社1994年版，第112页。

差距，但不很大，那么近十多年则拉得很大。[①]

5月30日，邓小平在同胡乔木等人谈话时说："现在东方有四个小老虎：一个是南朝鲜，一个是台湾，一个是香港，一个是新加坡。它们的经济发展很快，对外贸易增长很快。它们都能把经济发展得那么快，我们难道就不能吗？我们的脑子里还都是些老东西，不会研究现在的问题，不从现在的实际出发来提出问题，解决问题。这样天天讲四个现代化，讲来讲去都会是空的。"[②]

我国政府代表团赴西欧考察后也发现：第二次世界大战后，资本主义国家把二次大战中一些高、精技术如电子计算机、核能等应用于和平建设，同时，总结了资本主义发展中的一些矛盾、弊端，借鉴了社会主义的一些好做法，如组织工人机构、吸收工人参加管理等，所以从50年代后期到70年代，资本主义有了一个大发展。尤其是科学技术日新月异，而我们已经落后很多。我们经济建设搞了近30年，比起外国许多国家，速度是太慢了。他们回国后专门向中央政治局作了汇报。这些汇报很快被整理成文件，由中央批转给各部门领导传阅。

这年9月，邓小平在访问朝鲜时又向金日成谈道："最近我们的同志出去看了一下，越看越感到我们落后。什么叫现代

① 中共中央文献研究室编：《邓小平思想年编（1975～1997）》，中央文献出版社2011年版，第131～132页。

② 中共中央文献研究室编：《邓小平思想年编（1975～1997）》，中央文献出版社2011年版，第133页。

化？50 年代一个样，60 年代不一样了，70 年代就更不一样了。”[①]

当然，走出国门看世界，中国共产党人除了看到自身的差距，也看到了中国面临的发展机遇。对这一点，同样是邓小平讲得最早。还在 1975 年，他就对国家计委的同志提出：引进新技术、新设备，扩大进出口，加快我国工业的发展。可以考虑同外国签订长期合同，引进他们的技术装备开采煤矿，用煤炭支付。这是一个大政策。但是，由于“四人帮”干扰破坏，这一“大政策”既没能在中央得到通过，也无法在实际工作中实施。1977 年 9 月，他会见外宾时谈道：“国际形势变化很大，许多老的概念、老的公式已不能反映现实，过去老的战略规定也不符合现实了。原来存在的两个阵营都瓦解了，两个阵营中间存在的中间地带也发生了变化。”[②] 12 月，他在中央军委全体会议上谈到国际形势时指出：现在苏联的全球战略部署还没有准备好。美国在东南亚失败后，全球战略目前是防守的，打世界大战也没有准备好。所以，可以争取延缓战争的爆发。我们能够争取比较长一点时间不打仗，这对我们的现代化建设，对我们的备战工作，都是有利的。在 1978 年全国科学大会上他还提到：中国的社会主义现代化建设，已经得到并且必将进一步更广泛地得到世界各国人民的关注和支持。我们要积极开

① 中共中央文献研究室编：《邓小平思想年编（1975～1997）》，中央文献出版社 2011 年版，第 162 页。

② 中共中央文献研究室编：《邓小平思想年编（1975～1997）》，中央文献出版社 2011 年版，第 73 页。

展国际学术交流活动，加强同世界各国科学界的友好往来和合作关系。在这年 5 月 30 日同胡乔木等人的谈话中他又说，西方资本主义国家有很多困难，资金没有出路，他们从自身的利益出发，愿意借钱给我们。

谷牧率领的政府代表团在结束对西欧的考察后也向中央建议：（一）资本主义国家在社会化大生产的组织管理方面有许多值得借鉴的经验；（二）它们的资金、商品、技术要找市场，都看好与中国发展关系；（三）西欧在经济起飞时，都有利用外资，引进先进技术的经验，国际经济运作中有许多通行的办法，包括补偿贸易、生产合作、吸收国外投资等，我们可以研究采用。

国务院副总理王震在访问欧洲后也提出：目前国际条件对我们加快四个现代化建设极为有利。现在西欧有 5000 亿美元的游资要找出路，有向中国投资、贷款的愿望和要求；有些外国人对中国这么穷又不向外国借钱来开发资源表示不理解；有的人问，他们私人资本家能不能和中国合股办工厂？一些经济界朋友问，如果向中国投资有没有法律保证？对这些条件，我们应当加以利用。现在西欧、日本等资本主义国家和第二次世界大战前搞资本输出时的情况有些不同，他们的财团很富，社会也很富，劳动生产率很高，连高层房屋也多得租不出去。但正是由于生产过剩，新技术、成套设备和资金急于找出路。在这种情况下，有利于我们在平等互惠、互通有无的政策下，搞补偿贸易、合资经营企业，也可以设想利用国外资金和先进技术设备对于我们的大江、大河流域进行疏浚、开发，建设梯级电站，开采有色金属、贵重稀有金属等矿业。打开了这个大门，经济、科技等都会上得快一些。他的意见也受到了中央领导人的重视。

巨大的差距和加速发展的机遇并存，这就是中国共产党人在经历了长期封闭重新打开国门后的主要感受。

这一感受带给中国领导人的，不仅仅是震惊、痛心，而且还有思想上的启发和收获。

经过了解世界，人们对如何加快中国现代化建设的步伐，思路开阔了，信心更足了。

二、迈出引进和开放的步伐

◎邓小平再次呼吁，要学习、吸收世界上一切先进的技术和管理经验

◎改革开放的主张正在成为多数中国人的共识

◎国务院务虚会开了两个月，为改革开放作思想准备

◎陈云觉察到冒进倾向，要求听听反面意见

◎李先念的总结讲话，集中阐述了改革思想

◎1978 年，我国共引进 22 个大型成套设备

世界的发展变化，我国的落后现实，不能不促使人们对中国的发展进行反思。在反思中人们形成了这样的共识：中国要真正发展强大起来，决不能再关起门来搞建设，必须积极引进和利用国外的资金和先进技术设备，以加快我们实现四个现代

化的步伐。邓小平在这方面同样是最早呼吁的人之一。早在1975年，他就在会见外宾时讲过：我们立足于自力更生，自力更生不意味着闭关自守，不意味着是一种保守主义。我们要学习、吸收世界上一切先进技术。我们现在的国际贸易额很小，但随着国民经济的发展，贸易额肯定会扩大。

邓小平重新复出后，在谈到过去经验教训时多次讲：过去没有吸收外国先进的东西。中国在清朝时搞闭关自守，“四人帮”也是搞闭关自守。科学研究方面的先进东西是人类劳动的成果，为什么不接受？接受这些东西有什么可耻的？“我们历来提倡自力更生，但并不是像‘四人帮’解释的那样，什么东西都要自己搞，连世界上先进的东西都不接受。为什么不接受世界上先进的东西？这是人类共同的成果。”“我们实现四个现代化，是要使用世界上的一切先进技术。搞现代化，理所当然不是拿落后的技术作出发点，而是用世界的先进成果作出发点。……凡是我们需要的先进的东西，条件适合的，我们都愿意吸收。”[①] 我们实行“拿来主义”，不管那些“洋奴哲学”的帽子。如果不拿现在世界最新科研成果作为我们的起点，创造条件，努力奋斗，恐怕就没有希望。1978年5月，他又在会见外宾时说：“科学技术本身是没有阶级性的，资本家拿来为资本主义服务，社会主义国家拿来为社会主义服务。中国古代有四大发明，世界各国后来不是也利用了嘛！现在世界上的先进技术、先进成果我们为什么就不能利用呢？我们要把世界上一

① 中共中央文献研究室编：《邓小平思想年编（1975～1997）》，中央文献出版社2011年版，第39页、43页。

切先进技术、先进成果作为我们发展的起点。”① “现在提出在本世纪实现四个现代化的目标，这当然有很多重要的条件作为根据，其中很重要的一条就是要把世界最先进的技术吸引过来，作为我们发展的起点。当然，这不是简单的吸收外国技术，吸引了先进技术，自己还要有所创造。”② 6月下旬，他在听取了谷牧关于出访西欧的情况汇报后，又明确地讲：引进这件事要做；下决心向国外借点钱搞建设；要尽快争取时间。

同引进外国先进技术和设备相比，邓小平更注重学习他们发展经济的先进经验。

1977年，他在抓教育和科技工作时就强调过：编写教材，一定要吸收世界先进的东西，洋为中用，特别是自然科学方面。在实现四个现代化的过程中，我们一方面，着手在工业方面搞自动化、半自动化、技术革新，在农业方面搞机械化；另一方面，根本上还是从教育和科学研究着手。世界上最先进的成果都要学习，要搞科研，搞自动化。

1977年11月，他在听取国家计委的汇报时指出：“引进外国的东西，还是‘一用二批三改四创’，首先是学会用。”③

1978年，他又多次强调：我们的现代化建设，不但要引进外国的先进技术，而且要尽可能地吸收国际上的先进经验。“中国在历史上对世界有过贡献，但是长期停滞，发展很慢。

① 《邓小平文选》第二卷，人民出版社1994年版，第111页。

② 中共中央文献研究室编：《邓小平思想年编（1975～1997）》，中央文献出版社2011年版，第132页。

③ 中共中央文献研究室编：《邓小平思想年编（1975～1997）》，中央文献出版社2011年版，第95页。

现在是我们向世界先进国家学习的时候了。”“关起门来，故步自封，夜郎自大，是发达不起来的。”“由于受林彪、‘四人帮’的干扰，同发达国家相比，经济上的差距可能是20年、30年，有的方面甚至是50年。”“要实现四个现代化，就要善于学习，大量取得国际上的帮助。”①

邓小平还注意到，同世界上的先进水平相比，我国不但在技术水平上落后，而且在管理上同样落后。因此，他特别强调，在引进国外先进技术设备的同时，也要学习国外先进的管理方法，并由此提出了必须进行经济管理体制改革的主张。

实际上，早在60年代，邓小平就特别注意抓工业管理问题，并亲自参与主持制定了《国营工业企业工作条例（草案）》（即“工业七十条”）。对当时的国民经济调整工作起了重要的推动作用。1975年他在主持对“文化大革命”的错误进行整顿时，多次提出要整顿工业管理，健全规章制度，要建立责任制，解决体制问题。可惜，在当时的条件下，他的很多好的设想都不能付诸实施。

1977年邓小平重新出来工作后，面对中国与世界先进水平的巨大差距和党内外普遍要求积极引进国外先进技术和设备的呼声，他对于经济管理和改革体制的问题讲得更多了。这年9月，他在同邓颖超一起会见英籍作家韩素音时谈道：我们不但要学习世界先进的科学技术，“我们还要吸收世界先进的工业管理方法，要搞科研，搞自动化。我们的设备能力不小，但

① 《邓小平文选》第二卷，人民出版社1994年版，第132、133页。

生产落后，这是一个组织管理问题。过去，我们很多方面学苏联，是吃了亏的。我们的潜力很大，但有个组织管理问题，归根到底是科学研究要走在前面”①。10月，他在会见美中关系全国委员会理事会代表团时说：“行政管理属于上层建筑问题，总是要不断改进的。如企业管理的规章制度，建国初期接受了苏联的经验，苏联的经验也有好的，很多并不好，批判是对的。”

1978年2月1日，邓小平在出访尼泊尔途经成都时，对四川省委、省政府的负责同志说：我曾经讲过，可能有两个问题拖我们的后腿。一是农业，搞粮食不容易；二是工业管理水平，我们不会管理。3月2日，他在五届全国人大一次会议解放军代表团小组会上讲话时再次指出：现在有两个问题要注意，一个是农业，农业不发展，不能满足人口增长的需要；再一个拖后腿的问题，是普遍存在的不会管理。技术落后，管理技术水平低，在工业上是个很突出的问题。你讲社会主义比资本主义优越，就要比人家管理得更好。提高科学技术水平，管理水平很重要。管理好不好大不一样。

这一年，当我国陆续引进了一批具有世界先进水平的成套技术设备后，邓小平又及时提醒人们：“引进先进技术设备后，一定要按照国际先进的管理方法、先进的经营方法、先进的定额来管理，也就是按照经济规律管理经济。一句话，就是要革命，不要改良，不要修修补补。”“社会主义要表现出它的优越

① 中共中央文献研究室编：《邓小平思想年编（1975～1997）》，中央文献出版社2011年版，第78页。

性，哪能像现在这样，搞了 20 多年还这么穷，那要社会主义干什么？我们要在技术上、管理上都来个革命，发展生产，增加职工收入。”要加大地方的权力，特别是企业的权力。“企业没有自己的权力和机动性不行。大大小小的干部都要开动机器，不要当懒汉，头脑僵化。当然这个懒汉主要是过去制度形成的。以后既要考虑给企业的干部权力，也要对他们进行考核，要讲责任制，迫使大家想问题。现在我们的上层建筑非改不行。”① 凡是引进先进设备的工厂，管理要按人家的方法，这个对我们来说叫革命。

随着对国外情况了解的增多，邓小平的上述看法逐渐成为中共中央领导人的共识。1977 年 11 月，叶剑英在广东视察时曾要求省委负责同志：

> 我们在中央工作的同志也好，在地方工作的同志也好，既要埋头工作，又要抬头看看世界。中国是世界的一部分，中国的发展，影响全世界。现在，中国与世界的关系更加密切。②

1978 年 2 月，李先念在批示一份文件时指出：

> 老实说，我们掌握的国际先进科学技术知识是不够的，不是一般的不够，而是很不够。因此，要兢兢业业地

---

① 《邓小平文选》第二卷，人民出版社 1994 年版，第 129～130 页。
② 《叶剑英选集》，人民出版社 1996 年版，第 467 页。

工作，并善于学习，不断提高。要动脑子，办事情、想问题，头脑要敏锐。我们的方针，是在独立自主、自力更生的前提下，积极引进世界上的先进技术。[①]

同月举行的五届人大一次会议通过的政府工作报告中也提出：各地区、各部门都要了解国内外的技术发展状况，制订采用和推广新技术的计划和措施，努力学习国内和世界上的先进科学技术，决不能因循守旧，故步自封。

1978年6月20日至7月9日，中央在北京召开全国财贸学大庆学大寨会议，讨论财贸工作如何适应四个现代化建设的需要。李先念在会上讲话指出：我们现有的财贸工作，即使是历史最好水平，仍然是很低的水平，决不能适应目前社会主义建设新形势的需要。提高管理水平的问题，并不只存在于财贸战线，同样存在于农业、工业、交通运输和其他战线。他的讲话，是对邓小平上述主张的有力呼应。

华国锋也在会上指出：

我们的目标是要实现四个现代化，在经济上和技术上赶超国外先进水平，我们的成就必须同国外的先进水平比。这样，就可以看出我们的水平仍然是很低的。多年以来，由于“四人帮”打着“革命”旗号，挥舞种种大棒，禁止大家向国外的先进经验学习，我们很多同志对国外的

① 《李先念文选》，人民出版社1989年版，第315页。

情况很不了解。有些同志稍有一点进步，就表现出一种骄傲自满、故步自封、夜郎自大的危险态度。如果不坚决改变这种态度，我们就不可能坚决地确立积极进取的雄心壮志，不可能认真学习国内外的先进经验，更谈不上赶上外国先进水平。

我们现在不但技术水平低，而且管理水平低。大多数企业存在着劳动生产率低、产品质量差、生产成本高、利润收入少、资金周转慢的现象，还有一部分企业至今继续亏损。许多新建企业，长期不能形成生产能力，投资效果很差。内外贸易在经营管理上也存在不少问题，迂回运输、商品积压损坏以及经营上的亏损还很严重。

只有充分认识我们的管理水平低、管理工作混乱的问题，我们才能够切实地总结经验教训，学习和掌握先进的科学技术和合乎科学的先进的经营管理方法。

我们的上层建筑和生产关系的许多方面还不完善，我们的政治制度和经济制度的许多环节还有缺陷，这些同实现四个现代化的要求是不相适应的，是束缚生产力、阻碍生产力的发展的。管理水平低，归根到底就是一个这样性质的问题。我们坚持无产阶级专政下的继续革命，就要有勇气正视和揭露我们的具体政策、规章制度、工作方法、思想观念中那些同实现四个现代化的要求不相适应的东西，有魄力去坚决而又妥善地改革上层建筑和生产关系中同生产力发展不相适应的部分。[1]

1976年9月9日，毛泽东同志逝世，全国人民沉浸在巨大的悲痛之中。“四人帮”加紧了夺取党和国家最高领导权的阴谋活动。中国向何处去的问题摆在党和人民面前，也摆在主持中央工作的华国锋同志面前。在历史发展的重要关头，华国锋同志同“四人帮”篡党夺权的阴谋活动进行了坚决斗争，并提出要解决“四人帮”的问题，得到了叶剑英、李先念等中央领导同志赞同和支持。同年10月6日，华国锋和叶剑英等同志代表中央政治局，执行党和人民意志，采取断然措施，对王洪文、张春桥、江青、姚文元等人实行隔离审查，一举粉碎“四人帮”，挽救了党，挽救了中国社会主义事业，推动党和国家事业发展翻开了新的一页。华国锋同志在粉碎“四人帮”这场关系党和国家命运的斗争中起了决定性作用。党和人民永远不会忘记他作出的重要贡献。

粉碎“四人帮”后，华国锋同志担任中共中央主席、中央军委主席、国务院总理等职务。在此期间，他先后主持了党的十届三中全会、十一大和十一届三中全会等重要会议。他在老一辈无产阶级革命家的支持下，拨乱反正，恢复党和国家政治生活的正常秩序，动员组织广大干部群众积极投入经济建设等各项工作，揭发批判“四人帮”的罪行，清查他们的帮派体系，取得了很大成绩。他根据广大干部群众的要求，开始复

① 载《红旗》1978年第8期。

查、平反冤假错案，逐步为一部分干部落实政策。在他主持下，中央决定全部摘掉右派分子帽子，为1976年广大人民群众悼念周总理、反对“四人帮”的天安门事件平反，为“六十一人叛徒集团”等一批重大错案平反。

在稳定全国局势的同时，华国锋同志重视恢复和发展工农业生产，重新发出为建设社会主义现代化强国而奋斗的号召。他提出要千方百计把经济搞上去，多次强调革命就是解放生产力，使工农业生产得到比较快的恢复和发展。他支持经济理论界开展的关于按劳分配问题的讨论，肯定社会主义历史阶段应该实行按劳分配原则。在他推动下，教育科学文化工作开始走向正常，外交工作取得了新的进展。他认为，“一定要学习外国的好经验，其中包括学习科学技术，学习经营管理经验，开展广泛的经济合作”。他还提出，“思想再解放一点，胆子再大一点，办法再多一点，步子再快一点”。华国锋同志在领导揭批“四人帮”和动员全党全国各族人民建设社会主义现代化强国方面作出了很大努力。[①]

华国锋这篇讲话的主要内容，基本反映了当时党中央领导层的共识，无疑是正确的，既比较实事求是地指出了我国经济发展的落后现状，又提出了学习国外先进经验和改革经济体制的必要，使人们从中感到：华国锋不仅对于现代化建设非常热心，而且也赞成实行改革开放。

1978年下半年，在真理标准问题讨论的推动下，全国上

① 中共中央党史研究室：《为党和人民事业奋斗的一生——纪念华国锋同志诞辰90周年》，《人民日报》2011年2月19日

下都在涌动着思想解放的潮流。

这一潮流表现在思想界、理论界，是对思想僵化和“两个凡是”的批判；表现在经济建设方面，则是要求加快实现四个现代化的步伐和实行改革开放的呼声。这种呼声，在国务院召开的务虚会上得到了集中体现。

1978年7月6日至9月9日，国务院召开了为期两个月的务虚会，专门研究如何加快我国现代化建设速度的问题。参加会议的是国务院所属的各部、委、局、室的主要负责同志，有四五十人。中共中央副主席、国务院副总理李先念主持了这次会议。会议不作决定，主要是要求大家围绕如何加快现代化建设这个中心自由发言。

谷牧在会上介绍了我国政府代表团考察西欧国家的情况，并讲了关于引进外国资金和技术，加快我国现代化建设的想法和建议。他们的考察报告引起了与会同志的注意，开阔了大家视野。

会议还印发了此前不久李一氓率领中国共产党代表团考察南斯拉夫的情况报告。报告认为，过去斯大林企图把苏联经济体制的模式强加给南斯拉夫，被铁托坚决拒绝，但南斯拉夫不失其为社会主义国家，南共不失其为走在社会主义道路上的党。这个报告得到了中央批准，也受到了与会同志的重视。报告并未主张学南斯拉夫，但大家却由此得到一个重要启发：社会主义的基本经济制度，可以有多种模式。任何国家都不应该盲目照搬别的国家的做法，但应该对别国的经验很好地研究。

参加会议的各部门负责人都认真准备了发言，根据本部门的工作状况提出了加快建设速度的设想和建议，并在认真总结新中国成立以来经验教训的基础上，提出了改革经济管理体制，积极引进国外先进技术和设备的建议。这些发言情况大致如下：

国家计委关于积极引进外国资金和设备的设想方案，提出了从1978年到1985年的引进总规模；并且提出了关于积极扩大出口，增强对外支付能力的意见。

国家建委介绍了我国50年代以来从国外引进技术设备的情况。

国家经委的发言提出了关于加快发展我国农业和农业机械化的几点建议；提出了提高职工技术水平，以适应现代化建设要求的建议。

农林部的发言也专门谈了关于加快农业发展速度的问题。其中根据国外发展农业的经验，提出了发展我国林业与畜牧业的问题，指出：世界的森林覆盖率为22%，日本为66%，而我国的森林覆盖率仅为12.7%，西北地区只有2.5%，华北地区只有4.7%，应当尽快改变我国林业的落后现状。我国畜牧业在农业产值中的比重只占14%，而加拿大是65%，美国是60%，法国是57%，苏联是49%，日本是26%，印度是18%。我国有可利用的草原33亿亩，应当充分开发，发展畜牧业。

第一机械工业部的发言提出了一定要把引进新技术同国内管理制度的改革结合起来的主张。

国家建材局作了关于加速发展建材工业，提高施工装备水平，为实现四个现代化做出贡献的发言。

国家劳动总局关于劳动工资问题的发言提出：我们要积极准备改革工资制度的工作，努力提高职工的劳动积极性，提高劳动生产率。

冶金工业部的发言介绍了他们派人对日本、美国、加拿大和西欧各国钢铁工业进行考察的情况，发言认为：当前资本主义国家的钢铁工业出现了严重危机，工厂设备开工严重不足，资金、技术找不到出路。欧洲共同体钢铁设备开工率只有63%。日本、西欧包括美国在内，都争着同我们做买卖，这种局势对我们极为有利。我们应当充分利用当前的有利时机，引进外国的先进技术设备，发展我们的钢铁工业。

财政部的发言谈了关于加快建设资金积累的问题。

轻工业部的发言谈了加快轻工业发展的问题。

国务院财贸小组的发言提出了关于适当提高农产品价格的建议。

对外贸易部提交了《努力实现对外贸易大发展，为四个现代化多做贡献》的发言。

煤炭工业部提交了《加快煤炭工业高度现代化的步伐，为四个现代化服务》的发言。

石油工业部提交了《关于加快石油工业发展问题》的发言。

化学工业部提交了《关于加快化学工业发展速度的几点意见》的发言。

纺织工业部的发言，提出了扩大纺织品出口，搞好新技术引进，加快纺织工业发展的设想。

国防工办的发言，提出了关于国防工业贯彻执行军民结合、平战结合方针的意见。

第四机械工业部的发言，提出了关于加快发展我国电子工业的几点意见和建议。其中提到，邓小平曾经作出批示：除了电，还有个关键的东西——电子工业，没有它，就没有现代化。

第六机械工业部提交了《关于加快发展我国造船工业的几个问题》的发言。

铁道部提交了《关于发展我国铁路事业的一些意见》的发言。

中国人民银行提交了《努力做好银行工作，为加速实现四个现代化服务》的发言。

教育部的发言谈了关于加快发展我国教育事业的几个问题。

中国科学院提交了《引进外国先进技术和装备，加快科研赶超的步伐》的发言。

中国社会科学院提交了《按照客观经济规律办事，加快实现四个现代化》的发言。这篇发言中列举了单纯依靠行政方法管理经济的弊端，提出这种方法"应当缩小到十分必要的范围，而最大量的经济工作应当由政府行政的范围转入企业经营的范围，企业本身也要尽量缩小纯粹行政方法的管理，扩大依靠经济手段的管理"。"我们建国已经快30年了，不能只是用缺乏经验来解释自己的错误了，为了加快实现四个现代化，现在特别有必要认真地总结正反两方面的经验，努力自觉地按照客观经济规律办事，积极地发挥社会主义制度的优越性。”[①]

对经济体制改革问题早就深思熟虑过的老一代革命家陈云同志，一直关注着会议的讨论。他向李先念谈了这样的想法：

> 要在计划经济的前提下，搞点市场经济作补充；计划经济和市场经济相结合，以计划经济为主；市场经济是补充，不是小补充，而是大补充。[②]

在陈云当时的用语中，市场经济与市场调节二者是一个意思，都是指计划经济下的市场调节。这在当时是启动经济体制改革进程的一个重要思路。

在各部门普遍要求放手利用外资，大量引进国外技术设备，组织国民经济新跃进的呼声中，陈云还较早地觉察到了正在滋长的急躁冒进倾向。他及时地提醒大家：利用外资搞建设也要注意按比例，考虑国内的配套能力，包括资金、技术力量、动力、原材料等。7 月 31 日，他向李先念等同志提出，务虚会是否多开几天，听听反对的意见，可能有些人有不同意见。他说：

---

① 胡乔木：《按照经济规律办事，加快实现四个现代化》，《人民日报》1978 年 10 月 6 日。

② 转引自朱佳木：《陈云与十一届三中全会》，于光远等著：《改变中国命运的 41 天》，海天出版社 1998 年版，第 37 页。

出国考察的人回来吹风，上面也往下吹风，要引进多少亿，要加快速度。无非一个是借款要多，一个是提出别的国家八年、十年能上去，我们可不可以再快一点。有些同志不大好讲话，务虚会上很少有人提出反对意见。可以向外国借款，中央下这个决心很对，但是一下子借那么多，办不到。有些同志只看到外国的情况，没有看到本国的实际。我们的工业基础不如它们，技术力量不如它们。有的国家和地区发展快，有美国的特殊照顾。只看到可以借款，只看到别的国家发展快，没有看到本国的情况，这是缺点。不按比例，靠多借外债，靠不住。①

陈云的这些意见在当时的情况下虽然难以被大家接受，但它毕竟是讲出了一种清醒的声音，对已经出现的冒进倾向起到了一定的抑制作用，并使此后不久召开的中央工作会议和十一届三中全会能够提出解决重大比例失调问题有了思想基础。

会议在讨论上述发言时已经触及了一些经济体制问题，提出了不少改革的思想，如对于过去经济工作中不尊重客观经济规律、搞“长官意志”的批评；对重视商品生产和价值规律的意见；关于讲求经济效益，反对不算经济账的呼吁，等等，都涉及了经济体制中的弊端，提出了改革的要求。9月9日，李先念在会上作的总结讲话集中体现了这些思想。他说：实现四个现代化，这是一场根本改变我国经济和技术落后面貌的伟大

① 《陈云文选》第三卷，人民出版社1995年版，第252页。

革命。这场革命既要大幅度地改变目前落后的生产力，也就必然要多方面地改变生产关系，改变上层建筑，改变工农业企业的管理方式和国家对工农业企业的管理方式，改变人们的活动方式和思想方式，使之适应于现代化大经济的需要。这场革命规模的巨大，变化的广泛、激烈、深刻，任务的繁重、紧迫，意义的深远，都不下于我们党过去领导的任何革命，某些方面还要超过。全党全军全国人民必须为这场革命空前紧张地动员起来。

他指出：现在的国内外形势很好，打倒了“四人帮”，扫除了前进道路上的最大障碍。

国际形势也很有利，现在世界上的极大多数国家都希望我国强大繁荣。欧美、日本等资本主义国家，经济萧条，要找出路。我们应有魄力、有能力利用它们的技术、设备、资金和组织经验，来加快我们的建设。

在回顾和总结了新中国成立以来的经验教训后，李先念指出：总的来说，28 年来，我们建设的成绩很大，但没有做到持久地高速度地发展。特别是由于林彪、“四人帮”的严重干扰破坏，国民经济长期停滞不前，加上我们底子薄，按人口平均收入和劳动生产率计算，我国至今仍然是世界上最贫穷落后的国家之一。我们现在的管理制度，不少是 50 年代从苏联搬来的，实践证明其中有些是好的，有些是妨碍生产力发展的。由于林彪、“四人帮”的干扰破坏，好的丢了不少，坏的没有改正，又加进了更不好的东西。而我们的不少同志却习以为常，看不到其中存在的问题，不懂得必须进行改革。为此，他发出呼吁：要勇敢地改革一切不适应生产力发展的生产关系、不适应经济基础的上层建筑。

李先念在讲话中还分析了改革可能遇到的阻力和困难：

一是，要进行这样深刻的决定我国前途和命运的伟大革命，不仅必须战胜国内外敌人的破坏，而且必须克服我们队伍中由于旧的思想、旧的习惯和安于现状不愿变革的保守倾向而产生的这样那样的阻力。这些阻力存在于人民内部、我们自己队伍内部，它们的基础是小生产的长远历史影响，从多方面束缚着人们的头脑和手脚。

二是，现在有些领导干部心有余悸，战战兢兢，一次被蛇咬，三年怕草绳，工作上拨一拨，动一动，生怕自己犯错误，不怕国家搞不好。要帮助这些同志从“四人帮”的精神枷锁中解放出来，从个人得失的小圈子里跳出来，投身到建设社会主义强国的伟大斗争中去。

三是，我们的现代化建设，不但要普遍采用现代化的先进技术，而且将在经济上进行一系列相应的重大改革。在这个过程中，已经开始出现而且将继续出现大量的我们所不熟悉的新情况、新问题、新矛盾。我们的各级领导干部要自觉地认识这些变革的必要性、复杂性、艰巨性，站在斗争前列大胆而又细致地去领导这些变革。

为此，我们要按照四个现代化的要求，改进思想方法、工作方法和工作作风，破除各种陈腐的观念，破除小生产的狭隘眼界和习惯势力，不断提高工作效率。

这篇讲话以及这次务虚会，通过对我国历史经验的总结和同国外情况的比较，提出了许多以往不曾有过的改革思想，因而受到了党中央的重视。9月30日，中央转发了这个讲话，并要求各级党委认真讨论，为在即将召开的中央工作会议上进一步讨论这个讲话准备意见。在上述思想酝酿的推动下，引进国外资金和技术设备的规模也不断扩大。实际上，这项工作在我国早已开始，而且效果很好。只是由于国际环境的制约和“左”倾错误的破坏，而一再被迫中断或拖延，难以打开我国面向世界的大门。

上世纪50年代，由于帝国主义国家对我国实行经济封锁，我们只能从苏联和东欧国家获得援助。这一时期，我们从苏联和东欧国家引进了300多个技术项目，包括第一个五年计划期间从苏联引进的156个建设项目，为我国的工业化奠定了初步基础。

60年代后，由于苏联推行霸权主义政策导致中苏关系开始破裂，继续从苏联和东欧国家引进技术设备已不可能。同时，我国打破帝国主义封锁政策的努力已取得了一定成效。在这种形势下，经毛泽东批准，在周恩来主持下，我国从日本和西欧国家引进了一批项目，如北京维尼纶厂、洛阳硅厂等，填补了一些行业在技术上的空白，取得了可喜成绩。可惜，由于这一时期我们党在指导思想上的“左”倾错误不断发展，导致了“文化大革命”动乱的发生，对外引进工作也被迫中断。

70年代中期，由于我国打开外交局面的努力有了效果，帝国主义对我国的经济封锁已在事实上被打破，国内局势也出现了相对安定。这时，经毛泽东批准，周恩来主持审定了用43

亿美元从国外引进一批成套设备和单机的方案（后称“四三方案”）。这一方案确定后，又陆续追加了一批项目，达到 51.4 亿美元，但没有全部实现，到 1977 年年底实际对外签约成交 39.6 亿美元。引进的项目包括：13 套大化肥、4 套大化纤、3 套石油化工、1 个烷基苯工厂、43 套综合采煤机组、武钢 1.7 米轧机等。但是，由于“四人帮”的干扰破坏，加上我们缺乏经验，这批引进项目大都没有按期建成投产，一般都推迟了一年到一年半，有些项目投产后生产能力长期达不到设计要求。个别项目如武钢 1.7 米轧机推迟了 540 天，建成后又缺电、缺矿。

粉碎“四人帮”后，国内安定团结和现代化建设的最大障碍被扫除了，国际形势也出现了对我国更加有利的变化，实行对外开放政策的主客观条件终于具备了。在日益强烈的要求加快现代化建设的呼声中，在思想不断解放的前提背景下，我国的对外引进工作在 1978 年里又取得了新的进展。这一年，我国同西方发达国家先后签订了 22 个成套引进项目的合同，共需外汇 130 亿美元（1978 年已签约部分为 58 亿美元）。这些项目包括：上海宝山钢铁厂成套设备的引进；大庆石油化工厂一套 30 万吨乙烯生产装置；山东石油化工厂一套 30 万吨乙烯生产装置；北京东方化工厂一套 30 万吨乙烯生产装置；南京石油化工总厂两套 30 万吨乙烯生产装置；吉林化学工业公司一套 11 万吨乙烯关键设备；浙江化肥厂一套 30 万吨合成氨生产装置；新疆化肥厂一套 30 万吨合成氨生产装置；宁夏化肥厂一套 30 万吨合成氨生产装置；以煤炭为原料的山西化肥厂 30

万吨合成氨装置；100 套综合采煤机组；江西德兴铜基地；贵州铝厂；上海化纤二期工程；江苏仪征化纤厂；河南平顶山帘子线厂；山东合成革厂；兰州合成革厂；云南五钠厂；内蒙霍林河煤矿；河北开滦煤矿；彩色电视机生产线。

当时，人们对“合资”这个字眼还感到很陌生，但党中央领导层实行开放政策的决心已经是十分坚决了。据国务院副总理李岚清回忆：1978 年年底，当时我们和美国通用汽车公司谈一个重型汽车的技术引进。在谈判过程中，这个通用公司的董事长就提出一个问题说，你们为什么只能谈技术的引进，为什么不能谈合资？合资，这个英文的名词就叫 Joint Venture。我当然也学过一点英语，但是我们都听不懂什么叫 Joint Venture。现在人人都知道了就是合资经营，当时他就给我们作了解释，我们听了以后觉得很有兴趣，也不失为一种可能对双方都有利的合作方式，就写了简报，通过国务院的技术引进办公室向上报。谷牧同志当时分管这方面的工作，他批示：拟同意。但感到事关重大，就报送给中央政治局的所有领导。我们接到这个批示以后的简报，当时感到非常惊喜和兴奋，所有的政治局领导同志都圈阅了。小平同志特别在上面批了几个字：“合资经营也可以办嘛。”我这个印象是很深的。……我们后来在学习小平文选时才知道在 1978 年这个时候，他已经开始有这个构想。[①]

虽然在引进工作中受到了当时尚未纠正的“左”倾指导思

① 大型电视文献纪录片《邓小平》解说词，中央文献出版社 1997 年版，第 204～205 页。

想的影响，出现了急于求成倾向，但这些项目的引进为中国现代化建设提供了比较先进的技术装备和较高的起点。如上海宝山钢铁厂成套设备的引进，使我们学到了世界一流的生产技术和管理方式，并将使我国钢铁工业同世界先进水平的差距至少能缩短 20 年。①

如此大规模的成套设备引进，不但将加快我国现代化建设的进程，而且还为党中央把工作重点转移到现代化建设上来，并制定改革开放的方针，作了实践上的准备。

三、突破旧体制的初步尝试

◎粉碎“四人帮”后，“左”的政策仍在农村盛行

◎安徽省委的《六条》开始突破禁区，该省成为农村改革发源地

◎四川省委制定《规定》，各省也开始调整农村政策

◎面对百年大旱，安徽省委决定“借地渡荒”，由此引发了包产到户

◎小岗人发明包干到户，从此结束了逃荒要饭的历史

◎四川省委决定，在工业战线上首先进行扩大企业自主权试点

对社会主义建设新道路的探索，不仅体现在改革开放的思想酝酿，而且还体现在实践上对传统经济体制的突破。这种突

① 黎明：《宝钢的改革和发展》，中共中央党校《报告选》，1995 年 8 期，第 10 页。

破首先出现在农村。我国农村中以“一大二公”为特征的人民公社管理体制，长期以来不仅剥夺了广大农民而且也剥夺了基层生产队的自主权，严重压抑了农民的生产积极性。“左”倾错误和“文化大革命”运动，强化了这种“一大二公”的体制。这种体制也维护和助长了“左”的错误、“左”的观念，结果造成了对农村生产力的严重破坏。所以，“文化大革命”结束后在农村工作中进行拨乱反正，就不仅要触及“左”的错误，而且要触及传统的、束缚生产力发展的管理体制。当然，在“左”倾错误延续了20多年并且又具有深厚基础的情况下，这种触及不能不遇到极大阻力，承担极大风险，即使是取得突破也只能是很初步的。

“四人帮”被粉碎后，“文化大革命”的动乱虽然停止了，但是“左”的理论、政策乃至口号在农村中仍很盛行。如前所述，1976年年底召开的全国第二次农业学大寨会议虽然对揭批“四人帮”作了发动，但是又全面肯定了“文化大革命”的理论和“左”的农村政策，不仅肯定了农业学大寨运动中的许多“左”的做法，而且还提出了“普及大寨县”的任务。会后，全国农村许多地方在“普及大寨县”的口号下继续大批“资本主义自发倾向”，把农民的自留地和农村集市贸易当作“资本主义尾巴”加以限制甚至取缔。

与此同时，中央还继续推广大寨的以生产大队为核算单位的做法。1977年11月召开的普及大寨县工作座谈会提出：实现基本核算单位由生产队向大队过渡是大势所趋，各级党委要积极热情地为这种过渡创造条件，并确定从1977年冬到1978

年春，全国再选择10%左右的大队实行大队核算。从而助长了许多地方的“瞎指挥”和“穷过渡”现象。其实，这时相当多的生产队连简单再生产都难以维持，大量农民不得温饱，生产队却无权允许农民自己设法解决。广大农村的当务之急，不是实现“核算单位向生产大队过渡”，而是要解决农民的生计。因此，中央关于向生产大队过渡的部署在不少地方受到了抵制。据1978年1月农林部《普及大寨县动态》第二期透露：去冬今春普及大寨县工作座谈会后，各地对人民公社基本核算单位向大队过渡问题都作了研究，态度比较积极，但发展很不平衡，云南、四川、广西、广东、河南、安徽、江苏、山东等省，没有要求在去冬今春过渡一批大队，也没有安排搞试点。从这里可以看出，一些省区的领导同志已经意识到了再搞“急于过渡”的“左”的一套是行不通的；拨乱反正，需要对党的农村政策重新加以考虑。一些地方的领导开始从本地实际出发，对现行农村政策进行大胆调整。这些调整由于不同程度地突破了人民公社“一大二公”体制的束缚，因而也被视为后来农村改革的发端。其中走在最前面的是安徽、四川两省。安徽之所以能够成为农村改革的发源地不是偶然的，是由多方面的因素造成的。其中最主要的有三点：

第一，安徽是受“左”倾错误折腾的重灾区。从50年代中期开始，人为制造的阶级斗争几乎没有停止，政治运动接连不断，既伤害了广大基层干部，又伤害了广大农民；生产关系一再追求“一大二公”，既破坏了生产关系的稳定，又破坏了生产力的发展。从1957年到1978年，安徽全省人均占有粮食只增加了13斤；从1955年到1978年，全省人均收入只是从60元增加到66元。到1977年，全省只有10％左右的生产队能够维持温饱，大部分农民吃不饱、穿不暖，生活困苦。集体经济成为空壳，全省大约有25％的生产队难以维持简单再生产；8％的生产队即使把全部资产，包括耕牛、农具、房屋全部变卖了，也还是负债累累。

该省凤阳县的情况很能说明问题。这个以出过明朝开国皇帝朱元璋和“身背花鼓走四方”而名闻遐迩的穷地方，在新中国成立和土地改革之后，第一次过上了不愁温饱的日子。但没过几年，“左”的错误特别是“大跃进”、人民公社化运动的兴起，不仅没使凤阳人民的生活继续得到改善，反而使他们重新挎起了讨饭篮子。1958年到1961年年初，全县劳动力从158272人减少到109025人，减少了52247人（包括死亡、外流等），占36％；耕畜减少了13763头，占36.6％。在大办公共食堂时期，全县97.8％农村人口进食堂吃饭，一度“吃饭不要钱”，不久便缺粮断炊，大搞“瓜菜代”。全县各地采取烘、晒、晾、炒等办法收采干菜、山芋叶等代食品3928452斤，平均每人36.3斤。由于饿肚，人口大量外流，身背花鼓远走他乡。该县梨园公社小岗生产队，在1957年“反右”时，谁要是对社会主义优越性说一个“不”字，都要被大批一通，甚至戴上“反社会主义分子”帽子。从此，小岗村人人自危，政治上鸦雀无声，上面叫怎么干，就怎么干。“文化大革命”中小岗村还是要照样批“资本主义”，照样揪“走资社员”，照样抓“新生资产阶级分子”，结果越批越穷。全村户户有人外流讨过饭。小岗村的惨状实际也是安徽农村的一个缩影。这种惨状的持续，既是对人们生存的威胁，也是人们谋求改革的动力。

第二，60 年代初，安徽全省范围内搞过“责任田”（即包产到户）。实际在 50 年代中期，安徽的芜湖地区就出现过包产到户。经过 1958 年“大跃进”和人民公社化运动的折腾，面对普遍发生饥荒、人口外流和非正常死亡的困境，当时的省委认为，为了恢复和提高农业生产，必须从改进经济管理体制、加强生产责任制入手。1960 年年底安徽开始采取划小包产单位、实行包产到组、认真评工记分、超过底分奖励的办法，对恢复生产起了一定作用。由此省委又进一步寻求更好的激发农民生产积极性的途径。这时，恰好发现了一个颇具说服力的典型。

宿县褚兰公社苗光大队王庄生产队一位叫刘庆兰的 73 岁老农，不愿进养老院，主动向公社党委提出，公家有困难，现在我还不能靠公家吃饭，要尽我的力量做事。1959 年他带着有肺病的儿子进山，一面养病，一面开荒种地。第二年收了 3300 斤粮食，除父子二人生活无虞，还交给队里 1800 斤粮食和 60 元现金。刘老汉还建议，最好把田包给社员种，不然社员混工分，生产搞不好。

这个建议引起了省委第一书记曾希圣的重视。1961 年 2 月，他在省委书记处会议上提出了“按劳动底分包耕地，按实产粮食记工分”的联产到户办法，实质就是包产到户。为避免被误解为单干，省委又提出“五个统一”，即“计划统一，分配统一，大农活和技术活统一，用水管水统一，抗灾统一”。

强调必须在“五统一”基础上分包，按大小农活用工比例计算奖赔，称为“田间管理责任制和奖励”，简称“责任田”。于是，曾在50年代有效调动过农民积极性的包产到户，这时又以“责任田”的形式再度出现了。省委第一书记曾希圣对此给予了积极倡导和支持。1961年3月他向毛泽东汇报并得到了同意，使“责任田”得以在全省推行，对当时恢复和发展农业生产、稳定农村形势，起了明显的促进作用，被农民誉为“救命田”。

虽然“责任田”只实行了一年，但它的优越性已深深植根于安徽农民的心中，为变革农村生产关系进行大胆的创造性的探索埋下了种子。

第三，也是最关键的一点，就是安徽当时有一个勇于开拓、实事求是的省委领导班子。

“四人帮”被粉碎后，“左”的农村政策依然在继续，人为制造阶级斗争，强迫命令和瞎指挥，使农村生产力继续受到严重破坏，大部分农民不得温饱，在饥饿线上挣扎；同时，一个“安徽特殊”论，不但不放手发动群众揭批“四人帮”，甚至还对清查与“四人帮”有关的人和事进行抵制，捂了8个多月盖子，致使全省军民揭批“四人帮”的积极性一再受到压抑，运动搞得冷冷清清，工业生产也停滞不前，成为全国很落后的一个省份。1977年6月22日，中共中央改组了安徽省委，任命万里为省委第一书记。

万里到安徽后，采取果断措施，雷厉风行地揭开了被“四人帮”代理人捂了8个多月的盖子，迅速排除了派性干扰，整顿、安定了社会秩序。接着，他和与他同时调来安徽的省委第二、第三把手顾卓新、赵守一等主要领导都亲自下乡进行调查研究。在三个月内，万里几乎跑遍了全省各个地区的县、市和工矿农村。他痛切地感到，安徽是个农业省，而农村的问题远比城市的问题严重得多。在不少村庄，他走进农民简陋的草房，看到门是泥糊的，睡床、桌子甚至小坐墩也是土的，一根横在墙上的竹竿就可以放下全家的衣物；在铁路线上，他看到成群结队的农民，拖儿带女在凛冽的寒风中扒火车外流；在大别山革命老区，他看到年迈的老人，在几乎空无所有的小屋里，光着身子裹着棉絮已快撕完的破棉袄，米缸已露了底，全家人只有一条裤子。目睹这一幕幕景象，他禁不住发出深深的叹息："新中国成立快30年了，没想到老百姓还这么穷!"

在此期间，他收到滁县地委的一份报告。报告反映："四人帮"在安徽的代理人歪曲社会主义的经济政策，散布"只要路线对头，不怕政策过头"，把"三级所有、队为基础"说成是"老一套"，"过时了"；把坚持按劳分配原则称为"强化资产阶级法权"；把社员按政策规定经营少量自留地和家庭副业指为"给资本主义供氧输血"；把勤俭办社方针说成是"只算经济账、不算政治账"；把开展集体的多种经营说成是"金钱挂帅"；关心群众生活是"福利主义"，等等。这些情况引起万里的反复思考：滁县地区的现象是否带有普遍性？拨乱反正从落实农村经济政策入手，是否符合广大农民的要求？

为了摸准情况，省委又组织省农委等有关单位，作专题调查，解剖典型，分地区召开政策调查汇报会。在多方调查、掌握了大量材料后，万里和省委领导们认真分析了安徽省的基本情况，并取得了完全一致的认识。其中突出的一点就是："四人帮"在农村的流毒和影响很深，要害是破坏了党的政策，不顾群众死活，使党严重脱离群众。因此，从抓落实农村经济政策入手，把揭批"四人帮"与解决农村的现实问题紧密结合，才能打开当前复杂、困难的局面，调动广大农民的积极性。为此，安徽省委制定了《关于当前农村经济政策几个问题的规定（草案）》。然后又经过多次讨论、反复修改，省委领导还亲自下乡，邀集公社、大队、生产队和农民代表开座谈会，宣讲文件内容，征求大家意见，边听、边记、边修改，使有关条文更加妥帖、完善。

在此基础上，1977年11月，省委召开全省农村工作会议，正式通过了《中共安徽省委关于当前农村经济政策几个问题的规定（试行草案）》（简称《六条》），主要内容是：

（一）搞好农村的经营管理，允许生产队根据农活建立不同的生产责任制，可以组织作业组，只需个别人完成的农活也可以责任到人；

（二）尊重生产队的自主权；

（三）减轻社队和社员负担；

（四）落实按劳分配政策，粮食分配要兼顾国家、集体和个人利益；

（五）允许和鼓励社员经营自留地、家庭副业，开放集市贸易等；

（六）干部参加集体生产劳动。

这些内容今天看起来似乎没什么了不起，但在当时却针对农村政策方面存在的几个严重问题，作了新的具体规定，突破了一些被视为“原则问题”的禁区。比如，文件没有再讲“农业学大寨”问题，却强调农村一切工作要以生产为中心；在自留地和家庭副业正被当作“资本主义尾巴”而大加挞伐的形势下，文件中明确规定不仅允许，还要鼓励；在“生产队自主权”长期以来被批判成“自由种植”的情况下，文件却明确要“尊重”。这些禁区的突破，反映了广大农民群众的迫切要求。因此，文件一和群众见面，就受到了热烈欢迎，出现了过去很少见过的盛况。

在六安县三十里铺公社，新华社记者问一位老农：“这《六条》，哪一条你最高兴?”老农回答：“我都高兴，最高兴的还是养鸡、养鸭、养鹅不受限制了。今后大概不会再来‘摸鸡笼子’、‘砍鸡头’了。”

在定远县严桥公社，记者听到一些生产队干部说：“《六条》规定实在好！我们最高兴的是专门写了一条‘尊重生产队的自主权’，明确规定了生产队在保证完成上交任务的前提下，有权因地种植，任何人不得干涉。这下子‘瞎指挥’可行不通了，今后再不会出现毁了花生种稻子，拔了瓜苗种玉米之类的伤心事了!”

其他地区的生产队干部也普遍对尊重生产队自主权感到满意。

不过，在以“阶级斗争为纲”还在盛行的年月，“左”的政策方针在许多干部中仍很有影响。有些人见了《六条》后忐忐不安，怀疑省委是不是搞错了：“怎么以生产为中心，纲跑到哪里去了？不怕批‘唯生产力论’么?”当时，北京正开着两个农业方面的会议。一个是各省分管农业的负责人参加的会议，中心议题是如何大干快上，强调的是深入学大寨。另一个是部分省、区的一些处级干部参加的会议，主要是座谈农村情况，交流经验。这个会上反映了一些比较实际、深刻的问题，认为当前农村形势严峻，浮夸、说假话之风盛行，农民生活贫困，温饱难保的面越来越大。因此当务之急是调整政策，让农民休养生息。会上有人介绍了安徽的做法，也引起了一部分人的争论和有关方面的重视。

1978年2月3日，《人民日报》在头版显著位置发表了该报记者专门采写的长篇通讯——《一份省委文件的诞生》，介绍了安徽《六条》制定的情况。同时还配发了评论员文章：《尊重生产队的自主权》。

2月5日，万里在同新华社记者谈话时指出：尊重生产队自主权是《六条》中最受生产队干部和社员欢迎的一条。这一条——实质上是个尊重实际、尊重群众、发扬民主和反对官僚主义“瞎指挥”的大问题。种庄稼，搞农业，要讲究因地制宜、因时制宜。不同类型的地区，不同的社队，这面坡或那面坡，这块地或那块地，适宜种什么，怎么种，什么时候种，对待这些问题，要从实际出发，要搞唯物论，不能搞唯心论。谁最了解实际情况呢？当然是天天同土地、庄稼打交道的生产队干部和社员群众。他们最有发言权，他们的意见应该受到尊重。尊重生产队的自主权，说到底，是一个对待群众的态度问题，是把群众当作真正的英雄还是当作“阿斗”的一个原则性问题。不尊重生产队自主权，这是我们过去农村工作中许多错误的根源。历史上的教训太深刻了！[①]

2月15日，万里又在地、市委书记会议上针对有些同志贯彻《六条》的顾虑提出批评：有些同志指导思想不明确，不清楚应该以什么为中心。什么单位都得有个中心，学校不以教学为中心，算什么学校？军队不以保卫祖国、搞好军事训练为中心，要军队干什么？农村不以农业生产为中心，没有粮食，或者粮食不够，没有棉花，或者棉花不够，大家吃什么？穿什么？[②]

在安徽省委坚定推动下，省委《六条》得到了有力贯彻，从而开始了安徽农村工作的拨乱反正。有的地方如来安县还在贯彻《六条》的基础上搞起了包产到组或“包产到劳”的生产责任制，开始尝试向农业管理体制的禁区——包产到户发起冲击。因此，《六条》也成为安徽省一份具有十分重要历史意义的文件，成为中国农村改革的一个重要信号。后来席卷全国的农村改革大潮，正是从这里发端的。

安徽的举动也受到了正全力倡导解放思想、拨乱反正的邓小平的关注。他不但赞赏安徽的做法，而且还希望能够推向全国，进一步解放思想，打破农业政策上的禁区。1978年2月1日，邓小平出访尼泊尔途经四川成都时，向四川省委领导谈到了安徽的做法，并指出：农业的路子要宽一些，思想要解放，

① 《万里文选》，人民出版社1995年版，第104页。
② 《万里文选》，人民出版社1995年版，第106页。

只是老概念不解决问题，要有新概念，只要所有制不动，怕什么！要多想门路，不能只是在老概念中打圈子。“农村和城市都有个政策问题。我在广东听说，有些地方养三只鸭子就是社会主义，养五只鸭子就是资本主义，怪得很！农民一点回旋余地没有，怎么能行？农村政策、城市政策，中央要清理，各地也要清理一下，自己范围内能解决的，先解决一些。总要给地方一些机动。”①

听了邓小平的谈话后，四川省委增添了冲破“左”的政策禁区的勇气，也根据本省的实际制定了《关于目前农村经济政策几个主要问题的规定》（以下简称《规定》）。这个《规定》共12条，主要内容有：

（一）加强劳动管理；

（二）严格财务管理制度；

（三）搞好生产计划管理；

（四）兼顾国家、集体和个人的利益，要执行按劳分配的原则，坚决保证社员分配兑现；

（五）减轻生产队和社员的负担；

（六）以粮为纲，开展多种经营；

（七）奖励发展耕牛；

（八）大力发展养猪事业；

（九）大搞农田基本建设；

（十）积极兴办社队企业；

① 中共中央文献研究室编：《邓小平思想年编（1975～1997）》，中央文献出版社2011年版，第102页。

（十一）积极而又慎重地对待基本核算单位由生产队向大队过渡的问题；

（十二）允许和鼓励社员经营少量的自留地和家庭副业，农民自留地由占总耕地面积的7%扩大到15%，取消不准农民搞家庭副业和不准农民自销多余产品的禁令，开放集市贸易。

《规定》还强调要实行因地制宜种植农作物的方针，尊重生产队的自主权，支持农民采取“定额到组，评工到人”的办法进行生产管理，鼓励发展多种经营，等等。[①] 这些规定同样也为四川农民冲破“左”的禁区壮了胆，受到了农民的欢迎，有效地调动了农民的生产积极性。6 月 26 日，四川省委又发出《关于大力发展农村多种经营的指示》，提出：必须狠抓集体副业的发展，允许和鼓励社员经营正当的家庭副业。大队、生产队要充分利用果园、茶园、林场、猪场、牛场、水田、塘堰等有利条件，积极发展小家禽家畜和养鱼。要鼓励社员养牛、养兔、养鸡、养鸭、养鹅。对于那些任意规定“限、打、毒、罚”等限养、禁养的“土政策”，要向群众公开宣布，一律作废。由于落实了政策，广大农民的生产积极性得到有效调动，四川农业形势也迅速好转。

除了安徽和四川两省，其他省、自治区也开始从本地的实际出发，对农村政策进行调整。

1977 年年底，甘肃省委制定了《关于目前农村工作若干问题的意见》，提出要把被“四人帮”破坏了的农村经济政策

---

① 新华社报道：《四川全面清理认真落实农村经济政策》，见《人民日报》，1978 年 6 月 13 日。

特别是按劳分配、定额管理、副业生产、牲畜繁殖奖励，以及尊重生产队自主权等政策，一项一项地恢复起来，停止“一平二调”的做法；减轻农民负担；做到分配兑现；允许对农作物采取定额管理、包工到作业组等规定。[①]

1978年年初，广东省委制定了《关于减轻生产队负担，加强农业生产第一线的意见（试行草案）》，共16条，重申现阶段实行“三级所有，队为基础”的制度，强调尊重生产队的自主权，坚决反对“一平二调”的做法。[②] 不久，省委又调整了甘蔗收购政策，恢复加价收购和奖售的办法，调动了农民的生产积极性。[③]

6月，新疆自治区党委根据本地实际制定了《关于当前农村经济政策若干问题的规定》，针对前几年搞乱了的农村政策，决定在农区实行“定额管理、评工记分”的生产责任制；坚持多劳多得，超产奖励；反对“一平二调”；允许社员经营家庭副业。[④] 7月，又决定在牧区实行划分作业组，定劳力、定质量、定工分、定草场，多劳多得、超产奖励、减产赔偿的生产责任制，受到群众的欢迎，调动了广大农牧民的积极性。

8月，西藏自治区决定从实际出发发展畜牧业，规定不准再垦草原，保护草场，允许生产队成立作业组，实行定产、定工、超产奖励等制度，纠正按人头、年龄、出身成分、政治表

① 新华社报道：《甘肃落实农村行之有效的各项经济政策》，见《人民日报》，1978年3月23日。

② 新华社报道：《广东省委制定16条措施》，见《人民日报》，1978年5月13日。

③ 新华社报道：《广东省调整甘蔗收购政策》，见《人民日报》，1978年4月16日。

④ 新华社报道：《新疆制定〈关于当前农村经济政策若干问题的规定〉》，见《人民日报》，1978年6月30日。

现等评工记分的做法。[1] 同时，宁夏、青海等省区也从本地实际出发确定了“以牧为主”的方针。

这些省、区制定的政策和措施都在不同程度上抵制了“大寨经验”的“左”的做法。在开展真理标准问题讨论的推动下，全国农村普遍出现了要求尊重生产队自主权的呼声。党中央陆续发出文件，纠正一些地方的强迫命令和“瞎指挥”现象，提出要落实党的农村政策。据此，各省、自治区、直辖市对几年来的农村政策都进行了清理，解决一些“瞎指挥”和分配不兑现等问题，废除了一些限制农民、破坏生产的“土政策”。不少地方还实行了包工、包产到组的生产责任制，调动了农民的生产积极性。

在此基础上，安徽省又采取了更为大胆的行动。

1978 年夏秋之际，安徽遇到了百年不遇的大旱，梅雨季节也没有雨，大部分地区河水断流，塘库干涸，人畜用水紧张，受灾农田达 6000 多万亩。持续的干旱使不少地方不仅秋季无收，而且秋种也难以进行，农业减产已基本定局。面对严重灾情，万里提出要正视现实，采取特殊政策战胜灾荒。9 月 1 日，他召开紧急会议提出：“必须尽一切力量，千方百计地搞好秋种，争取明年夏季有个好收成。”“我们不能眼看着农村大片土地撂荒，那样明年的生活会更困难。与其抛荒，倒不如让农民个人耕种，充分发挥各自潜力，尽量多种‘保命麦’度过灾荒。”[2] 9 月 8 日，他在省委常委会上又讲到：4500 万人

① 新华社报道：《拨乱反正落实政策发展牧业》，见《人民日报》，1978 年 10 月 8 日。
② 张广友：《改革风云中的万里》，人民出版社 1995 年版，第 163 页。

民，一人一张嘴，一天得吃三顿饭，这足以看到粮食问题的严重性。减了产就是减了产，不正视不行，要实事求是，吸取过去的教训，不能打肿脸充胖子。人没有饭吃，安定团结就没有物质基础。我们要按最困难的情况作准备，在新形势下采取新的方针政策，变被动为主动。在严重干旱面前，如果束手束脚，无所作为，坐失时机，就要吃大亏。我同几位主要领导共同研究，非常时期必须打破常规，采取特殊措施。一是“水路不通走旱路”，除了水源确有保证的，都要下决心改种旱粮；二是“借地渡荒”，凡集体无法耕种的地可以借给社员扩种小麦，明年收购时不计统购，由生产队自己支配；三是放手发动群众多开荒，谁种谁收谁有；四是划一点菜地，要尽量保住老母猪，猪是一个肥源，也是群众收入的重要来源。[①] 根据万里的意见，安徽省委正式作出决定：将凡是集体无法耕种的土地，借给社员种麦种菜；鼓励多开荒，谁种谁收，国家不征统购粮，不分配统购任务。这一决定一下子激发了广大农民的抗灾积极性，全省迅速并超额完成了当年的秋种计划，大部分的边地也都种上了油菜、蚕豆和小麦。据估计，仅这一措施，就增加秋种面积达 1000 多万亩。[②]

在实行“借地渡荒”时，该省肥西县山南公社的部分社队干部和农民群众又联想起 60 年代初实行的“责任田”，悄悄地再度搞起包产到户。这一消息不胫而走，引起了一些干部的震惊，担心这样做违反中央文件和上级指示，再背上“复辟资本

① 吴象：《农村改革为什么从安徽开始》，载《中国人力资源开发》，1994 年 2 期。
② 张广友：《改革风云中的万里》，人民出版社 1995 年版，第 164 页。

主义”的罪名。10月11日，万里在省委会议上针对这种担心鼓励大家说：“坚持实践是检验真理的唯一标准，省委没有决定的，只要符合客观情况的就去办，将来省委追认。各条战线、各级领导处理问题都应按这个精神办。”“根据作物情况，可以包产到人、到组，联产计酬，也可以奖励到人、到组。所有制不变，出不了什么资本主义，没有什么可怕的。”① 他还说：“如果不管实际情况如何，都照搬照套中央文件和上级指示，那还要你这级领导干什么？马克思列宁主义一贯倡导的辩证唯物主义的思想方法和工作方法，根本点就是一切从实际出发，理论联系实际，实事求是。”“一定要从实际出发，因地制宜，实事求是。切不可把中央文件和上级指示当作教条，不问实际情况如何，照搬照套，或者硬往下灌。这不是什么组织纪律性强，而是一种对革命不负责任的表现，危害极大，后果是十分严重的。在这方面我们的教训实在太多了！”② 省委的鲜明态度使肥西县的包产到户受到了保护，也推动了省里其他地区改变生产管理方式的尝试。

同年冬，凤阳县梨园公社最穷的小岗生产队又悄悄地搞起了包干到户。这个只有20户人家的生产队在11月初曾划分为4个作业组，后因组内矛盾太多又分成8个组，但矛盾还解决不了。有的老农想起了50年代土地分到各家各户，干得红红火火，家家丰衣足食的情景，提出还不如像50年代那样，各干各的，什么矛盾也没有了。有人担心：分田到户好是好，但

① 《万里文选》，人民出版社1995年版，第108页、109页。
② 《万里文选》，人民出版社1995年版，第113～114页。

要被上面知道了可不得了，带头的干部要坐牢的。这时，已被穷困逼到绝路的队干部们已经顾不了那么多了，为了全村老小能有口饭吃，他们决定瞒上不瞒下，分田到户干一年。于是，在 12 月的一个夜晚，他们召开了一个对小岗村具有决定意义的秘密会议。全村 20 户除 2 户单身汉正在外流，其余 18 户全都到了会。会议决定分田到户，并强调：第一，土地分到户后要瞒上不瞒下，不准任何人向外透露，包括自己的至亲好友都不能说；第二，要保证上交国家粮食，该给国家的给国家，该交集体的交集体。任何人不准装孬。大家纷纷议论，认为要这样干，我们一定能搞到吃的，保证能超额完成国家和集体的任务。万一干不到，我们摔锅卖铁，或再外流要饭，也要完成国家和集体的任务。大家还赌咒发誓，保证秘密不外露。有的说，要是你们干部因分田到户坐牢，我们就是要饭也要给你们去送牢饭；你们坐了牢，全体社员共同负责把你们的小孩抚养到 18 岁，决不反悔。说罢，由生产队副队长在一张纸上写下了这样的契约：

> 我们分田到户，每户户主签字盖章，如以后能干，每户保证完成每户的全年上交和公粮，不在（再）向国家伸手要钱要粮，如不成，我们干部作（坐）牢杀头也干（甘）心，大家社员也保证把我们的小孩养活到 18 岁。

然后，在场的 20 位农民庄重地在这段文字后面写下了自己的姓名，又摁上了鲜红的手印。

小岗人没有意识到，他们发明的这种包干到户的办法不但解决了自己的生计，不但使自己从此结束了逃荒要饭的历史，过上了真正丰衣足食的生活，而且还为日后兴起的农村改革大潮树起了一个样板。这种被农民们概括为“保证国家的，留足集体的，剩下都是自己的”包干办法，由于它的简便易行和效果明显，又省去了包产到户中还需统一分配的环节，因而很快被广大农民所接受，成为风靡全国的家庭联产承包制。

这一年，安徽省不但顺利渡过了灾荒，一部分地区还取得较好收成。

包产到组、包产到户和包干到户这些经营形式的出现，是中国农民在新形势下突破“左”的农村政策的试探。尽管还面临许多非议和压力，但在由真理标准问题大讨论掀起的思想解放潮流的鼓舞下，已不可能再被压下去。这些经营形式不但有效地调动了农民的生产积极性，而且还突破了“三级所有，队为基础”的格局，使延续了 22 年的人民公社体制开始从根本上受到动摇，为新时期农业和农村的发展准备了经营制度的基础。

打破旧体制的尝试不仅兴起于农村，而且也在城市里酝酿着。1978 年 10 月，中共四川省委作出决定，在工业战线首先进行扩大企业自主权的试点，并选择了宁江机床厂、重庆钢铁公司、四川化工厂、新都县氮肥厂等 6 个国营企业作为试点单位。

11 月，南京市尝试按专业化协作原则改组地方工业，打破城乡、行业、所有制和隶属关系的界限，成立了 31 个公司、

8个总厂，按行业、按产品实行分工和协作，以经济办法管理经济。①

思想的解放鼓舞了突破旧体制的尝试，从这些尝试中人们又进一步解放了思想，既看到了改革旧体制的艰难，更看到了改革旧体制的必要，产生了越来越强烈的改革要求。这种要求恰好与邓小平等领导人对于改革开放的呼吁相呼应，从而使党中央作出改革开放的决策，既有了思想基础，又有了实践根据。

① 见《人民日报》1978年11月13日。

第五章

实现历史转折

伟大转折——1978 年的中国

一、实行工作重点转移的酝酿

◎1978年9月，邓小平对东北三省进行了一次非同寻常的视察

◎邓小平说："我是到处点火……"

◎全国计划会议确定，经济战线必须实行三个转变

◎在工会九大上，邓小平把工作重心转移的意思说得更清楚了

◎中央常委就工作重心转移问题取得了一致意见，但指导思想上仍存在分歧

1978年时，已经有相当多的人意识到，为了实现四个现代化的奋斗目标，需要集中主要精力进行现代化建设，把酝酿中的改革开放设想尽快付诸实施。在这一点上党内已基本没有分歧。但是，在现代化建设的指导思想上，党内认识还不一致。一部分中央和地方领导同志仍固守"两个凡是"的思想，把揭批"四人帮"运动继续当作"当前和今后一个时期的头等大事"。认为实现四个现代化，"就必须坚持以阶级斗争为纲"[①]，而多数同志在真理标准问题讨论之后，已经愈来愈认为需要首先进行指导思想上的拨乱反正。

早在1977年下半年，为筹备军委全体会议，军委领导在

① 华国锋：《在全国财贸学大庆学大寨会议上的讲话》，见《人民日报》，1978年7月12日。

广州研究文件的起草问题时，邓小平就提出：文件应以什么为纲？怎么才叫工作的纲？这个问题值得研究。看起来现在以揭批“四人帮”为纲可以，但是很快就要转，要结束，要转到经济建设上来，要以经济建设为中心，再不能提“以阶级斗争为纲”了。肯定不能提“以阶级斗争为纲”了。

1978 年 9 月，邓小平对思想路线和政治路线的拨乱反正，又作了一次有力的推动。他在结束了对朝鲜的访问后，对东北三省进行了一次不同寻常的视察。

9 月 13 日，邓小平从朝鲜回国后，首先来到辽东工业重镇本溪。在了解了本溪市和本溪钢铁公司的情况后，他要求当地领导：不要自满，现在要比国外水平。要好好向世界先进经验学习，不然老是跟着人家后面爬行。

9 月 14 日，邓小平来到大庆油田。他不顾旅途劳顿，一下火车就到油田，询问了油田发展情况。又来到正在筹备建设的新引进的 30 万吨乙烯联合化工厂，询问了工程进度情况。15 日，他在哈尔滨听取了黑龙江省委常委的工作汇报，边听边发表意见。他多次提到：我们要大量地吸收外国的资金、新的技术、新的设备。令人担心的是国家的体制能不能适应这项工作。我们的体制不适应现代化建设，总的来说上层建筑不适应新的需求。我们必须懂得这一点。懂得这一点，就有希望。“我们国家的体制，包括机构体制等，基本上是从苏联来的，是一种落后的东西，人浮于事，机构重叠，官僚主义发展。‘文化大革命’以前就这样。一件事人多了，转圈子。有好多体制问题要重新考虑。”[①] 听了这番话，人们对解决眼前问题的思路开始清晰了。

9月16日，邓小平来到长春。在听取了吉林省委常委的工作汇报后，他说：现在摆在我们面前的问题，关键还是实事求是、理论与实际相结合、一切从实际出发。这是政治问题，是思想问题，也是我们实现四个现代化的现实问题。一切从实际出发，我们的事业才有希望。理论联系实际，就是从实际出发，把实践经验加以概括。不论搞农业，搞工业，搞科学研究，搞现代化，都要实事求是，老老实实，学大庆、学大寨要实事求是，学他们的基本经验，如大寨的苦干精神、科学态度。大寨有些东西不能学，也不可能学。比如评工记分，它一年搞一次，全国其他人民公社、大队就不可能这样做。取消集贸市场也不能学。自留地完全取消也不能学。小自由完全没有了，也不能学。全国调整农业经济政策，好多地方要恢复小自由，这也是实事求是。企业管理，过去是苏联那一套，没有跳出那个圈子。那时候，苏联企业管理水平比资本主义国家落后得多，后来我们学了那个东西，有了那个东西比没有好。但现在连那个落后的东西也丢掉了，一片混乱。现在要使所有的人开动脑筋，哪怕管理一个街道工厂，也要自己开动脑筋，敢于思考怎么样使生产增加，产品质量提高，成本降低，原材料消耗少，产品价格不断降低。不管大中小企业，搞得好的要奖励，不能搞平均主义，要鼓励先进。实践是检验真理的唯一标

① 中共中央文献研究室编：《邓小平思想年编（1975～1997）》，中央文献出版社2011年版，第163页。

准，这是马克思主义，是毛主席经常讲的。毛主席总是提倡要开动脑筋，开动“机器”。林彪、“四人帮”把我们的思想搞僵化了，思想僵化，就不可能实现四个现代化。世界天天发生变化，新的事物不断出现，新的问题不断出现，我们关起门来不行，不动脑筋永远陷于落后不行。总之，实事求是，开动脑筋，要来一个革命。

接着，他再次批评了“两个凡是”的方针，进一步强调了解放思想、实事求是的必要性，指出：“怎么样高举毛泽东思想旗帜，是个大问题。现在党内外、国内外很多人都赞成高举毛泽东思想旗帜。什么叫高举？怎么样高举？大家知道，有一种议论，叫作‘两个凡是’，不是很出名吗？凡是毛泽东同志圈阅的文件都不能动，凡是毛泽东同志做过的、说过的都不能动。这是不是叫高举毛泽东思想的旗帜呢？不是！这样搞下去，要损害毛泽东思想。毛泽东思想的基本点就是实事求是，就是把马列主义的普遍原理同中国革命的具体实践相结合。毛泽东同志在延安为中央党校题了‘实事求是’四个大字，毛泽东思想的精髓就是这四个字。毛泽东同志所以伟大，能把中国革命引导到胜利，归根到底，就是靠这个。”“我们高举毛泽东思想的旗帜，就要在每一时期，处理各种方针政策问题时，都坚持从实际出发。我们现在要实现四个现代化，有好多条件，毛泽东同志在世的时候没有，现在有了。中央如果不根据现在的条件思考问题、下决心，很多问题就提不出来、解决不了。”“什么叫高举毛泽东思想的旗帜呢？就是从现在的实际出发，充分利用各种有利条件，实现毛泽东同志提出、周恩来同志宣布的四个现代化的目标。如果只是毛泽东同志讲过的才能做，那我们现在怎么办？马克思主义要发展嘛！毛泽东思想也要发展嘛！否则就会僵化嘛！所谓理论要通过实践来检验，也是这样一个问题。现在对这样的问题还要引起争论，可见思想僵化。根本问题还是我前边讲的那个问题，违反毛泽东同志实事求是的思想，违反辩证唯物主义、历史唯物主义的原理，实际上是唯心主义和形而上学的反映。”①

最后，邓小平又以非常迫切的心情讲道：现在在世界上我们算贫困的国家，就是在第三世界，我们也属于比较不发达的那部分。我们是社会主义国家，社会主义制度优越性的根本表现，就是能够允许社会生产力以旧社会所没有的速度迅速发展，使人民不断增长的物质文化生活需要能够逐步得到满足。什么叫政治挂帅，政治挂帅要表现在生产力的发展上。按照历史唯物主义的观点来讲，正确的政治领导的成果，归根结底要表现在社会生产力的发展上，人民物质文化生活的改善上。如果在一个很长的历史时期内，社会主义国家生产力发展的速度比资本主义国家慢，那就没有优越性。这是最大的政治，这是社会主义和资本主义谁战胜谁的问题。生产力总是需要发展的，外国人议论中国人究竟能够忍耐多久，我们要注意这个话。我们要想一想，我们给人民究竟做了多少事情呢？所以，我们一定要根据现在的有利条件加速发展生产力，使人民的物质生活好一些，使人民的文化生活、精神面貌好一些。

---

① 《邓小平文选》第二卷，人民出版社1994年版，第126、127、128页。

这番话，震撼了在场的每一个人的心，十年曲折，十年浩劫，我们这个民族在世界大家庭中确实是落伍了。中国要赶上去，要加快步伐，的确不能再因循守旧，头脑僵化了。

离开长春，邓小平继续南下。9 月 17 日，他到了沈阳。在听取辽宁省委作工作汇报时，他关切地询问了农村政策调整、鞍钢的发展、沈阳冶炼厂的改造、抚顺煤矿的生产等问题，然后，又讲了和在长春几乎同样的一番话，中心仍是强调实事求是，解放思想。他说：不恢复毛主席树立的实事求是的优良传统和作风，四个现代化没有希望。我们要根据现在的国际国内条件，敢于思考问题，提出问题，解决问题。千万不要搞“禁区”。“禁区”的害处是使人们思想僵化，不敢根据自己的条件考虑问题。一个公社有自己的条件，有自己的情况，一个大队有自己的条件，有自己的情况。有一般，也有特殊，大量的是特殊，重要的是要根据自己的特殊情况考虑问题。东北三省情况大体相同，但也都有不同。你们辽宁省几个地委、几个市，每一个都有不同。鞍钢改造以后，必须是按照经济规律来管理。市政府是不是要考虑变成为它服务。要从新的管理体制来研究，还要搞若干条。企业怎样具体管理好，怎样按经济规律来管理经济，对这些问题，原来的《工业七十条》（全称《国营工业企业工作条例（草案）》也是不够的。企业要搞几定，责任制、岗位责任制、工程师、总工程师、经济核算，等等。马克思主义认为，归根到底要发展生产力。我们太穷了，太落后了，老实说对不起人民。我们现在必须发展生产力，改善人民生活条件。一个是实事求是，一个是怎样高举毛泽东思想旗帜，一个是怎样发展生产力。我们的思想开始活跃，现在只能说是开始，还心有余悸。要开动脑筋，不开动脑筋，就没有实事求是。不开动脑筋，就不能分析自己的情况，就不能从实际出发提出问题，解决问题。只凭上级指示或中央发的文件，或省里补发的文件，能解决所有具体问题吗？要提倡、要教育所有的干部独立思考，不合理的东西可以大胆改革，也要给他这个权。所谓考核，第一就是考核这个问题。凡是能够这样独立思考解决问题的，肯定会大有好处。当然也会出现瞎指挥，但总的来说会好一些。这是全国性的问题，是政治问题，也是思想问题，也是实际问题。

这番话，同样也使辽宁省委的同志受到震动和启发。

同一天，邓小平还听取了中共沈阳军区党委常委的工作汇报。他不无幽默地向大家说："我是到处点火，在这里点了一把火，在广州点了一把火，在成都也点了一把火。"①

众所周知，辽宁省和沈阳军区在"文化大革命"中都是受"四人帮"破坏的重灾区，揭批"四人帮"、清查其帮派体系的任务相当重，也是这两年来的工作重点，当然也是军区领导工作汇报的重点。然而，当邓小平听了关于揭批"四人帮"运动的汇报后，却提出了一个更实在、更现实的任务。他说：批林彪也好，批"四人帮"也好，怎样才叫搞好了，要有几条标准。对搞运动，你们可以研究，什么叫底？永远没有彻底的事。上述问题的解决，也不能只是靠运动，还要靠日常教育，

① 中共中央文献研究室编：《邓小平思想年编（1975～1997）》，中央文献出版社2011年版，第169页。

靠干部的领导。通过运动主要是把班子搞好，把作风搞好，有半年时间就可以了。运动不能搞得时间过长，过长就厌倦了。有的单位，搞得差不多了，就可以结束，可以抓训练，可以组织学习科学知识。多学些科学知识，就是转到地方，也便于工作。“揭批‘四人帮’运动总有个底，总不能还搞三年五年吧！要区别一下哪些单位可以结束，有百分之十就算百分之十，这个百分之十结束了，就转入正常工作，否则你搞到什么时候。我们要把揭批‘四人帮’的斗争进行到底。但是，总不能说什么都是‘四人帮’搞的，有些事情还要自己负责。”[①] 这里，他已经开始提出了工作重点转移的问题。

9 月 18 日上午，邓小平又专程来到鞍山钢铁公司视察。在看了鞍钢炼铁厂，详细询问了工厂的生产和高炉改造情况，听了厂领导关于鞍钢改造问题的汇报后，他果断地说：“现在摆在你们面前的问题，就是鞍钢如何改造。引进技术改造企业，第一要学会，第二要提高创新。许多工作从现在起就要着手，如培训工人，培训干部，现在不着手，外国的先进技术就不能掌握。这方面我们是有教训的。现在抢时间很重要，全国准备引进上千个项目。凡是引进的技术设备都应该是现代化的，必须是 70 年代的，配套也要是 70 年代的。世界在发展，我们不在技术上前进，不要说超过，赶都赶不上去，那才真正是爬行主义。我们要以世界先进的科学技术成果作为我们发展的起点。我们要有这个雄心壮志。”引进先进技术设备后，一定要

① 中共中央文献研究室编：《邓小平思想年编（1975～1997）》，中央文献出版社 2011 年版，第 169～170 页。

按照国际先进的管理方法、先进的经营方法、先进的定额来管理，“日本年产600万吨钢的企业，行政人员只有600人。鞍钢现在的年产量是600多万吨，行政人员有23000人，这肯定不合理”①。合格的管理人员、合格的工人，应该享受比较高的待遇，真正做到按劳分配。发展经济工人要增加收入，这样反过来才能促进经济发展。农业也是一样，增加农民收入，反过来也会刺激农业发展，巩固工农联盟。现在我们有些同志做工作，只听上边讲了一些什么话，自己不敢开动脑筋。要提高我们的技术水平、管理水平，没有一点创造性不行。

从邓小平在东北的视察中，人们明显感到，他此时所考虑、所关注的，并不是如何开展运动，而是怎样打破思想僵化，真正做到解放思想、实事求是；怎样在加快引进国外先进技术设备的同时，改革我们的经济管理体制，以适应现代化的需要；怎样适时地结束揭批“四人帮”的群众运动，把加快发展生产力，集中力量进行现代化建设的任务尽快提到党和国家的首要位置，并在这样的前提下，切实加快现代化建设的速度。

多年来，我们总是强调“政治挂帅”，强调“以阶级斗争为纲”，通过群众性政治运动的方式来推动经济建设，即所谓“抓革命、促生产”，因此，不管经济建设的任务如何紧迫，如何受重视，都不能不从属于“政治需要”，从属于阶级斗争这个“纲”，最终都免不了被政治运动所干扰、所打断。如何既

① 《邓小平文选》第二卷，人民出版社1994年版，第129页。

不违背阶级斗争这个“纲”，又能保证经济建设的正常发展，处理好经济与政治、“纲”与“目”的关系，成为长期困扰人们的一大矛盾。粉碎“四人帮”后，当中国打开了国门，与世界发达国家正在拉大的差距清楚地展现在人们眼前时，这一矛盾就更加突出，更加尖锐了。而如果循着邓小平在视察东北期间提示的思路，这一矛盾显然不难得到解决。这就是：解放思想，摆脱以往的束缚，一切从实际出发、从发展生产力的需要出发，实事求是地解决生产关系和生产力、上层建筑和经济基础的矛盾，从而把国家的现代化建设摆在首位，根据发展生产力和现代化建设的需要大胆改革管理体制，以此来保证和推动现代化建设的迅速发展。

20年后，当年陪同邓小平视察的沈阳军区司令员李德生这样回忆：

> 那些日子，我一直都陪着邓小平同志。他的工作日程排得满满的，上午、下午，甚至晚上，都找干部群众谈话，到工厂、农村、部队调查研究，体察民情。他对揭批“四人帮”、开展真理标准讨论、工农业生产和群众生活等方面的情况，问得很详细，作了许多极其重要的指示。在谈话中，邓小平同志用了很长时间，阐述实事求是的思想路线，就是真正搞清楚真高举还是假高举毛泽东思想旗帜的问题。他说，战备工作是很重要的，要搞好，但是当前最重要的是要花大力气开展实践是检验真理标准的讨论，真正从思想深处推倒“两个凡是”，自觉地坚持马克思主

义实事求是的思想路线，只有这样，其他工作才不会搞偏。几天之间，小平同志所作的一次次精辟论述，具有极强的震撼力和号召力，在广袤的白山黑水之间掀起了思想解放运动的热潮。[①]

时任吉林省委第一书记的王恩茂对当时的情景回忆道：

当小平同志讲到：如果我们国家生产力水平老是很低，人民物质文化水平老是很低，我们就对不起人民。1978年，我国工人的月平均工资只有45元，农村广大地区还处在贫困状态，这叫什么社会主义优越性？所以还是横下一条心来，抓经济建设为中心，集中力量一心一意搞经济建设。此言一出，与会同志心中被压抑十多年的激情如灼灼熔岩奔突而出，响雷般的掌声久久未停，只觉得手掌心又麻、又热、又疼……小平同志对我们所作的指示，在当时和以后一段时间产生了重大影响，促进了我思想的大解放，过去有些不敢想的问题，现在敢想了；过去不敢讲的问题，现在敢讲了，这就为召开十一届三中全会打下了一个很好的思想基础，为实现伟大的转折点燃了光明之火！[②]

他们的回忆可以说是讲出了所有当事人的共同印象，从另

① 于光远等著：《改变中国命运的41天》，海天出版社1998年版，第232～234页。
② 于光远等著：《改变中国命运的41天》，海天出版社1998年版，第206页。

一个方面印证了邓小平东北谈话的巨大影响。

离开辽宁，在回京途中，9 月 19 日上午，邓小平又来到唐山，视察了这座城市在遭到毁灭性地震灾害后的重建工作。他来到开滦煤矿、唐山钢铁公司第二炼钢厂，详细询问了生产的恢复情况，亲切地鼓励他们："唐山工人阶级是地震震不垮的、困难吓不倒的队伍！"然后，他又语重心长地对大家说：现在实行新的技术考核，体力劳动逐渐减少了，主要靠脑力劳动，煤矿要改造，可省下来很多人。鞍钢 22 万工人，年产七八百万吨钢，经过改造最多只需要 10 万人，钢可以搞到 1500 万吨。在联邦德国产 600 万吨的煤矿，只要 900 人，他们都是技术骨干，体力用得很少，主要靠脑力劳动。当然新矛盾又会出来，省下来的人干什么？可以用于支援煤矿、新钢厂，但用人也很少，所以要开辟新的行业。建筑队伍也要改造，要建设机械化的施工队伍。中午，邓小平在招待所观看了唐山老市区和新市区建设规划模型，听取了唐山建设规划的汇报。他对沿途看到的群众普遍住的街道两旁的临时简易棚十分挂念，当他听到住宅只恢复了 17.9％时，不禁关切地问："你们去年冬天就是勉强过来的，今年冬天呢？速度是不是可以再加快一点？"下午，他不顾天气炎热，又来到正在施工的住宅小区凤凰楼工地，边看边提出要求："煤气管子要搞好，上下水道要搞好，还要有洗澡间和厕所""楼前楼后要种树种花种草""现代化的城市要很干净、整齐、节省。""地震是个很大的灾难，是坏事，但是要把它转化成好事，变成干净的城市，干净的生活区，干净的厂区。""总之，你们建设新唐山，要很好规划一下，要用70年代的观点，花钱一样多。”[1] 他所关心的，仍是生产和效率问题，是人民的疾苦冷暖问题。

9月20日，邓小平在天津停留，在听取天津市委常委工作汇报时，他对这次北方之行作了一个简短的总结：我走了几个地方，一再讲就是要解放思想，开动机器，不要当懒汉，从实际出发。大队、小队都有特殊性，不能划框框，不能鼓励懒汉。过去不能碰“禁区”，谁独立思考就好像是同毛主席对着干。实际上毛主席是真正讲实事求是的。我们过去是吃大锅饭，鼓励懒汉，包括思想懒汉，管理水平、生活水平都提不高。在谈到分配问题时，他说：现在不能搞平均主义。毛主席讲过先让一部分人富裕起来。管理人员好的也应该待遇高一点，鼓励大家想办法。不合格的管理人员要刷下来。工资总额、劳动定额不能突破，这样自己调剂的能力是没有的。在谈到引进技术要改革企业管理时，他又强调：凡这样的工厂，管理要按人家的方法，这个对我们来说叫革命。

回到北京后，邓小平继续利用各种场合反复讲他在东北视察时阐述的观点。这些观点在党内的领导干部中间也受到了越来越多的拥护，从而使党在指导思想上实现历史性转变的条件也愈来愈成熟。

在这种形势下，9月24日开始的全国计划会议确定，经济战线必须实行三个转变：

一是从上到下都要把注意力转到生产斗争和技术革命上

① 中央党史研究室科研局编：《再造中华辉煌——邓小平纪事》，中共党史出版社1994年版，第103页、105页。

来。企业和各级经济管理机关的中心任务是搞好生产。党的工作、行政工作、群众团体工作，都要服从这个中心，而不能离开这个中心。各级领导务须避免盲目地乱抓乱碰，把中心任务忘记了。要在全国城乡掀起一个学技术、学科学、学文化的热潮，掀起一个宣传新技术、钻研新技术、掌握新技术的热潮。要大力采用先进技术，促使整个国民经济逐步从手工劳动、半手工劳动和其他陈旧过时的技术基础，过渡到先进的、现代化的技术基础上去。

二是从那种不计经济效果、不讲工作效率的官僚主义的管理制度和管理方法，转到按照经济规律办事、把民主和集中很好地结合起来的科学管理的轨道上来。要消除经济管理中的无政府现象，加强综合平衡和全国的统一计划，力求经常地保持国民经济发展的合理比例。要改变经济管理体制上集中过多的毛病，扩大地方和企业的权力，充分发挥地方和企业的主动性、积极性。要改变用单独的行政办法管理经济的方式，自觉地运用价值规律，充分发挥经济手段和经济组织的作用，实行严格的经济核算制和经济责任制。要克服平均主义，贯彻按劳分配的社会主义原则，把企业经营的好坏同工人、农民、技术人员、干部的切身利益联系起来，使劳动者从物质利益上关心个人和集体的劳动成果。

三是从那种不同资本主义国家进行经济技术交流的闭关自守或半闭关自守状态，转为积极引进国外先进技术，利用国外资金，大胆进入国际市场。要在坚持独立自主、自力更生方针的基础上，采取国际上通行且对我们有利的各种方式，把世界上主要先进技术拿过来，缩短我们赶上世界先进水平的时间。要发挥我们自己的有利条件和特长，通过世界市场，同国外互通有无、取长补短，并且通过对外贸易检验和提高自己的技术水平和经济水平。①

在“三个转变”思想指导下起草的《1979、1980两年经济计划的安排（草稿）》，也被提交即将召开的中央工作会议。

10月10日，在中国工会第九次全国代表大会召开前夕，邓小平就他在大会的祝词致信华国锋、李先念：“工大祝词，我又考虑了一下，加改了两段，这是比较重要的改动。”一是在原稿的“经济战线不仅需要进行技术上的重大改革，而且需要进行制度上、组织上的重大改革”之后，加写一段：“进行这些改革，是全国人民的长远利益所在，否则我们不能摆脱目前生产技术和生产管理的落后状态。中央相信，为了四个现代化的利益，全国工人阶级一定会在这些改革中起大公无私的模范先锋作用，各工会组织一定会用深入群众的宣传组织工作积极协助各企业顺利地实现这些改革，为革命和建设的事业做出新的杰出贡献。”一是加写了关于厂长负责制的一段话：“我们的企业要实行党委领导下的厂长或经理负责制，要建立强有力的生产指挥系统。工会要教育全体会员维护企业实行高度集中的行政领导，维护生产指挥系统的高度权威。只有这样，才能有效地克服现在普遍存在的无人负责现象，才能正常地、有秩序地组织生产。也只有这样，才能不断地扩大再生产，增加利

① 《全党工作的重点和经济战线必须实行的三个转变》，载《党的文献》1988年第6期。

润，同时不断地改善职工生活，从而确实保证国家利益、集体利益和个人利益的统一。”[1] 这两条意见，无疑是增加了改革的分量。

10 月 11 日，中国工会九大开幕，邓小平作了《工人阶级要为实现四个现代化做出优异贡献》的致辞。他指出：揭批“四人帮”的斗争在全国广大范围内已经取得决定性的胜利，我们已经能够在这一胜利的基础上开始新的战斗任务。现在党中央、国务院要求加快实现四个现代化的步伐，并且为此而提出了一系列政策和组织措施。中央指出：这是一场根本改变我国经济和技术落后面貌，进一步巩固无产阶级专政的伟大革命。这场革命既要大幅度地改变目前落后的生产力，就必然要多方面地改变生产关系，改变上层建筑，改变工农业企业的管理方式和国家对工农业企业的管理方式，使之适应于现代化大经济的需要。为了提高经济发展速度，就必须大大加强企业的专业化，大大提高全体职工的技术水平并且认真实行培训和考核，大大加强企业的经济核算，大大提高劳动生产率和资金利润率。因此，各个经济战线不仅需要进行技术上的重大改革，而且需要进行制度上、组织上的重大改革。接着，邓小平宣读了他亲笔加改的上面提到的那段话。这次讲话，除进一步提出了改革的任务，还把实行工作重心向现代化建设转移的意思讲得更清楚了。

10 月 14 日，邓小平在听取解放军总政治部负责人汇报时，

---

① 中共中央文献研究室编：《邓小平思想年编（1975～1997）》，中央文献出版社 2011 年版，第 177～178 页。

再次讲了实事求是和结束揭批“四人帮”群众运动的问题。他说：实事求是这个问题很重要，不仅领导机关要这样，就是一个小企业、一个生产队也要这样。叶帅说，要把《实践是检验真理的唯一标准》这篇文章印发到全国去。实践是检验真理的唯一标准，这本来是马克思主义的基本原则问题，是常识，也有人不赞成，这样的人还不是太少，甚至连按劳分配也有人说是错的。要允许发表不同的意见，真正做到三不主义。要改变那种看气候、看风向说话的倾向。讲话，错了不要紧，不要怕，这是难免的。过去我们在各个根据地，都是按照中央统一的方针，实事求是，一切从实际出发，去分析和解决问题，结果都搞好了。如果不解放思想，不开动机器，不独立思考，那非垮台不可。实事求是问题涉及四个现代化，涉及党风、民风。我们还是要像大庆那样，提倡说老实话，做老实事，当老实人。

在谈到部队揭批“四人帮”运动问题时，他说：有几条杠杠作为验收运动的标准是很重要的，不然，要进行到底，底在哪里，摸不着。运动不能老搞下去，到一定时候要转入正常。运动搞久了，容易倦烦，还可能打击面宽了。[①]

这次谈话，再次为党中央作出转折性的重大决策作了呼吁。

不久，党中央正式发出了召开中央工作会议的通知。这时，邓小平关于结束揭批“四人帮”运动，实行工作重心向现

① 中共中央文献研究室编：《邓小平思想年编（1975～1997）》，中央文献出版社2011年版，第181～182页。

代化建设转移的意见已经得到党中央领导层多数人的赞同，至少在 1978 年 11 月之前，中共中央政治局常委内部已经就工作重点转移问题取得了一致意见；就党内大多数人的状况来讲，无论是在指导思想上，还是在具体方针政策上，也都具备了作出拨乱反正的重大决策、实现历史性转变的条件。但是，在如何实现重点转移的问题上，仍然存在明显的认识分歧，存在两种不同的指导思想：

一种是继续维护毛泽东晚年的一套理论方针及政治路线，即在不触动过去的指导思想的前提下进行转移，根据这一指导思想，“转移”就仅仅是作为一种工作上的安排或“形势的需要”。11 月初，华国锋在同中央负责同志谈他在工作会议上的讲话起草事宜时，曾交代说，讲话主要谈着重点转移的问题。当有起草者问：讲话稿是否涉及真理标准讨论时，他说，不要涉及。因此，这篇讲话里回避了指导思想的问题。

另一种就是在邓小平倡导的实事求是、解放思想的方针指导下，把“转移”首先是看成对“文化大革命”以来及其以前错误的纠正，是对思想路线、政治路线的拨乱反正，是对仍然存在的思想禁区的突破。为此，进行“转移”，首先就应解决真理标准讨论中，以及此前各条战线拨乱反正中暴露的思想分歧，纠正“两个凡是”的错误，确立解放思想、实事求是的方针，用这样的方针来指导重点转移。不用说，邓小平就是这一主张的主要代表。从他上述一系列谈话可以看出，他谈工作重心转移，不仅是从形势需要出发，更多的是从社会主义本质要求出发，从新中国成立后多年的经验教训出发。在他看来，集中力量搞经济建设，搞现代化，绝不光是“形势的需要”，而是对以往的挫折进行反省的结果，是社会主义建设的根本要求，是“最大的政治”。这显然与“形势变化了”要“转移”，是截然不同的。

这样，在讨论重点转移问题时，两种指导思想和各种认识的碰撞就不可避免。不过，由于真理标准问题讨论兴起的思想解放的潮流，由于要求实事求是、反对“两个凡是”的人已经愈来愈多，因此，思想和认识碰撞的结果也不难预料。

二、促成历史转折的中央工作会议

◎开幕会上，华国锋宣布了三个议题

◎陈云发言，把会议引向拨乱反正，三个议题被突破了

◎在与会同志强烈要求下，中央政治局作出为天安门事件平反等重大决定

◎在解决历史遗留问题时，邓小平反复强调：党中央、中国人民永远不会干赫鲁晓夫那样的事

◎真理标准问题讨论成为主要议题

◎根据大家意见，关于农业的文件重新改写

◎关于调整国民经济的主张，使经济冒进倾向得到制止

◎关于改革开改方针的酝酿进一步具体化

◎党和国家的民主建设成为重要议题

◎邓小平亲拟讲话提纲，为十一届三中全会确定了主题

1978年11月10日，中共中央工作会议在北京召开，参加

会议的有各省、自治区、直辖市、各大军区和中央各部门的主要负责人。其中有：十一届一中全会选出的中央政治局委员和候补委员，包括华国锋、叶剑英、邓小平、李先念、汪东兴5位常委和韦国清、乌兰夫、方毅、刘伯承、许世友、纪登奎、苏振华、李德生、吴德、余秋里、张廷发、陈永贵、陈锡联、耿飚、聂荣臻、倪志福、徐向前、彭冲18人；

还有中央军委常委：王震、粟裕；

全国人大常委会副委员长：陈云、谭震林、李井泉、张鼎丞、蔡畅、邓颖超、廖承志、姬鹏飞、周建人；

国务院副总理：谷牧、康世恩、王震；

全国政协副主席：宋任穷、康克清、王首道、杨静仁；

最高人民法院院长：江华；

最高人民检察院检察长：黄火青。

从以上名单不难看出，在中央决策层，久经考验的老一代革命家已经占有多数。

各省、直辖市、自治区和各大军区的第一、二把手都到了会。

中央和国家机关各部委、军委直属机关的主要负责人也都到了会，其中中国科学院除方毅外，出席的还有李昌；中国社会科学院出席的是胡乔木。

还有一批非十一届中央委员和候补委员，但是曾在中央和地方或军队担任过重要职务的老同志，如：习仲勋、王任重、韩光、洪学智、蒋南翔等，也参加了会议。列在出席者名单的共219人。

会议出席者按地区分为6个大组。每组指定4个召集人：

华北组：林乎加（北京）、刘子厚（河北）、罗青长（中央调查部）、秦基伟（北京军区）

东北组：王恩茂（吉林）、任仲夷（辽宁）、唐克（冶金部）、杨勇（总参谋部）

华东组：彭冲（上海）、万里（安徽）、白如冰（山东）、聂凤智（南京军区）

中南组：段君毅（河南）、毛致用（湖南）、黄华（外交部）、杨得志（武汉军区）

西南组：赵紫阳（四川）、安平生（云南）、张平化（中宣部）、梁必业（总政治部）

西北组：汪锋（新疆）、霍士廉（宁夏）、胡耀邦（中组部）、肖华（兰州军区）

所有发言都在各组会内进行。

开幕会上，华国锋宣布了会议的三个议题：第一是讨论《关于加快农业发展速度的决定》和《农村人民公社工作条例（试行草案）》；第二是商定1979、1980两年国民经济计划的安排；第三是讨论李先念在国务院务虚会上的讲话。

华国锋说这是一个很重要的会议，并提出在讨论这三个议题之前，中央政治局决定，先讨论一下从明年起把全党工作着重点转移到社会主义现代化建设上来的问题。他告诉与会同志："中央政治局常委和中央政治局一致认为，适应国内外形势的发展，及时地果断地结束全国范围的揭批'四人帮'的群众运动，把全党工作的着重点转移到社会主义现代化建设上来，是完全必要的。”关于实行工作重点转移的原因，华国锋说：“恰当地估量运动的发展情况，是我们提出转移全党工作重点的重要依据。”接着，他对粉碎“四人帮”两年来的工作作了总结，对揭批“四人帮”运动的发展状况作了估量，讲了国内的经济形势，也讲了国际上的有利条件，说明工作重点转移是形势的迫切要求。他宣布整个会议准备开 20 多天。这篇讲话没有再提“两个凡是”。而且，较多地讲了实行工作重点转移的必要性，也提出了要大胆利用外国资金和技术，加快我国的建设步伐，要适应现代化的需要，改进经济管理体制。但是，没有提指导思想问题，没有提真理标准讨论、思想路线转变的问题，也没有提当时党内外普遍关心的平反冤假错案问题。而且，仍然使用了“第十一次路线斗争”的提法，提交讨论的农业文件，仍然坚持“抓革命，促生产”和“农业学大寨”的思路。这就是说，要在不改变指导思想的前提下，实现工作重点转移。这当然是参加会议的那些希望首先解决指导思想的是非和重大历史问题是非的同志们不能满意的。

会议开始后，陈云率先提出解决历史遗留问题的意见，把会议讨论引向了拨乱反正。

11 月 11 日，会议开始分组发言。这时，有少数同志开始呼吁为天安门事件平反。吕正操在华东组发言中说：如果说民主革命时期有五四运动，那么天安门事件就是社会主义时期的四五运动。它是在毛泽东思想哺育下，中国人民的伟大光荣。傅崇碧在华北组的发言中说：天安门事件是革命行动。究竟是什么性质，要向群众讲清楚。不过，这一天的发言主要还是对工作重点转移表示拥护，对解决遗留问题没有更多的涉及。

11月12日，陈云在东北组发言，首先提出了解决历史遗留问题的意见，突破了原定的三个议题。他说：

> 实现四个现代化是全党和全国人民的迫切愿望。我完全同意中央的意见。安定团结也是全党和全国人民关心的事。干部和群众对党内是否能安定团结，是有所顾虑的。
>
> ……对有些遗留的问题，影响大或者涉及面很广的问题，是需要由中央考虑和作出决定的。对此，中央应该给以考虑和决定。例如：
>
> 一、薄一波同志等“六十一人”所谓叛徒集团一案。他们出反省院是党组织和中央决定的，不是叛徒。
>
> 二、1937年7月7日中央组织部关于所谓自首分子的决定这个文件，是我在延安任中央组织部长（1937年11月）以前作出的，与处理薄一波同志等问题的精神是一致的。我当时还不知道有这个文件，后来根据审查干部中遇到的问题，在1941年也写过一个关于从反省院出来履行过出狱手续，但继续干革命的那些同志，经过审查可给以恢复党籍的决定。这个决定与“七七决定”精神是一致的。这个决定也是中央批准的。我认为，中央应该承认“七七决定”和1941年的决定是党的决定。对于那些在“文化大革命”中被错误定为叛徒的同志应给以复查，如果并未发现有新的真凭实据的叛党行为，应该恢复他们的党籍。此外，据我所知，在抗日战争时期和解放战争时

期，在敌我边际地带有一个所谓“两面政权”问题。当时党组织决定一些党员在敌伪政权中任职，掩护我党我军的工作。这些党员，在“文化大革命”中也大多被定为叛徒。这是一个涉及数量更大的党员的政治生命问题，也应该由党组织复查，对并无背叛行为的同志应该恢复党籍。

总之，“七七决定”、1941年决定中所涉及的同志和在“两面政权”中做了革命工作的同志，对他们做出实事求是的经得起历史检验的结论，这对党内党外都有极大的影响。不解决这些同志的问题，是很不得人心的。这些同志都已是六七十岁的人了，现在应该解决他们的问题。

三、陶铸同志、王鹤寿同志等是在南京陆军监狱坚持不进反省院，直到七七抗战后由我们党向国民党要出来的一批党员，他们在出狱前还坚持在狱中进行绝食斗争。这些同志，现在或者被定为叛徒，或者虽然恢复了组织生活，但仍留着一个“尾巴”，例如说有严重的政治错误。这些同志有许多是省级、部级的干部。陶铸一案的材料都在中央专案组一办。中央专案组是“文化大革命”时期成立的，他们做了许多调查工作，但处理中也有缺点错误。我认为，专案组所管的属于党内部分的问题应移交给中央组织部，由中央组织部复查，把问题放到当时的历史情况中去考察，做出实事求是的结论。像现在这样，既有中央组织部又有专案组，这种不正常的状态，应该结束。

四、彭德怀同志是担负过党和军队重要工作的共产党员，对党贡献很大，现在已经死了。过去说他犯过错误，但我没有听说过把他开除出党。既然没有开除出党，他的骨灰应该放到八宝山革命公墓。

五、关于天安门事件。现在北京市又有人提出来了，而且还出了话剧《于无声处》，广播电台也广播了天安门的革命诗词。这是北京几百万人悼念周总理，反对“四人帮”，不同意批邓小平同志的一次伟大的群众运动，而且在全国许多大城市也有同样的运动。中央应该肯定这次运动。

六、“文化大革命”初期，康生同志是“中央文革”的顾问。康生同志那时随便点名，对在中央各部和全国各地造成党政机关瘫痪状态是负有重大责任的。康生同志的错误是很严重的，中央应该在适当的会议上对康生同志的错误给以应有的批评。①

这六个问题不仅提出了令党内外普遍关注的一些重大历史是非，而且问题提得很准确，语言有力。

这一天其他组也有同志提出类似意见，要求为天安门事件平反，要求对康生的问题进行清查，等等。陈云的发言在简报上刊出后，立即受到与会同志热烈响应。各组都有不少同志就陈云提出的问题发表意见，并补充提出其他一些必须由中央考虑作出平反决定的重大案件，如“彭、罗、陆、杨”问题、“二月逆流”问题，以及一些地方性冤假错案问题。胡耀邦在

① 《陈云文选》第三卷，人民出版社 1995 年版，第 232～234 页。

西北组发言除提出天安门事件等大是大非必须彻底解决外，还说：现在全国脱产干部大约1700万人，在历次运动中被立案审查的约占17%，加上被审查的基层干部、工人、老百姓和他们的直系亲属，将近一亿人。这么多人的问题解决不好，就很难同心同德，充分调动大家的积极性。对受到冤屈的人应按照彻底唯物主义的精神，有错必改、翻案。否则，危害安定团结的因素消除不了。这件事情要在1979年庆祝新中国成立30周年前基本做完。此外，许多人还对康生的问题进行了揭发，对一些在"文化大革命"中犯了严重错误的同志进行了批评。会议的气氛顿时活跃起来，所提重大冤假错案已经愈来愈涉及指导思想的问题，华国锋宣布的"三项议程"被一步步冲破了，各组发言的重点也集中到平反冤假错案上来。特别是天安门事件，几乎各组都提出了尽快平反的要求。

在这种情况下，11月14日《北京日报》刊登中共北京市委常委扩大会议的决定，宣布：1976年清明节，广大群众到天安门广场悼念我们敬爱的周总理，完全是出于对周总理的无限爱戴、无限怀念和深切哀悼的心情，完全是出于对"四人帮"祸国殃民滔天罪行的深切痛恨，它反映了全国亿万人民的心愿，完全是革命的行动，对于因此而受到迫害的同志一律平反，恢复名誉。这一决定是经中央常委批准的。几位新闻单位的负责人经过商议，决定在报道这一消息时再进一步把事件性质说明，推动为这一事件正式平反。11月15日，新华社在"天安门事件完全是革命行动"这样的标题下对这一消息作了报道，并于16日在《人民日报》《光明日报》等各大报刊刊登，使广大读者为之振奋。18 日，华国锋为童怀周编辑的人民文学出版社要求出版的《天安门诗抄》题写了书名，用这种方式，表示了对为天安门事件平反的支持。19 日，新华社对此事作了报道，同时又报道了在天安门事件中被判刑者全部宣布无罪的消息。随后，河南、浙江、江苏等省委也郑重宣布：为 1976 年清明节期间因悼念周总理，反对“四人帮”而受到迫害的同志彻底平反，恢复名誉。

但是，参加中央工作会议的同志还是希望中央对天安门事件平反的问题再作一个明确的表态。除天安门事件外，与会同志还提出了其他一些重大错案。如：

聂荣臻在东北组发言指出：关于案件问题，陈云同志在这次会上首先提出来，我很同意。这类问题，面相当大，各省都有一些，如武汉“百万雄师”、四川“产业军”，解决这些问题时，注意不要把派性挑起来。关于其他一些重大错案，我也同意陈云同志的意见。还有彭真的问题、陶铸的问题、彭德怀的问题、杨尚昆的问题。

陈云插话说：这些问题不解决，党内外很不得人心。

聂荣臻继续说：我们党从成立到现在，一些重要人物的历史问题，希望能够作出明确结论。现在建党时期的老同志已经都不在了。大革命时期的老同志，还在工作的为数也不多了，抓紧目前时机，把这些问题搞清楚，作出明确结论，很有必要。

康克清在华北组发言：我完全同意陈云在东北组提出的六点意见。我建议，凡是林彪、“四人帮”强加于人的一切污蔑不实之词，都应予以推倒。对过去遗留的问题，对一些人犯错误的问题，还是讲清楚为好。

中南组的同志纷纷呼应陈云的发言，提出：为有利于工作重点转移，会上同志们提出的目前群众普遍关心的几个重大问题最好能解决。

张鼎丞在西南组发言：为了有利于安定团结，稳定大局，使工作的着重点转移得更好，希望中央对于“文革”中遗留的一些比较大的问题尽快予以解决。

姚依林在西北组的发言中建议：中央应把广大干部群众议论很多的一些问题讲清楚。如“六十一人问题”、天安门事件问题，在这些问题上，干部群众是有意见的。对这些重大问题中央不正式表态，干部群众会有抵触情绪。最好能在工作重点转移之前，就把这些问题讲清楚。

在与会同志强烈要求下，中央政治局常委讨论了上述意见。11 月 25 日，华国锋代表中央政治局在大会上宣布了中央的决定：

（一）为天安门事件平反。中央认为，天安门事件完全是革命的群众运动。应该为事件公开彻底平反。

（二）关于所谓“二月逆流”问题。中央认为，所谓“二月逆流”，完全是林彪、“四人帮”颠倒是非，蓄意陷害。其目的是打倒当时反对他们的几位老帅和副总理，进而打倒周总理和朱委员长。因所谓“二月逆流”一案受冤屈的所有同志，一律恢复名誉，受牵连和处分的，一律平反。

（三）关于薄一波等六十一人问题。现已查明，这是一起重大错案。中央决定为这一重大错案平反。

（四）关于彭德怀同志的问题。彭德怀同志是老党员，担任过党政军重要职务，有重大贡献。历史上有过错误，但过去怀疑他里通外国是没有根据的，应予否定。骨灰应放到八宝山革命公墓第一室。

（五）关于陶铸同志的问题。陶铸同志是老党员，在几十年工作中对党对人民是有重大贡献的。经过复查证明，把陶铸同志定为叛徒是不对的，应予平反。骨灰放入八宝山革命公墓第一室。

（六）关于杨尚昆同志的问题。过去把他定为阴谋反党、里通外国是不对的，应予平反。对杨尚昆同志要分配工作，恢复党的组织生活。中央决定，中央专案组结束工作，全部案件移交中央组织部。各级党委设立的专案组也应逐步结束工作。今后不再采取成立专案组审查干部的办法。

（七）康生、谢富治民愤很大，对他们进行揭发批判是合情合理的。

（八）关于一些地方性重大事件。中央决定一律由各省、自治区、直辖市党委根据情况实事求是地予以处理。对于曾经分裂为两大派的群众组织，要妥善处理，不要引起派性斗争。要引导群众向前看，消除资产阶级派性。

后来，根据会议讨论的情况和大家的要求，12 月 14 日，在印发华国锋这次讲话的修改稿时，又增加了一条，即："实践证明，反击右倾翻案风是错误的。中央政治局决定：中央1975 年发的 23、24、26、27 号文件，1976 年发的 2、3、4、

5、6、8、10、11 号文件全部予以撤销。贯彻执行这些文件的党委和个人是没有责任的，责任由中央承担。”这一条作为第二条，文件内容也变为九条。

这些决定，使两年来广大干部群众一直强烈呼吁的几项要求终于得到基本解决。大家感到很满意，心情舒畅。中央政治局也决定让大家放开讲话，以利于总结工作，分清是非。会议初期，曾发生过有的同志的发言不能及时登简报或被删改的现象，经提意见后，很快有了改进，各组同志都能在第二天就看到前一天其他组的发言，而且很详细，有用的话很少被删去。这使大家的发言更加思想解放，畅所欲言。有的同志甚至提出了对“文化大革命”应当重新研究、重新评价的意见，认为所谓“刘少奇的资产阶级司令部”根本就不存在。只是因为时机和条件还不成熟，还没有人提出刘少奇的平反问题。

在解决历史遗留问题的同时，邓小平反复强调：一定要坚持毛泽东思想，中国人民永远不会干赫鲁晓夫那样的事。

11 月 25 日下午，在中央工作会议刚宣布完中央政治局的几项重大决定之后，华国锋、叶剑英、邓小平、李先念、汪东兴听取了北京市委和团中央对天安门事件平反后群众反映的汇报。邓小平指出：天安门事件平反后，群众反映强烈，大家很高兴，热烈拥护，情况是很好的。当然也出现一些问题。我们的工作要跟上去，要积极引导群众，不能和群众对立。我们一定要高举毛主席的伟大旗帜。毛主席的旗帜是全党全军全国各族人民团结的旗帜，也是国际共产主义运动的旗帜。现在，有的人提出一些历史问题，有些历史问题要解决，不解决就会使很多人背包袱，不能轻装前进。有些历史问题，在一定的历史时期内不能勉强去解决。有些事件我们这一代人解决不了的，让下代人去解决，时间越远越看得清楚。有些问题可以讲清楚，有些问题一下子不容易讲清楚，硬要去扯，分散党和人民的注意力，不符合党和人民的根本利益。现在报上讨论真理标准问题，讨论得很好，思想很活泼，不能说哪些文章是对着毛主席的，那样人家就不好讲话。但讲问题，要注意恰如其分，要注意后果。迈过一步，真理就变成谬误了。毛主席的伟大功勋是不可磨灭的。外国人问我，对毛主席的评价，可不可以像对斯大林评价那样三七开？我肯定地回答，不能这样讲。党中央、中国人民永远不会干赫鲁晓夫那样的事。现在中央的路线，就是安定团结，稳定局势，搞社会主义现代化。国际上也十分注意我们国内局势是不是能够保持稳定。引进新技术，利用外资，你稳定了，人家才敢和你打交道。安定团结是实现四个现代化的必要政治条件，不能破坏安定团结的局面。这是中央的战略部署，这是大局。我们处理任何问题，都要从大局着眼，小局服从大局，小道理服从大道理。不搞什么新运动，不要提中央没有提的什么运动。要引导群众向前看。平反工作，中央和各地都在抓紧处理，都是有领导、有步骤地进行的。林彪、“四人帮”破坏造成的一些遗留问题，都可以逐步解决。解决这些问题是为了创造一个安定团结的稳定局势，把各种积极因素调动起来。其他中央常委也说：“文化大革命”的问题，毛主席已经提出了要纠正“打倒一切，全面内战”的错误。我们现在对冤案、错案、假案平反，就是解决这个问题。而且我们相信，毛主席如果在世的话，这些问题也会逐步解决的。我们要准确地、全面地去理解毛泽东思想，要高举毛主席的伟大旗帜。当然“金无足赤，人无完人”，一些问题总要有一个暴露和认识的过程。对一些具体问题，要实事求是地、按照实践是检验真理的唯一标准这个原则去解决。有些事情，不能提毛主席，也不宜提，提了不利。报纸要十分慎重。中国历史证明，只有毛主席能领导我们走向胜利。

上述意见，很快作为中央政治局常委的指示传达，为北京市、团中央和各地的党委做好群众工作及时提供了指导方针。

11 月 26 日，邓小平在会见日本民社党委员长佐佐木良作时明确地说：过去对天安门事件的评价是不对的，北京市委肯定天安门事件是广大群众悼念周总理、反对“四人帮”，是革命行动，这是我们中央批准的，实际上就是我们中央表示的态度。有错必纠是毛主席历来提倡的。对天安门事件处理错了，当然应该纠正。如果还有别的事情过去处理不正确，也应该实事求是地加以纠正。勇于纠正错误，这是有信心的表现。当然，解决这样复杂的问题总要有一个过程，现在时机成熟了。有人有一个错觉，以为重新评价天安门事件，又要乱，其实不会，人民是可以信任的。现在不但中央的领导，地方的领导也一样，都一心一意要搞四个现代化。搞四个现代化没有安定团结的局面是不行的。我们处理这些问题就是要把过去的问题了结一下，使全国人民向前看。所有错案、冤案，人民和干部不满意的事，一起解决。了结了这些问题，大家心情就舒畅了，一心一意向前看，搞四个现代化。

27日，在听取中央工作会议各组召集人的汇报时，邓小平再次强调指出：毛主席的伟大功勋是不可磨灭的。没有毛主席，就没有新中国。毛主席的伟大，怎么说也不过分，不是拿语言可以形容得出来的。毛主席不是没有缺点错误的，我们不能要求伟大领袖、伟大人物、思想家没有缺点错误，那样要求就不是马克思主义者。毛主席讲马克思、列宁写文章就经常自己修改嘛。对毛主席的缺点错误，这个问题是不能回避的，在党内还是讲一讲好。外国人问我，对毛主席的评价，可不可以像对斯大林评价那样三七开？我肯定地回答，不能这样讲。党中央、中国人民永远不会干赫鲁晓夫那样的事。

同一天，他在会见美国专栏作家罗伯特·诺瓦克时还说：中国人民都知道，没有毛泽东主席就没有新中国。这个历史是抹不掉的。毛主席从来就提倡把马列主义的真理同中国革命的具体实践相结合，不是照抄照搬某句话。毛主席历来反对本本主义。我们对待毛泽东思想也是一样。我们提倡要完整地、准确地掌握和运用毛泽东思想。因为有些问题毛主席在世时不可能提出。按照马列主义的原理，我们不能要求任何伟大的人物、伟大的领袖每句话在任何时候都是适用的。

29日，邓小平在会见竹入义胜率领的日本公明党第七次访华团时又强调：现在中国最主要的任务是要搞四个现代化，要搞四个现代化，就要创造一个良好的政治气氛，求得一个安定团结的政治局面，使党内外广大群众心情舒畅。对过去有些事情，群众不满意的，也确实有错的，要按照毛主席实事求是、有错必纠的方针，把它纠正过来，把那些冤案、错案了结了。对有些人，过去搞得不对的，搞过了的，要改过来，比如对彭德怀同志的评价。这样去引导全党、全国人民一心一意奔向四个现代化。实际上，我们现在议的就是怎么样万众一心搞四个现代化，中心议题就是这个。[①]

在中央常委的指示和邓小平的有关谈话精神陆续传达后，北京等地的社会局面很快稳定下来。

另外，上述中央常委的指示中，还明确地肯定了真理标准问题的讨论，提出要按实践是检验真理的唯一标准的原则去解决问题。这实际上是对真理标准问题讨论表了态。无疑，这肯定也会对正在举行的中央工作会议发生影响。

从 11 月 27 日起，会议根据华国锋的意见开始转入对两年经济计划和李先念在国务院务虚会上的讲话的讨论。但是，由于指导思想问题在解决历史遗留问题的过程中尚未得到充分讨论，尽管有的同志在这之前的发言中也提到了真理标准问题的讨论，并对《红旗》杂志和中央宣传部对这场讨论的态度提出了批评，但当时大家的主要注意力还是在解决遗留问题方面。因此，在基本解决了遗留问题后，就不可避免地要提出思想路线问题，以彻底解决会议已经提出的指导思想问题。

果然，从 11 月 27 日起，真理标准问题讨论开始成为会议的主要议题。有人在发言中对真理标准问题的讨论提出了不同看法，不赞成把这场讨论看成是政治问题、路线问题，是关系国家前途和命运的问题，不赞成已见诸许多报刊的“来一个思

① 中共中央文献研究室编：《邓小平思想年编（1975～1997）》，中央文献出版社 2011 年版，第 191～197 页。

想解放运动”“反对现代迷信”等口号。有的同志仍然认为，讨论真理标准问题，是提倡怀疑一切，是在实际上引导人们去议论毛主席的错误，不符合党的十一大的方针。还有的同志说：“在关于真理标准问题的讨论中，有的文章的内容，直接或间接提到毛主席，有一种诱导人们去议论毛主席错误的倾向，我以为是不恰当的，后果是不好的。”这些意见立即引起多数与会同志的反对和驳斥。通过争论，很多人进一步了解了真理标准讨论中的一些情况，纷纷发言充分肯定讨论真理标准问题的重要意义，对压制和阻碍这场讨论的一些领导同志包括中央领导同志也进行了严肃批评。大家感到，在这个问题上的分歧，实质上是两种指导思想的分歧，这个问题不解决，是非就搞不清，工作重点转移也无法顺利进行。

胡乔木在华东组发言：真理标准问题的讨论，在两个意义上也是政治问题：一方面搞清楚这个问题，对于解放思想，搞好当前工作，加速四个现代化的建设，正确处理遗留的各种案件，等等，都具有指导意义；另一方面，对这个问题的讨论，绝大多数省、市和各大军区负责人都表了态，这已不是一般的理论问题了。总结“文化大革命”正反两方面的经验，如果不解决这个根本观点、根本方法，用什么标准来判定路线、理论、思想的是非？怎样引出真正的经验教训来？是非不清，又怎么能落实党的政策？

万里也在华东组发言说：当前，“实践是检验真理的唯一标准”和关于“两个凡是”的讨论已经公开化了。这是党内一场严肃的政治斗争和路线斗争，是关于如何按照马列主义、毛泽东思想搞四个现代化的斗争，这不只是一个理论之争，也不只是发生在下面，是发生在党的核心内。问题已经揭开，不必回避。……这个问题解决好了，大家无后顾之忧。

蒋南翔在东北组发言说：真理标准问题应该讨论清楚。这虽是个马列主义的常识问题，但有极重要的意义。这个原则不明确，思想就不能解放，干部和群众的创造性就会受压抑。缺乏一个最后明辨是非的客观标准，遇有分歧就难以统一认识，不利于安定团结。

习仲勋在中南组发言说：关于实践标准的问题，是个思想路线问题，对实际工作关系很大，是非搞不清楚，就不能坚持实事求是。

邓颖超在中南组发言说：实践是检验真理的唯一标准问题，是一个重大问题。我们每个人应当表明自己的立场、观点，旗帜要鲜明。这个问题不是一般的意见不同，个别问题的争论可以放到以后再讨论，这是关系到这次会议以后走向四个现代化，是这次工作会议首先要统一的思想、理论和政治问题。

徐向前在西北组发言说：实践标准，是马克思主义的根本观点。这个问题不搞清楚，对我们的工作影响很大，它关系到我们究竟执行什么路线的问题。马列主义、毛泽东思想要丰富、要发展，不能把革命导师的每句话永远不变地照搬。

经过尖锐的思想交锋，一些曾对这场讨论的意义认识不足的同志先后有了转变，作了自我批评。大家还要求党中央对这场讨论明确表态，以彻底解决思想路线问题。不少同志还表示，赞成叶帅的意见，在工作会议后专门召开一次理论工作会议，把不同意见摆开，以统一思想认识。

关于工作重点转移的指导思想，会议也进行了讨论。有些同志认为，“我们搞建设，仍然要坚持以阶级斗争为纲。”而不少同志则提出，对建设时期的阶级斗争问题应当重新认识，澄清糊涂观念。这是党指导现代化建设必须要解决的问题。有的同志还提出：今后除非发生战争，一定要把生产斗争和技术革命作为中心，不能有其他的中心。经过热烈讨论，这一看法最后得到多数人的赞同。

随着思想路线的拨乱反正，对其他议题的讨论也在不断摆脱“两个凡是”的束缚，贯彻实事求是的方针。

在讨论两个农业文件时，许多同志都对《关于加快农业发展速度的决定（草案）》感到不满意，认为这个文件回避严峻的现实，空讲“人民公社的优越性”和“连续十几年的大丰收”，没有真正揭露矛盾和总结出经验教训，重点不突出，没提出得力措施，对现状的估计也不符合实际。

东北组在讨论时指出：报纸上每年都叫大丰收，1972 年减产了 200 亿斤还说丰收，丰收了 15 年，农业还是这个样子。现在全国有近两亿人口粮在 300 斤以下，吃不饱肚子，全国的人均粮食比 1957 年还要少。如果不下最大决心迅速缓和农民生活的紧张状态，我国整个政治、经济形势就不能摆脱被动局面。

当时，四川省的农业生产恢复较快，在全国受到称赞。可西南组的同志在发言时仍然指出：四川虽然名声在外，但还有一批生产队不能进行简单再生产，大部分生产队只能进行简单再生产，不少农民的口粮在 300 斤以下。可农业文件所提措施还不足以尽快改变农业落后面貌。

西北是我国穷困地区比较集中的地方，因此西北组的同志对农业的问题感受更深，讲的情况也更令人吃惊。他们指出：西北黄土高原人口 2400 万，粮食亩产平均只有 170 斤，有的地方只收三五十斤，口粮在 300 斤以下的有 45 个县，人均年收入在 50 元以下的有 69 个县。宁夏西海固地区新中国成立以来人口增长 2 倍，粮食增长不到 1 倍，连简单再生产也有问题。群众生活确实很困难，有的人家土炕上连一张席都没有。陕西 2300 万农业人口中，口粮平均在 300 斤以下的约有 760 万人。甘肃自 1967 年以来，10 年间，全省农村人口每人每年的口粮都在 300 斤左右，44％以上的生产队，41％的农村人口，口粮在 300 斤以下。1977 年全省农村每个劳动日值平均只有 0.36 元，社员现金收入平均每人 13 元。人民没饭吃，我们看了真感到痛心。28 年来，陕甘宁青四省共吃返销粮 74 亿斤，仅甘肃省就占 40 亿斤，有的地方一天的工分只有几分钱。

西南组的发言提出：农业生产为什么长期上不去？主要是一些重大政策问题没有解决，一是农轻重的方针没有很好贯彻，二是不按经济规律办事。多年来，我们把农民弄得太苦了。竭泽而渔，严重挫伤了农民的积极性。拨乱反正，首先要解决这些带根本性的问题。鉴于历史教训，国家一定不要征购过头粮，近几年内起征点必须稳定在三四百斤；缩小工农业产品比价，主要农副产品价格，建议每年提高 30％，三年内提高一倍；尊重生产队自主权，增加对农业的投资。

西北组的发言提出：解决农业问题的根本在于调动农民积极性，调动的关键在于落实党在农村的各项政策，改进领导作风，改善党和农民的关系。我们为什么那样怕农民富？动不动就“割资本主义尾巴”？对农民要放手点，不要卡得太死，要允许农民有真正的“小自由”，不要怕农民富。这两年要让农业缓口气。缓和的关键在于落实党的政策，改变以往在农业方面的过“左”政策。要尽最大努力让农民休养生息，缓过气来。绝对不征过头粮。社员自留地制度和允许社员经营家庭副业的规定一定要坚持，再不能朝令夕改。要在思想上弄清什么是资本主义，什么是社会主义。不要怕农民富。如果认为农民富了就会产生资本主义，那我们只有世世代代穷下去。

东北组的发言提出：农业发展慢，根本原因就是一些人觉得“左”比右好。农业上不去，主要是“左”倾，应当反“左”。应该尊重农民的权利和生产队的自主权。提高粮食收购价格，争取两年内提价30%。

华北组的发言提出：农业上不去，近几年经济政策翻来覆去是一个重要原因。应该认真总结正反两个方面的经验教训。目前应着重把农村政策搞对头，调动社员和基层干部的积极性，特别要坚持等价交换、实行按劳分配，尊重生产队自主权，充分运用计划、合同制和价值规律来指导农业生产。

华东组的发言提出：就整个农业来说，我们同农民的关系弦绷得太紧了。农民反映：拿得太多，给得太少，管得太紧，统得太死。这个问题必须解决。现在政社合一的结果，往往产生长官意志，集体所有制得不到尊重。现在定额管理方法各异，但对产量要不要落实到组和户，并超产奖励，群众心有余悸，就是怕包产到户。究竟什么是走资本主义道路？如果生产资料所有制不变，又不剥削他人，包产到户或组是不是资本主义？希望对这些问题很好地说明。

中南组的发言提出：现在很有必要对过去20多年的农业状况作个基本估计。这个文件最大的缺点就是没有很好地总结经验、揭露矛盾。

邓颖超在该组提出：农业学大寨不是农业的方向，农业现代化才是方向。许多同志都提到，全国情况千差万别，怎么能都搞成大寨一个模式？

陈云在东北组作了《关于当前经济问题的五点意见》的发言。其中对农业问题谈道："在三五年内，每年进口粮食可以达到两千万吨。我们不能到处紧张，要先把农民这一头安稳下来。农民有了粮食，棉花、副食品、油、糖和其他经济作物就都好解决了。摆稳了这一头，就是摆稳了大多数，七亿多人口稳定了，天下就大定了。建国快30年了，现在还有讨饭的，怎么行呢？要放松一头，不能让农民喘不过气来。如果老是不解决这个问题，恐怕农民就会造反，支部书记会带队进城要饭。……我认为，这是大计，这是经济措施中最大的一条。"①

此外，还有不少人指出了人民公社体制中的弊端，提出了政社分设的主张。这些意见全都受到了中央的重视，关于农业

① 《陈云文选》第三卷，人民出版社1995年版，第236页。

问题的两个文件也根据多数人的要求重新进行改写。

在讨论1979年、1980年国民经济计划安排时，不少同志都赞成全国计划会议提出的“三个转变”方针。同时，对粉碎“四人帮”后经济工作中的急于求成倾向和国民经济中的比例失调问题也提出了批评。不少人还分析了比例失调的危害，初步提出了对国民经济进行调整的意见。

东北组在讨论中有人指出：现在全国在建项目有65000多个，其中大中型项目1700多个，要把这些项目搞完，还要投资1650多亿，要干三年多才能干完。而新的120个大项目又将陆续上马，如果不把铺开的摊子认真清理，坚决压缩，就会分散精力。

要正确分析国民经济发展的状况。我们要继续解决由于林彪、“四人帮”干扰破坏遗留的后患，同时又要进行新的长征，各方面搞得很紧。国民经济失调的情况比较突出，这个问题需要引起重视。

陈云在关于经济工作的发言中还指出：工业引进项目，要循序而进，不能窝工。不要一拥而上。一拥而上，看起来好像快，实际上欲速则不达。项目排队，如有所失，容易补上；窝工，就难办了；要给各省市一定数量的真正的机动财力；对于生产和基本建设都不能有材料的缺口。各方面都要上，样样有缺口，表面上好看，挤来挤去，胖子挤了瘦子，实际上挤了农业、轻工业和城市建设。材料如有缺口，不论是中央项目或地方项目，都不能安排；要重视旅游事业的发展。

陈云的意见受到了与会同志的重视。

东北组的一位同志在讨论中说：赞成陈云同志的意见。百废待兴，就得循序渐进，不能一拥而上，齐头并进；百乱待理，就是要进行必要的调整，在前进中调整，在调整中前进。现在应该承认有失调的问题。比例失调主要表现在三个方面：农轻重的关系；“先行官”和整个工业的关系；生产与生活，即“骨头和肉”的关系。希望在计划安排上再做考虑，进行必要的调整。

华东组的同志在讨论时说：10 多年来，由于林彪、“四人帮”干扰破坏，使国民经济比例严重失调。这两年情况还未基本改变。对这一点要足够估计和认真加以对待。今后两年经济工作，主要还是一边整顿，一边发展，要下决心和很大力量解决比例失调问题。

中南组的同志在讨论中也表示：同意陈云的发言。当前突出的矛盾是工农业比例失调；轻重工业比例也失调。建议中央考虑，在今后两三年内把工农业比例失调大体调整过来，使农业逐步适应今后建设的发展。今后做工作要扎扎实实、脚踏实地、实事求是。

西南组的同志指出：现在的国民经济存在着四个失调：（一）工业与农业失调。工业品普遍积压，农业落后，农民购买力低。（二）骨头与肉失调。多年来我们的主张是先生产后生活，先治坡后治窝。这在计划安排上是不行的。（三）工业内部不平衡。主要是燃料动力工业和原材料工业与加工工业的矛盾。现在因为缺电，有 20％～30％的设备不能开足。今后的规划是个大事，引进项目既要积极又要慎重，既要看到需要，又要看到可能，不能一轰而起。再不能重犯 1958 年的错误。（四）行业内部的失调。石油、冶金、电力等工业部门都存在这方面的问题。要解决这一系列问题，要很好总结 20 年的经验教训，制订计划要尊重客观规律。只有这样，才能积极地创造平衡，促进经济发展。

李先念在华东组发言指出：随着大规模建设的展开和工业生产的增长，如果不采取坚决措施，某些失调现象，如农业与工业之间、动力工业与整个工业之间、骨头与肉之间的矛盾将会更加尖锐、更加扩大起来。特别是农业的落后将更加突出。因此，我主张明后两年应明确还处于边调整、边建设阶段。

这些意见，既使一些同志曾经发热的头脑开始冷静下来，又同样引起了中央的重视。根据这些意见，国务院开始对国民经济计划进行修改，从而使两年来的急躁冒进、急于求成倾向开始得到制止。

在讨论李先念在国务院务虚会上的讲话时，很多人都赞成改革经济管理体制，大胆引进国外先进技术设备的主张。会议特意印发了一批介绍国外和我国的香港、台湾怎样迅速发展经济的材料。与会同志认真研究了这些材料，并在解放思想、实事求是、畅所欲言的气氛鼓舞下，大胆地提出了一系列改革开放的思想主张。例如：

华北组有的同志指出：我们的上层建筑必须作重大改革。改变按行政手段办经济的方法。如果上层建筑不改革，经济战线那“三个转变”也转不好。首先是计划体制，计划是龙头，它不改革，别的体制就不好改。

东北组有的同志提出：在改革经济管理办法时，必然涉及体制问题。这是多年来的老问题。并认为最重要的原则是让大家都能搞活，都有主动性。

华东组有的同志提出：改进管理体制，要加快速度下放权利，各级都有这个问题；要减少层次，简化手续，扩大企业权利，以便调动各级企业的积极性。现在的体制对企业统得过死，企业本身的权利过小，一万元以上的建设项目都得经过批准。因而影响企业积极性的发挥。

西南组有的同志建议：管理体制改革，第一步，一方面扩大企业权利，使企业在关心自身利益的同时，也关心自己工厂的产品；不仅关心自己的福利，而且关心企业的积累，关心为国家提供更多的利润。另一方面，使各省、自治区、直辖市能有适当的机动财力，使之把农业搞活、人民生活搞好有必要的物质条件。第二步，按照方便生产，方便按经济规律办事的原则，经过充分调查研究，总结历史经验，参考一些东欧国家改革的经验，进行我国的经济管理体制的大改革。

关于对外开放，华北组在讨论中提出：现在各国都看到中国市场大，争着借款给我们。我们应该欢迎，再坚持“既无外债，又无内债”的说法就不行了。可以向外国借款，外国人可以到中国来合办工厂。我们要研究日本、联邦德国等国经济发展的情况，很好地汲取他们的经验。

东北组有的同志指出：在某种意义上，闭关自守等于慢性自杀。但也不能什么都引进，不能有依赖思想，不能忽视国内先进的东西。在利用国外先进技术方面，我们要采取各种方式齐头并进的办法，能合资的就合资，能和外国合作生产的就合作生产，能买专利就买专利。

华东组有同志提出：要充分利用福建华侨多的有利条件，积极而又稳妥地吸收侨资、侨汇，引进先进技术和设备，大力发展进出口贸易，促进生产建设。福建在国外的华侨有500多万人，分布在几十个国家。一些华侨最近主动走上门来，联系要为祖国实现四化贡献力量，有的要投资办厂，有的要传授技术，有的要办公益事业。应充分利用这一有利条件，发挥地区优势，大量吸收外资，引进先进技术设备，放手大搞出口贸易，通过外贸和轻工业积累资金，然后搞基础工业，搞农业机械化，从而为发展经济闯出一条路子。

中南组有的同志发言谈到：过去我们常讲，我国既无外债，也无内债。这个说法固然是事实，但今天看来值得重新考虑。我们经济建设搞了近30年，比起国外许多国家，速度是太慢了，应该加快。吸收外国资金，也是一个重要方面。

西北组有的同志还建议：人大常委会应尽快制定一项有关接受外国投资和贷款、借款等方面的法律；要扩大各省、自治区、直辖市的自主权，充分发挥地方的积极性，允许他们向外国借款或与外资合办企业，以加速发展我国社会主义的四个现代化。

这些意见使此前关于改革开放方针的酝酿进一步具体化，正式作出改革开放决策的条件已经成熟了。

会议的讨论还涉及了党的建设、国家的民主和法制建设等问题，大家结合过去的惨痛教训，指出“文化大革命”给党和国家造成这样严重的灾难，主要原因就在于党内民主生活遭到破坏，国家的民主生活和社会主义法制受到破坏。因此，应当健全党的民主集中制，加强党和国家的民主建设。

粟裕在华东组发言指出：“四人帮”的破坏，一个重要原因就是长期以来我们党内民主生活极不正常。批评只能在上级对下级或平级间进行，下级不能批评或不敢批评上级，甚至党的会议上也不能批评，否则就说反党。

不少人都在讨论中说：“文化大革命”中一大批老一辈革命家、开国元勋被整得家破人亡，令人痛心，为什么会出现这样的情况？根本的一条，就是党内生活极不正常，党内缺乏应有的民主，党员的正确意见不能正常表达，党员的权利没有保障，民主集中制和党的生活准则受到严重破坏。

鉴于这一教训，很多人都提出了健全民主集中制，加强党内民主和人民民主的意见。

谭震林在华北组发言时深情地回顾了党的民主传统，他说：井冈山时期，毛泽东、朱德、陈毅有不同意见就开会辩论、吵嘴，那时不叫反毛主席。一个领导人，如果人家讲了不同意他的话就叫反他，那还有什么民主集中制。我提议把党的民主集中制，把中华人民共和国的民主集中制建立起来，各级领导要以身作则。

徐向前在西北组提出：现在党内外心有余悸的状况仍然存在，有些人讲话有顾虑，不能把心里话全部倾吐出来，因此应该广开言路，让人把心里话讲出来。他还说：动员全党全国人民实现四化，一方面要加强政治思想工作，另一方面要加强法制的施行。

黄火青在西南组发言提出：要加强法制，尽快制定和修改各种法律。

有的同志还提出：要使群众有讲话的条件和机会，要保证宪法规定的民主权利得以实行，无论什么人违法，都要受到法律的制裁。

有的组还提出要对“四人帮”依法公开审判，以体现社会主义法制的权威。

各个组还普遍提出建议：健全党的民主集中制，健全党规党法，成立中央纪律检查委员会，以维护党规党法；恢复中央书记处，以加强党的集体领导，加强党的建设；尽快制定各种法律，使宪法规定的人民的民主权利得到保障。

于是，怎样加强党和国家的民主建设，酝酿成立中央纪律检查委员会，对中央委员会和中央政治局的成员进行适当增补，以加强党的领导，便成为会议后一阶段的主要议题之一。

12 月 13 日，会议举行闭幕会，华国锋、叶剑英、邓小平分别作了讲话。

华国锋在讲话中就“两个凡是”问题作了自我批评，承认“这两句话考虑得不够周全”，“在不同程度上束缚了大家的思想，不利于实事求是地落实党的政策”。他宣布，会后将召开党的十一届三中全会，进一步确定全党工作重点转移后的方针和任务。

叶剑英在讲话中重点讲了三点意见：（一）我们要顺利地进行社会主义现代化建设，首先要有好的领导班子，特别是中央委员会要有好的领导班子。要造就和培养一大批革命事业的接班人，这是摆在我们全党全国面前的一项十分重要的战略任务。（二）要发扬民主，加强法制。人大常委会要尽快担负起制定法律、完善社会主义法制的责任。（三）要勤奋学习，解放思想。他说："我们进行社会主义现代化建设，不仅是大大提高社会生产力，而且是从经济基础到上层建筑的一场深刻的社会革命。"对这样一场革命，许多人思想准备不足，思想不解放。中国经历了两千多年的封建社会，资本主义在我国没有得到过充分的发展，我们的社会主义是从半殖民地半封建的社会基础上开始建设的。所以我们解放思想的重要任务之一，就是要注意克服封建主义思想残余的影响，要破除封建主义所造成的种种迷信，从禁锢中把我们的思想解放出来。①

汪东兴用书面发言的形式，对自己在"文化大革命"中，在"两个凡是"问题和真理标准讨论问题上的错误，作了初步检讨。

邓小平作了《解放思想，实事求是，团结一致向前看》的重要讲话。这篇讲话早在 10 月底即开始酝酿。原打算主要讲工作重点转移问题。后来，随着会议进程的发展和主要思想矛盾的暴露，邓小平果断否定了原先准备的讲话稿，并亲自写了一份讲话提纲，共列七个问题：

（一）解放思想，开动机器。强调：实事求是，理论和实际相结合，一切从实际出发。实践是检验真理的标准争论的

① 《叶剑英选集》，人民出版社 1996 年版，第 501～502 页。

必要。

（二）发扬民主，加强法制。民主集中制的中心是民主，特别是近一时期。提出：政治与经济的统一，目前一个时期主要反对空头政治。主张：民主选举、民主管理（监督）。权力下放，自主权与国家计划的矛盾，主要从价值法则、供求关系（产品质量）来调节。

（三）向后看是为的向前看。指出：解决遗留问题要快，要干净利落，时间不宜长。安定团结十分重要，要大局为重。犯错误的，给机会。总结经验，改了就好。

（四）克服官僚主义、人浮于事。用经济方法管理经济，扩大管理人员的权力。党委要善于领导，机构要很小。

（五）允许一部分先好起来。这是一个大政策。干得好的要有物质鼓励。

（六）加强责任制，搞几定。从引进项目开始，请点专家。

（七）新的问题。提出：人员考核的标准。多出人员的安置。开辟新的行业。[1]

12月2日，邓小平同胡耀邦及参加起草讲话稿的同志谈了对讲话的设想：

第一是对会议的评价。邓小平说：这次会议了不起，五七年以后没有，五七年以前有，延安（时期）有。这个风气要传下去，（这是）很好的党的生活，党的作风，既有利于安定团结，（又有利于）防止思想僵化，实在可喜。

① 中共中央文献研究室编：《邓小平思想年编（1975～1997）》，中央文献出版社2011年版，第197～198页。

第二个问题是解放思想、开动机器。他说：要讲点理论的重要。这个争论（指真理标准问题讨论）很好，越看越好，越看越是政治问题，是国家前途命运问题。他提出要解决新的问题，全党全民要开动脑筋。

第三个问题是发扬民主、加强法制。他指出：现在这个时期更要加强民主，集中那么多年，现在是民主不够，大家不敢讲话，心有余悸。发展经济，（要实行）民主选举，民主管理，民主监督。工厂工人监督，农村社员监督。目前主要的反对空头政治，反对说空话。现在是正确的意见，也不落实，没有具体措施，一拖就是一年。要讲权力下放，讲讲千方百计，讲调动积极性。自主权与国家计划的矛盾，只能靠价值法则及供求关系来调整。否则不能自主。要靠质量，质量好会销全国。不要怕乱，市场不会乱，承认市场的一定调节。经济民主，重点不只是政治，重点是经济民主。有些要用法律，如民法、刑法、各种单行法，种树应该有法律。地方也可以立法。

第四个问题是向前看。他说：这个会议向后看解决一些问题，目的是为了向前看。不要一刀切，解决遗留问题，要快，干净利落，时间不要长。完全满意不可能。安定团结十分重要。毛主席“文化大革命”中的问题，不要纠缠这个问题。“文化大革命”，不要涉及，让时间来说清，过一段时间再说这个问题，没有一点亏吃。

第五个问题是克服官僚主义。他批评了人浮于事、拖拖沓沓的现象，批评了有几多，如会议多等。然后提出：要学会管理，培养与选用人才，使用人才，改革规章制度。好的企业必须用先进的办法管理。党委领导好不好，看企业管得好不好，看利润，看工人收入。城市如此，农村也如此，各行各业也如此。

第六个问题是允许一部分企业、地区、社员，先好起来。他说：这是一个大政策。允许一部分先富起来，农村5%到10%再到20%，城市20%。这样才有市场，本身就促进开辟新行业。要反对平均主义。干得好，就影响左邻右舍。

第七个问题是加强责任制。在批评了无人负责的现象后，他说：搞几定，什么项目，从哪里引进，定在什么地方，定哪个人从谈判到管理。可能六七定，开单子。并头进行，不耽误时间。现在打屁股打计委，有什么用？要打，打个人。国内企业也要专人负责，专门机构搞几定，请些专家，譬如荣毅仁就可以当专家。

第八个问题是新措施新问题。邓小平提出要搞人员核算标准。①

邓小平自己设想的讲话稿，当前的思想政治问题和工作重点转移后的方针政策问题，已经成为主要内容。有了如此详细的提纲，起草者抓紧时间很快完成了起草工作。邓小平又逐条逐句地进行了审阅。最后，讲话稿确定为四个部分，同前面的稿子比，关于指导思想问题的分量更重了，对政治路线解决之后的改革设想也更多更细了。

12月13日下午4时，邓小平在闭幕会上发表了这篇重要

① 于光远：《我亲历的那次历史转折》，中央编译出版社1998年版，第200～202页。

讲话。他说："今天，我主要讲一个问题，就是解放思想，开动脑筋，实事求是，团结一致向前看。"接着，他从四个方面作了阐述：

（一）解放思想是当前的一个重大政治问题。"首先是解放思想，只有思想解放了，我们才能正确地以马列主义、毛泽东思想为指导，解决过去遗留的问题，解决新出现的一系列问题，正确地改革同生产力迅速发展不相适应的生产关系和上层建筑，根据我国的实际情况，确定实现四个现代化的具体道路、方针、方法和措施。""在我们的干部特别是领导干部中间，解放思想这个问题并没有完全解决。不少同志的思想还很不解放，脑筋还没有开动起来，也可以说，还处在僵化或半僵化的状态。"① 要恢复实事求是的传统，就必须解放思想，克服由于种种原因而形成的思想僵化状态。"不打破思想僵化，不大大解放干部和群众的思想，四个现代化就没有希望。目前进行的关于实践是检验真理的唯一标准问题的讨论，实际上也是要不要解放思想的争论。"进行这个争论很有必要，意义很大。从争论的情况看，越看越重要。"一个党，一个国家，一个民族，如果一切从本本出发，思想僵化，迷信盛行，那它就不能前进，它的生机就停止了，就要亡党亡国。"② 只有解放思想，坚持实事求是，一切从实际出发，理论联系实际，我们的社会主义现代化建设才能顺利进行，马列主义、毛泽东思想才能顺利发展。"从这个意义上说，关于真理标准问题的争论，的确

① 《邓小平文选》第二卷，人民出版社 1994 年版，第 141 页。
② 《邓小平文选》第二卷，人民出版社 1994 年版，第 143 页。

是个思想路线问题，是个政治问题，是个关系到党和国家的前途和命运的问题。”[1] 他希望各级党委和每个党支部都来鼓励、支持党员和群众勇于思考、勇于探索、勇于创新，都来做促进群众解放思想、开动脑筋的工作。

（二）民主是解放思想的重要条件。解放思想，开动脑筋，一个十分重要的条件就是要真正实行民主集中制。当前这个时期，特别需要强调民主。因为在过去一个相当长的时间内，民主集中制没有真正实行，离开民主讲集中，民主太少。现在敢出来说话的，还是少数先进分子。我们这次会议先进分子多一点，但就全党、全国来看，许多人还不是那么敢讲话。好的意见不那么敢讲，对坏人坏事不那么敢反对，这种状况不改变，怎么能叫大家解放思想，开动脑筋？四个现代化怎么化法？“一个革命政党，就怕听不到人民的声音，最可怕的是鸦雀无声。现在党内外小道消息很多，真真假假，这是对长期缺乏政治民主的一种惩罚。”[2] 他着重讲了发扬经济民主的问题，指出，现在我国的经济管理体制权力过于集中，应该有计划地大胆下放。当前最迫切的是扩大厂矿企业和生产队的自主权，使每一个工厂和生产队能够千方百计地发挥主动创造精神。为了保障人民民主，必须加强法制。必须使民主制度化、法律化，使这种制度和法律不因领导人的改变而改变，不因领导人的看法和注意力的改变而改变。

（三）处理遗留问题为的是向前看。这次会议解决的一些

① 《邓小平文选》第二卷，人民出版社 1994 年版，第 143 页。
② 《邓小平文选》第二卷，人民出版社 1994 年版，第 145 页。

历史遗留问题，也是解放思想的需要，目的正是为了向前看，顺利实现全党工作重心的转变。我们的原则是“有错必纠”。凡是过去搞错了的东西，统统应该改正。有的问题不能够一下子解决，要放到会后去继续解决。但是要尽快实事求是地去解决，干脆利落地解决，不要拖泥带水。对过去遗留的问题，应当解决好。但是，不可能也不应该要求解决得十分完满。要大处着眼，可以粗一点，每个细节都弄清不可能，也不必要。“最近国际国内都很关心我们对毛泽东同志和‘文化大革命’的评价问题。毛泽东同志在长期革命斗争中立下的伟大功勋是永远不可磨灭的。……毛泽东思想永远是我们全党、全军、全国各族人民的最宝贵的精神财富。我们要完整地准确地理解和掌握毛泽东思想的科学原理，并在新的历史条件下加以发展。当然，毛泽东同志不是没有缺点、错误的，要求一个革命领袖没有缺点、错误，那不是马克思主义。”①

（四）研究新情况，解决新问题。要向前看，就要及时地研究新情况，解决新问题。当前尤其要注意研究和解决管理方法、管理制度、经济政策这三方面的问题。现在，我们的经济管理工作，机构臃肿，层次重叠，手续繁杂，效率极低，政治的空谈往往淹没一切。“如果现在再不实行改革，我们的现代化事业和社会主义事业就会被葬送。”② 今后，政治路线已经解决了，看一个经济部门的党委善不善于领导，领导得好不好，应该主要看这个经济部门实行了先进的管理方法没有，技术革

① 《邓小平文选》第二卷，人民出版社 1994 年版，第 148～149 页。
② 《邓小平文选》第二卷，人民出版社 1994 年版，第 150 页。

新进行得怎么样，劳动生产率提高了多少，利润增长了多少，劳动者的个人收入和集体福利增加了多少。各条战线的各级党委的领导，也都要用类似这样的标准来衡量。这就是今后主要的政治。离开这个主要的内容，政治就变成空头政治，就离开了党和人民的最大利益。在经济政策上，我认为要允许一部分地区、一部分企业、一部分工人、农民，由于辛勤努力成绩大而收入先多一些，生活先好起来。一部分人生活先好起来，就必然产生极大的示范力量，影响左邻右舍，带动其他地区、其他单位的人们向他们学习。这样，就会使整个国民经济不断地波浪式地向前发展，使全国各族人民都能比较快地富裕起来。"这是一个大政策，一个能够影响和带动整个国民经济的政策。"①

邓小平、叶剑英和华国锋的讲话都受到了与会同志的热烈拥护。大家还一致认为邓小平的这篇讲话内容非常丰富，非常深刻，提出了当前实现历史转变和进行现代化建设所面临的最重大、最关键的问题，明确了党在今后的主要任务和前进方向，将起到长期的指导作用，为党制定在历史新时期的方针政策，也为即将召开的十一届三中全会提供了指导思想。因此，这篇讲话也实际成为十一届三中全会的主题报告。

闭幕会后，会议继续进行了两天讨论，12 月 15 日，会议结束。在老一辈革命家的推动和绝大多数与会同志的共同努力下，这次为期 36 天的中央工作会议终于彻底否定了"两个凡

① 《邓小平文选》第二卷，人民出版社 1994 年版，第 152 页。

是”的方针，把原本准备讨论经济工作的会议开成了一次为全局性的拨乱反正和开创新局面作准备的会议。

三、划时代的中共十一届三中全会

◎中央工作会议的各项成果得到了确认

◎思想路线的拨乱反正，成为各方面拨乱反正的先导

◎抛弃“以阶级斗争为纲”，政治路线的拨乱反正终于实现

◎改革开放开始成为最引人注目的时代内容

◎以邓小平为核心的第二代中共领导集体逐渐形成

◎十一届三中全会成为新中国成立以来党和国家历史上具有深远意义的伟大转折

经过中央工作会议的充分准备，党的十一届三中全会于1978年12月18日至22日在北京召开。出席会议的有中央委员、候补中央委员和中央有关部门的负责同志，共290人。华国锋在开幕会上宣布：这次全会的主要任务，就是讨论通过中央政治局关于从明年1月起，把全党工作着重点转移到社会主义现代化建设上来的建议。同时审议通过关于农业问题的两个文件和1979、1980两年国民经济计划安排；讨论人事问题和选举成立中央纪律检查委员会。

根据中央工作会议在充分讨论的基础上取得的共识，全会顺利完成了上述议程，并通过对中央工作会议所取得的各项成果的确认，实现了党和国家的历史性转折。

在邓小平提出的解放思想、实事求是、团结一致向前看的方针指导下，全会肯定了中央工作会议上对于“两个凡是”方针和思想僵化现象的批评，高度评价了关于实践是检验真理的唯一标准的讨论，认为这场讨论对于促进全党同志和全国人民解放思想，端正思想路线，具有深远的历史意义。从而重新确立了马克思主义实事求是的思想路线，实现了党在思想路线上的拨乱反正。全会公报指出：会议对思想路线问题“展开了深入的讨论”。一致认为，“只有全党同志和全国各族人民在马列主义、毛泽东思想的指导下，解放思想，努力研究新情况新问题，坚持实事求是、一切从实际出发、理论联系实际的原则，我们党才能顺利实现工作中心的转变，才能正确解决实现四个现代化的具体道路、方针、方法和措施，正确改革同生产力迅速发展不适应的生产关系和上层建筑。”全党同志和全国人民要继续打破林彪、“四人帮”的精神枷锁，同时要坚决克服权力过于集中的官僚主义、赏罚不明现象和小生产的习惯势力的影响，以利于人人解放思想，“开动机器”。

实事求是的思想原则，曾是党创立正确理论，领导中国革命和建设事业取得成功的法宝之一。回顾党的历史，正是由于毛泽东在反对本本主义和延安整风中为我们党确立了实事求是的思想路线，才把马克思列宁主义同中国实际结合起来，找到了适合中国情况的有中国特色的革命道路，引导中国革命取得全国胜利。但是革命胜利后，党却渐渐背离了实事求是思想路线，把正确的理论和成功的经验当成教条，导致思想僵化和指导思想上“左”的错误的产生，造成社会主义事业的严重挫折。新中国成立后，从根本上说，我们的成就都是继续坚持这条思想路线的结果，我们的失误则是违背这条思想路线的结果。在“文化大革命”中，个人崇拜盛行，实事求是思想路线遭到严重破坏。“两个凡是”是这种状况在“文化大革命”结束后的某种延续。十一届三中全会否定了“两个凡是”，为我们党恢复和重新确立了解放思想、实事求是的思想路线。这是在进行历史反思的基础上，在打破教条主义束缚和思想僵化、解放思想基础上确立的实事求是。因此，解放思想同实事求是一起，被确定为党的思想路线，从而使党的思想路线的内容更加完整。思想路线的拨乱反正是各方面拨乱反正的前提和先导，不仅为党顺利实现工作重点转移，而且也为党在工作重点转移后继续解放思想，实事求是地制定一整套正确的方针政策，创立适应新时期、新任务需要的新理论，奠定了思想基础。

全会决定，及时地果断地结束全国范围大规模的揭批林彪、“四人帮”的群众运动，从1979年起，把全党工作着重点转移到社会主义现代化建设上来。这一转变意味着，党终于实现了自50年代就已提出，但由于种种主客观条件制约而一直未能实现的工作重心向经济建设的转移。由于有20多年的曲折经历，更由于实事求是思想路线的确立，党在这时对于工作重心转移问题的认识，和以往相比，深刻得多，坚定得多。不仅把工作重点转移看成是形势发展的需要，是实现四个现代化的需要，而且是社会主义事业的需要，是关系党和国家命运的战略决策，是全国人民的根本利益。这就为从战略高度，从社会主义本质要求认识经济建设的中心地位，毫不动摇地坚持这个中心，奠定了坚实的思想基础。政治路线的拨乱反正是最根本的拨乱反正。新中国成立之初，党就要求各项工作必须以发展生产力为中心。党的八大，提出要以在新的生产关系下保护和发展生产力为主要任务。这以后我们党出现严重失误的根本原因之一，就是抛开了八大路线，"就是在社会主义改造基本完成后还'以阶级斗争为纲'，长期把发展生产力的任务推到次要地位"[①]。由于当时对社会主义社会依然存在并可能激化的阶级斗争问题，既缺乏思想准备，更没有正确的认识，使党的八大提出的工作重点转移任务不久即被打断，在社会主义基本制度建立起来以后仍然"以阶级斗争为纲"，没有集中力量进行经济建设，走了 20 年的弯路。而十一届三中全会在提出这一决策时，不仅已经有 20 多年的经验教训，没有再提"以阶级斗争为纲"的口号，而且还对这些教训作了理论上的总结。全会公报指出：对于社会主义社会的阶级斗争，"应该按照严格区别和正确处理两类不同性质的矛盾的方针去解决，按照宪法和法律规定的程序去解决，决不允许混淆两类不同性质矛盾的界限，决不允许损害社会主义现代化建设所需要的安定团结的政治局面"。自八大以来，这是党第一次对阶级斗争问题正式作出如此明确的限制和规定，从而使彻底抛弃"以阶级斗争为纲"，顺利实现全党工作重点转移，进行政治路线的拨乱反正，成为顺理成章。全会果断地决定"把全党工作的着重点和

① 习近平：《关于建设马克思主义学习型政党的几点学习体会和认识》（2009 年 11 月 12 日），见《学习时报》2009 年 11 月 16 日。

全国人民的注意力转移到社会主义现代化建设上来”。这是八大正确路线的恢复和发展，使我们党能够持续并在新的历史条件下大大推进由毛泽东和党的八大开始的对中国自己的建设社会主义道路的探索。

全会确认了中央工作会议关于撤销 1976 年中央有关“反击右倾翻案风”和天安门事件的错误文件；纠正对彭德怀、陶铸、薄一波、杨尚昆等同志的错误结论等项决定；重申了实事求是、有错必纠的解决历史遗留问题的原则。由于解放思想、实事求是指导方针的确立和“以阶级斗争为纲”的指导思想被否定，这几项重大错案的平反，就将成为澄清一切历史是非，平反一切冤假错案，彻底纠正“文化大革命”及其以前的“左”倾错误的开端。在此之前，党虽曾不止一次地提出并搞过对冤假错案的甄别平反，但由于没有改变“左”的指导思想，没有同时纠正“左”倾错误，因而不仅使这项工作不彻底，而且还造成一些新的冤假错案。这次全会在否定“左”倾指导思想之后，伴随着指导思想的拨乱反正，平反冤假错案，澄清历史是非，从而有力推动了党在历史问题上和组织工作领域的拨乱反正，开始系统地对新中国成立以来重大历史是非的拨乱反正。全会公报说：“全会审查和解决了历史上遗留的一批重大问题和一些重要领导人的功过是非问题。”又强调了解决历史遗留问题必须遵循的“实事求是、有错必纠”的原则和平反冤假错案“还要坚决抓紧完成”的任务。虽然这次全会还没有条件解决“文化大革命”的是非这个最大的历史遗留问题，还不可能对新中国成立以来的重大历史是非进行系统的清理，但全会公报宣布："对于'文化大革命'，也应当历史地、科学地、实事求是地去看待它。"要在适当的时候对"文化大革命"作为经验教训加以总结。这件事是由党的十一届六中全会通过《关于建国以来党的若干历史问题的决议》解决的。对"文化大革命"进行历史的、科学的、实事求是的总结，是进行指导思想上拨乱反正的一项重要任务。这项重要工作，正是从十一届三中全会开始的。

全会肯定了中央工作会议提出的关于提高农产品收购价格等一系列促进农业发展的政策措施，同意将《中共中央关于加快农业发展若干问题的决定（草案）》和《农村人民公社工作条例（试行草案）》发到各省、自治区、直辖市讨论和试行。经过重新改写的上述文件虽然还有"左"的思想的遗留，还有若干不足，甚至还写上了"不许包产到户"，但是总的精神是解放思想，是搞活经济。全会公报中说：为了保证整个国民经济的迅速发展，"必须首先调动我国几亿农民的社会主义积极性，必须在经济上充分关心他们的物质利益，在政治上切实保障他们的民主权利"。从这个指导思想出发，全会提出了当前发展农业生产的一系列政策措施和经济措施。其中最重要的是：生产队的所有权和自主权必须受到国家法律的切实保护；不允许无偿调用和占有生产队的劳力、资金、产品和物资；公社各级经济组织必须认真执行按劳分配的社会主义原则，按照劳动的数量和质量计算报酬，克服平均主义；社员自留地、家庭副业和集市贸易是社会主义经济的必要补充部分，任何人不得乱加干涉；允许在农业生产管理上实行责任到组、联产计酬的办法，从而在指导思想上支持了刚刚兴起的农村改革，启动了中国农村改革的进程。公报说："全会认为，全党目前必须集中主要精力把农业尽快搞上去，因为农业这个国民经济的基础，这些年受到了严重的破坏，目前就整体来说还十分薄弱。"农村的困境，迫使我们必须改革；农村的条件，又有利于改革从这里取得突破。所以，全会通过的经过重大修改的农业决议，总的作用，是启动了农村改革。文件本身的缺点，也在改革的进程中得到纠正。农村改革的迅速发展和显著收效，又有力地带动了城市的改革。

在讨论和审议 1979、1980 两年国民经济计划安排时，全会接受了中央工作会议关于首先应对国民经济进行调整，纠正比例失调状况的意见，明确了实事求是、量力而行的经济建设方针，使两年来的经济冒进错误终于得以停止。全会公报指出：必须看到，由于林彪、"四人帮"的长期破坏，国民经济中还存在不少问题。一些重大的比例失调状况没有完全改变过来，生产、建设、流通、分配中的一些混乱现象没有完全消除，城乡人民生活中多年积累下来的一系列问题必须妥善解决。我们必须在这几年中认真地逐步地解决这些问题，切实做到综合平衡，以便为迅速发展奠定稳固的基础。基本建设必须积极地而又量力地循序进行，要集中力量打歼灭战，不可一拥而上，造成窝工和浪费。

在讨论经济工作时，全会肯定了中央工作会议及其之前关于改革开放政策的酝酿，会议公报提出：我们要根据新的历史条件和实践经验，采取一系列新的重大的经济措施，对经济管理体制和经营管理方法着手认真地改革，在自力更生的基础上积极发展同世界各国平等互利的经济合作，努力采用世界先进技术和先进设备，并大力加强实现现代化所必需的科学和教育工作。这就使改革开放的酝酿正式成为社会主义现代化建设的总方针。会议还指出：现在我国经济管理体制的一个严重缺点是权力过于集中，应该有领导地大胆下放，让地方和工农业企业有更多的经营管理自主权；应该着手大力精简各级经济行政机构，把它们的大部分职权转交给企业性的专业公司或联合公司；应该坚决实行按经济规律办事，重视价值规律的作用，注意把思想政治工作和经济手段结合起来，充分调动干部和劳动者的生产积极性；应该认真解决党政企不分、以党代政、以政代企的现象，实行分级分工分人负责，加强管理机构和管理人员的权限和责任，减少会议公文，提高工作效率，认真实行考核、奖惩、升降等制度。充分发挥中央部门、地方、企业和劳动者个人四个方面的主动性、积极性、创造性，使社会主义经济的各个部门各个环节普遍地蓬蓬勃勃地发展起来。改革开放方针的确立和这些措施的提出表明：中国将继续摆脱过去主要是从苏联学来的，实践证明是不成功的发展社会主义经济的模式，探索一条符合中国情况的，能够促进生产力快速发展的新模式。这一探索实际在 50 年代已经开始，但后来被“左”倾错误打断。由于这次全会上实事求是指导方针的确立和工作重点向经济建设的转移，这次重新开始的探索不仅不会再中断，而且还有可能避免过去犯过的错误，取得成功。从“以阶级斗争为纲”转变到以经济建设为中心，从僵化半僵化转变到各方面改革，从封闭半封闭转变到对外开放，这三大转变，同此后提出的坚持四项基本原则一道，成为十一届三中全会路线的基本内容。改革开放，成为这以后我们党和国家历史发展的最引人注目的新的时代内容。

这次全会恢复了党的民主集中制的传统。在“文化大革命”及其以前的一段相当长的时间，我们党内许多错误决策之所以能够形成并且难以得到纠正，就是因为个人专断发展起来，民主集中制受到严重破坏。粉碎“四人帮”后，恢复民主集中制的进程，也是处在徘徊中前进的状态。十一届三中全会以及为它作准备的中央工作会议发扬了党内民主，领导层中多数人的意志能够在中央会议上表达，最高领导人的错误能够在中央会议上由多数人来纠正。这就显示出真正实行民主集中制的巨大威力，使广大党员大大增强了对党的信心。全会接受了中央工作会议关于健全党的民主集中制，加强社会主义民主和法制建设的建议，作出了加强党的建设的一系列决定，并要求从现在起，把立法工作摆到全国人民代表大会的重要议程上来。

这些决定表明，经过总结“文化大革命”的经验教训，党对民主建设问题的认识也更加深刻、更加迫切。不同以往的是，全会突出地强调健全党规党法，建立社会主义法制。全会公报指出：会议认为，国要有国法，党要有党规党法。全体党员和党的干部，人人遵守党的纪律，是恢复党和国家正常政治生活的起码要求。党的各级领导干部必须带头严守党纪。对于违犯党纪的，不管是什么人，都要执行纪律，做到功过分明，赏罚分明，伸张正气，打击邪气。全会公报还说：为了保障人民民主，必须加强社会主义法制，使民主制度化、法律化，使这种制度和法律具有稳定性、连续性和极大的权威，做到有法可依，有法必依，执法必严，违法必究。从现在起，应当把立法工作摆到全国人民代表大会及其常务委员会的重要议程上来。检察机关和司法机关要保持应有的独立性；要忠实于法律和制度，忠实于人民利益，忠实于事实真相；要保证人民在自己的法律面前人人平等，不允许任何人有超越法律之上的特权。这说明，制度和法纪问题已经开始引起党的特别重视。这就推动了党规党法的逐步健全，也推动了我国社会主义民主和法制建设的逐步完善。以此为开端，党和国家的民主建设走上了一条新路，党和国家领导制度的改革也将逐步提上日程。通过改革，党的领导将得到进一步加强，社会主义的民主建设将进一步完善。

在作出一系列拨乱反正决策的同时，全会明确肯定了毛泽东同志在长期革命斗争中立下的伟大功勋是不可磨灭的。全会公报指出："如果没有毛泽东的卓越领导，没有毛泽东思想，中国革命有极大的可能到现在还没有胜利，那样中国人民就还处在帝国主义、封建主义、官僚资本主义的反动统治之下，我们党就还在黑暗中苦斗。毛泽东同志是伟大的马克思主义者。他对于包括自己在内的任何人，始终坚持一分为二的科学态度。""党中央在理论战线上的崇高任务，就是领导、教育全党和全国人民历史地科学地认识毛泽东同志的伟大功绩，完整地、准确地掌握毛泽东思想的科学体系，把马列主义、毛泽东思想的普遍原理同社会主义现代化建设的具体实践结合起来，并在新的历史条件下加以发展。”这就为在纠正毛泽东所犯“左”倾错误的同时，坚持和维护毛泽东思想，提供了思想武器，帮助一些人解决了思想困惑。正确对待毛泽东的历史地位和毛泽东思想的科学体系的方针，既使我们能够实事求是地去指出和纠正毛泽东晚年的错误，又使我们能够客观地尊重我们党和人民奋斗的历史，不至于迷失方向，丧失我们的基本立足点。

经过认真酝酿，全会增选陈云为中央政治局委员、中央政治局常委、中央委员会副主席；增选邓颖超、胡耀邦、王震为中央政治局委员；增补黄克诚、宋任穷、胡乔木、习仲勋、王任重、黄火青、陈再道、韩光、周惠为中央委员；选举产生了由100人组成的中央纪律检查委员会，陈云为中央纪律检查委员会第一书记，邓颖超为第二书记，胡耀邦为第三书记，黄克诚为常务书记。12月25日，中央政治局开会决定：由胡耀邦担任中共中央秘书长兼中央宣传部部长；胡乔木任中共中央副秘书长兼毛泽东主席著作编辑出版委员会办公室主任；姚依林任中共中央副秘书长兼中央办公厅主任；宋任穷任中央组织部部长；免去汪东兴的中央办公厅主任、毛泽东主席著作编辑出版委员会办公室主任等各项兼职。

全会还评估了我国外交政策的新进展。会议公报提到：中日和平友好条约的缔结，中美两国关系正常化谈判的完成，为亚洲和世界和平做出了重大贡献。随着中美关系正常化，我国神圣领土台湾回到祖国的怀抱、实现统一大业的前景，已经进一步摆在我们的面前。这样，集中力量进行现代化建设和实行改革开放；打开对外关系新局面，维护世界和平，反对霸权主义，创造有利的国际环境；实现祖国统一，就成为摆在中国人民面前的三大历史任务。

经过党的十一届三中全会，虽然华国锋仍担任党中央主席，但是就党的指导思想和实际工作来说，邓小平已经成为党中央领导集体的核心。正如邓小平自己所说的那样："党的十一届三中全会建立了一个新的领导集体，这就是第二代的领导集体。在这个集体中，实际上可以说我处在一个关键地位。""任何一个领导集体都要有一个核心，没有核心的领导是靠不住的。第一代领导集体的核心是毛主席。因为有毛主席作领导核心，'文化大革命'就没有把共产党打倒。第二代实际上我是核心。因为有这个核心，即使发生了两个领导人的变动，都没有影响我们党的领导，党的领导始终是稳定的。"①

党的十一届三中全会是在党和国家面临向何处去的重大历史关头召开的，它标志着我们党重新确立了马克思主义的思想路线、政治路线、组织路线，标志着中国共产党人在新的时代条件下的伟大觉醒，显示了我们党顺应时代潮流和人民愿望、勇敢开辟建设社会主义新路的坚强决心。这次会议，实现了新中国成立以来我们党的历史具有深远意义的伟大转折，开启了我国改革开放历史新时期。从此，党领导全国各族人民在新的历史条件下开始了新的伟大革命。

如同遵义会议确立了中国民主革命的胜利道路，成为党在

① 《邓小平文选》第三卷，人民出版社1993年版，第309～310页。

新民主主义革命时期的伟大转折一样，开辟了中国特色社会主义伟大事业的十一届三中全会，也将成为新中国成立以来党的历史上具有深远意义的伟大转折，一个使中国的社会主义事业在经历 20 多年的艰难曲折后，终于走上正确道路的伟大转折，一个以改革开放和社会主义现代化建设为主要任务、主要内容的中国特色社会主义历史新时期开始了。

后 记

1978年是共和国历史上实现伟大转折的一个重要年头。在中国共产党近百年的历史上，在新中国70年的历史上，1978年都是一个十分重要的年份。这一年对党和国家未来发展产生了深远影响。这一年发生的一系列重大事件，特别是年底召开的中共十一届三中全会，纠正了此前20年来党在指导思想上的“左”的错误，使中国的社会主义事业，在经历20年曲折探索，尤其是“文化大革命”十年动乱后，走上了健康发展的轨道。一个以中国特色社会主义现代化建设为主要内容的改革开放新时期从此开始了。

粉碎四人帮、结束“文化大革命”后，党为肃清“左”的错误影响，为发展国民经济进行了大量卓有成效的工作，但也遇到了重重阻力，步履艰难。关于真理标准问题大讨论，冲破了“左”的错误的思想壁垒，为党再次确立实事求是思想路线打开了通道，为党和国家各项事业的进一步拨乱反正注入了新的力量。党的十一届三中全会，果断地摒弃了“以阶级斗争为纲”的错误指导思想，形成了以邓小平为核心的新的党中央领导集体，确立了以经济建设为中心的现代化建设的新思路，在政治、思想、组织等领域开始了全面拨乱反正，揭开了改革开放的序幕，标志着一个新时代的到来。

本书按照历史发展进程，力图较为客观、较为系统地梳理和展现不平凡的1978年发生的重要历史事件，概述十年动乱结束后，党和国家工作在徘徊中前进的背景，讲述各条战线、各个领域拨乱反正取得的重要突破性进展，展现真理标准大讨论的前前后后，以及党和人民探索复兴之路引起的实行改革开放的历史要求，重点介绍中央工作会议和党的十一届三中全会的召开，以及三中全会作出的一系列关系中国未来发展的重要决定。在争取讲清历史本然的同时，作者力图对历史所以然作一点力所能及的探讨、研究和点评，但限于作者自身水平、能力和掌握资料的局限，这些探讨、研究和点评是非常初步、非常粗浅的。好在40年来，这方面的研究早已硕果累累，而且一些权威部门的基本著作陆续问世，学习和研究者们有了更好的选择。

本书是在20年前我和我的同事、原中共中央党史研究室孙大力研究员合著的《新的起点——1978年的中国》的基础上，由笔者参照近年来新的资料和研究成果修订，并经孙大力研究员同意而成书的。在此，我谨向他表示诚挚的谢意！同时，向为本书出版做了大量组织工作的中国社会科学院当代中国研究所刘国新研究员，向负责审看本书的原中共中央党史研究室有关领导和专家，向为本书出版尽心尽力的四川人民出版社的同志表示衷心的感谢！最后，向我的夫人董莉女士表示感谢，没有她的支持，我根本没有精力和力量完成本书的修订。

2018年4月